GUDONG ZHIQINGQUAN
ZHISU YANJIU

股东知情权之诉研究

黄森林　著

法律出版社
LAW PRESS·CHINA
北京

图书在版编目(CIP)数据

股东知情权之诉研究 / 黄森林著. -- 北京 : 法律出版社, 2023

ISBN 978-7-5197-8051-7

Ⅰ. ①股… Ⅱ. ①黄… Ⅲ. ①股份有限公司－股东－权利－研究－中国 Ⅳ. ①D922.290.4

中国国家版本馆 CIP 数据核字(2023)第 117072 号

股东知情权之诉研究
GUDONG ZHIQINGQUAN ZHI SU YANJIU

黄森林 著

责任编辑 冯雨春 李 军
装帧设计 贾丹丹

出版发行 法律出版社
编辑统筹 法律应用出版分社
责任校对 王晓萍 王语童
责任印制 刘晓伟
经　　销 新华书店

开本 A5
印张 10.25 **字数** 310 千
版本 2023 年 8 月第 1 版
印次 2023 年 8 月第 1 次印刷
印刷 北京新生代彩印制版有限公司

地址:北京市丰台区莲花池西里 7 号(100073)
网址:www.lawpress.com.cn
投稿邮箱:info@lawpress.com.cn
举报盗版邮箱:jbwq@lawpress.com.cn
销售电话:010-83938349
客服电话:010-83938350
咨询电话:010-63939796

书号:ISBN 978-7-5197-8051-7　**定价**:68.00 元

凡购买本社图书,如有印装错误,我社负责退换。电话:010-83938349

目录
Contents

引　言

一、选题的缘由和意义

（一）选题的缘由

股东权利丰富而复杂，囊括了不同性质的多重权利，其权利来源为股东资格或股东身份，属于公司权利体系的重要组成部分。在公司治理架构中，股东主要承担投资者的角色，公司的实际经营和管理乃至决策一般由公司董事会和经理等高管层面负责和掌控，而作为投资者或者所有者的股东只能间接参与甚至形式上参与公司经营管理。由此，股东与经营层之间必然存在对公司相关信息知晓的不对称，致使股东行使权利缺失相应基础和前提。因此股东知情权应运而生，并且作为一种工具性或手段性的权利，助推股东行使其他权利。本书拟通过程序保障股东知情权或者以诉讼维护股东知情权，修葺完善公司治理理念和法律保障制度。

《公司法》在1993年出台之时，就已经规定了公司股东知情权的相关内容，但当时仅仅只规定了股东查阅权，后来《公司法》经过几次修订，相关司法解释也协同配套了股东知情权之诉的程序保障。从法律规范的角度可以发现我国《公司法》及其司法解释[①],将股东知情权的类别分成了有限责任公司和股份有限公司不完全相同的内容,规定了知情权的范围和内容,如股东会会议记录、董事会决议等,也对特殊对象公司会计账簿的查阅方式预设了前置程序和正当目的,并明确了公司就财务会计报告等资料的置备义务,股东向董监高等人员的质询权等。

股东知情权,属于商法等实体法的内容,但本书研究股东知情权之诉,主要通过诉讼法的层面从诉的要素出发,以股东知情权之诉这一诉讼为视角,对其诉的要素所涉及的诉讼当事人、诉讼标的、诉讼理由和诉讼请求等面临的困境及其解决方式进行探讨,以期对立法和司法实践有所裨益。诉的要素理论作为大陆法系民事诉讼理论体系中一重要分支,它在重复诉讼识别、既判力范围划定、诉的合并、变更方面发挥着中轴般的作用。从某种意义上来说,上述理论得以展开,有赖于诉的要素理论与其所进行的呼应和对接。我国民事诉讼法学理论关于诉的要素多有涉及,然现有之论述大多流于粗疏和表面,少有从民事诉讼体系效应的角度去关注它与其他理论的沟通和对话。申言之,采不同的诉的要素理论,并以此为前提所导出的重复诉讼识别标准,既判力范围划定,以及诉的合并与变更的形式将有所不同。以诉的要素为视角,民事诉讼理论体系中的"蝴蝶效应"可见一斑。

为了从理论落实到司法实践,客观真实反映我国关于股东知情权的诉讼样态,本书也对中国裁判文书网、北大法宝等公布的数百个股东知情权之诉的裁判文书进行了分析比对,同时结合最高

---

① 参见石少侠:《对〈《公司法》司法解释(四)〉若干规定的理解与评析》,载《当代法学》2017 年第 6 期。

人民法院及部分高院在权威司法期刊上的案例进行类比。[①] 目的在于反过来加深对股东知情权理论制度的理解和考量，明确司法实践中股东知情权之诉案件的争议焦点、审理思路、裁判规则和司法导向，真实把握实践中股东知情权之诉的运行维度。

因此，在前人已有研究成果的基石之上，本书通过诉的要素为窗口，对股东知情权之诉的诉的要素进行系统分析，为我国股东知情权的司法运行提供理论和制度上的充分营养。

（二）理论和实践意义

笔者通过初步研读和分析，我国股东知情权之诉的诉的要素主要存在如下几个问题：第一，股东知情权之诉的诉讼当事人不明确，股东身份具有特殊性，股东资格存在复杂性，如隐名股东显名化、继受股东、出资瑕疵股东的股东资格以及行使股东知情权问题；又如，被告和第三人的设置问题等。第二，股东知情权之诉的诉讼标的不统一，不同的诉讼标的理论与诉的要素之间可能存在对应失当问题，其衍生出来的既判力客观范围、诉讼标的变更与合并、判决主文以及执行标的等内容均值得讨论。第三，股东知情权之诉的诉讼理由不健全，包括其与要件事实及诉讼理由的变更与合并等问题，并结合重复诉讼识别标准划定等，诉讼理由应当更明晰。第四，股东知情权之诉的诉讼请求不精准，通过对诉讼请求的提起、变更、合并及放弃，合理引导股东知情权之诉的诉讼请求。本书框架以上述层面为基准展开，梳理我国公司法等法律规范中关于股东知情权及其诉讼方面的立法缺失，并对我国股东知情权之诉进行制度性探索，为后续可能的股东知情权之诉的改革完善

① 参见杜筱彤：《有限责任公司股东知情权诉讼之实证研究——以147件股东知情权诉讼案件为例》，安徽师范大学2020年硕士学位论文，第3～5页。

提供理论来源和制度支持。

本书选定“股东知情权之诉研究”这一议题，通过比较、分析，从诉的要素出发，剖析所涉的相关要素，以期对股东知情权之诉制度理论及司法适用遇到的问题建立明晰全面的认识，并将股东知情权之诉制度理论在实际应用中遇到的问题进行反馈、调适，再行反哺实践。

二、国内外研究综述

站在前人的肩膀上，才能看得更远。本书的思考和撰写，必然要收集和参考众多学者关于股东知情权以及诉的要素等方面的厚重资料，无论是专著、论文、教材、案例，抑或外文翻译，都是本书的重要基础资源，现将相关内容梳理如下。

参考域外规则，美国的股东知情权范围较窄，主要规定的是股东查阅权这一积极主动性的规则，而对股东向董监高等人员的质询以及检查人选任权没有涉及。对应于股东查阅权，也规定了公司主动置备相应信息材料并向股东告知或送达的情形。虽然行权范围有限，但从其股东查阅权的规范来看，赋予了极强的操作性和程序保障，对查阅主体、查阅目的及限制、查阅程序、证明责任及救济方式等方面均非常得当。①

英国在立法上对股东知情权的规定较为全面，也形成了相应体系，如公司对股东应知晓的相关信息的主动置备、股东查阅权、检查人选任权等。股东消极知情权和查阅权也建立了较为精密的救济体系，同时对公司高管侵害股东知情权的相关责任也进行

① 参见[美]罗伯特·W.汉密尔顿：《公司法概要》，李存捧译，刘李胜校，中国社会科学出版社1999年版，第313页。

了明晰。与我国股东知情权中的会计账簿查阅不同的是,英国不存在股东查阅账簿的权利,其可以通过检查人制度充分发挥作用。[①]

德国的股东知情权较为完备,基本包括了所有形式和权利,尤其是作为质询权的发源地,该权利的内部运行和外部监督保障较为顺畅合理,具有较高的借鉴价值。

日本关于股东知情权的内容和德国类似,亦较为完备全面,也是契合大陆法系和英美法系的优良典范。不过对股东查阅权来说,系列举式的权利,不一定能够完全囊括,但因其检查人选任权比较发达,可以此来弥补查阅权的缺漏。

国外学者除了研究"股权诉讼",对与本书所界定的"股东知情权之诉"相关的一些问题的研究也很多,如股东比例责任问题(shareholder proportional liability)[②]、公司治理问题(corporate governance)[③]、所有权结构问题(ownership structure)[④]、公司社会责任问题(social responsibility)[⑤]、公司治理与绩效问题(governance

---

① 参见宋洁:《论股东知情权的司法救济》,天津商业大学2013年硕士学位论文,第2页。

② Gordon G. Sollars, *An Appraisal of Shareholder Proportional Liability*, Journal of Business Ethics, Issue: Volume 32, Number 4, Date: August 2001, 329 – 245.

③ Albert Murphy and Kudret Topyan, *Corporate Governance: A Critical Survey of Key Concepts, Issues and Recent Recent Reforms in the US*, Employee Responsibilities and Rights Journal, Issue: Volume 17, Number 2, Date: June 2005, 75 – 89.

④ Iryna Akimova and Gerhard SchwÖdiauer, *Ownership Structure, Corporate Governance and Enterprise Performance: Empirical Results for ukraine*, International Advances in Economic Research, Issue: Volume 10, Number 1, Date: February 2004, 28 – 42.

⑤ Morten P. Broberg, *Corporate Social Responsibility in the European Communities-The Scandinavian Viewpoint*, Journal of Business Ethics, Issue: Volume 15, Number 6, Date: June 1996, 615 – 622.

and performance)①、公司法和公司治理问题(company law and corporate governance)②、公司犯罪问题(corporate crime)③、合资公司问题(joint venture company)④、有限责任公司的经理责任问题(responsibility of limited liability companies' managers)⑤、公司法改革问题(company law reform)⑥、股东的选举权问题(shareholders ad corprate elections)⑦、股东的道义责任问题(the moral responsibilities of stockholders)⑧、公司民主和股东权利问题(corporate democracy and the rights of shareholders)⑨等。

---

① Neeraj Dwivedi and Arun Kumar Jain, *Corporate Governance and Performance of Indian Firms: The Effect of Board Size and Ownership*, Employee Responsibilities and Rights Journal, Issue: Volume 17, Number 3, Date: September 2005, 161 – 172.

② Boris Marinov and Bruce Heiman, *Company Law and Corporate Governance Renewal in Transition Economies: The Bulgarian Dilemma*, European Journal of Law and Economics, Issue: Volume 6, Number 3, Date: November 1998, 231 – 261.

③ Vincentive Cheng Yang, *Corporate Crime: State-Owned Enterprises in China*, Criminal Law Forum, Issue: Volume 6, Number 1, Date: February 1995, 143 – 165.

④ Gabriele Crespi Reghizzi, *The Joint Venture Company in Soviet Law*, MOCT-MOST: Economic Policy in Transitional Economies, Issue: Volume 1, Number 2, Date: June 1991, 119 – 127.

⑤ Sinjakli, *Responsibility of Limited Liability Companies Managers Under Article* 219 *of the UAE Companies Law*, Arab Law Quarterly, Issue: Volume 17, Number 1, Date: January 2002, 53 – 55.

⑥ Tony Colman and Roger Lyons, *Opening Session: Good Business and Company Law Reform*, Journal of Business Ethics, Issue: Volume 32, Number 2, Date: July 2001, 95 – 100.

⑦ Chakravarty, J. A. Goddard and L. Hodgkinson, *Shareholders ad Corprate Elections*, Journal of Management and Governance, Issue: Volume 8, Number 2, Date: June 2004, 187 – 197.

⑧ Richard J. Klonoski, *The Moral Responsibilities of Stockholders*, Journal of Business Ethics, Issue: Volume 5, Number 5, Date: October 1986, 385 – 390.

⑨ William Irvine, *Corporate Democracy and the Rights of Shareholders*, Journal of Business Ethics. Issue: Volume 7, Numbers 1 – 2, Date: January 1988, 99 – 108.

域外的股东知情权及其保障较为齐备，因为公司制度在域外已经诞生并发展了几百年，相应的股东权利包括知情权业已发展了几百年，日臻完善。但域外关于股东知情权的话题主要围绕股东知情权本身，并非将股东知情权之诉拆解，并通过诉的要素理论来描红。因此，只能算是股东知情权及其救济制度的规则展示，缺失通过诉的要素理论来管中窥豹的支撑点。

股东知情权本来源于实体法，通过程序法来进行救济和保障，因此从诉讼制度来讲，目前的研究重点在于诉讼本身，比如法院管辖、原被告等主体的适格、证明责任、前置程序和正当目的等内容。应当说，这些内容是股东知情权之诉的前提和载体，也是司法实践对股东知情权的观照和回应。但过于集中于诉讼制度本身，原因在于：第一，股东知情权之诉的性质不明，现有文献对此分析不多，在李建伟教授的专题著作《公司诉讼专题研究》中提到股东知情权之诉是侵权之诉。除此以外，基本是对股东知情权这一实体权利自身性质的探讨。但实体权利的性质与诉讼权利的性质密切相关甚至相互影响，仅对实体权利进行探讨远远不足。第二，股东资格或身份的确认不一。股东知情权的行使和救济必然要落脚到股东身份，但理论和实践中常常出现对股东身份是否确认以及如何确认、确认依据等方面的不一致，尤其是对原告股东是否适格的问题，比如特殊身份的股东，是否应当根据某些依据确认其股东资格，以便能够提起股东知情权之诉。[①] 而股东资格能否得以确认，往往与其股权密切相关，虽然股权的定性存在争议，但其系股东权利的核心表征，也是特殊股权与股东知情权关系界定的重要标准。

---

① 参见于夕媛：《有限公司股东知情权法律问题研究》，黑龙江大学 2020 年硕士学位论文，第 3 页。

目前针对股权问题,学界主要关注的是股权的确认(股东资格的确认)以及股权转让等常见领域,并且出现了专门文献研究,如学者石少侠的《浅谈股权的确认》,学者范健的《论股东资格的认定的基本理念与原则》,学者周友苏的《股东资格认定的若干问题研究》,学者刘俊海的《论股东资格的确认》;也有专著论述,如学者戈宇著《公司股权转让操作指南》,学者潘福仁主编《股权转让纠纷》。另外,在股东资格问题上,主要涉及股权确认之诉,研究角度也较为多重,比如石少侠与周友苏等学者从虚假出资、瑕疵出资和隐名出资等角度就出资问题来回应股权确认问题;学者范健则着眼于股东资格本身的特性,力求对司法实践统一标准;刘俊海学者则是从证明股东资格的证据方面进行分析。这些学者的意见让笔者对本书股东资格这一知情权的前提特性进行了深入思考。第三,根据我国现行公司法的制度安排,股东知情权救济主要通过诉讼方式,但没有根据股东知情权的特点设定特别程序。现有资料中多以一般的诉讼程序进行研究,如学者刘兰芳主编的《公司法前沿理论与实践》对于涉及股东知情权的法律问题多集中于具体制度的分析上,适用的是通常诉讼程序。学者刘桂清所著《公司治理视角中的股东诉讼研究》,在第五章中专门论述了"特别程序的股东诉讼:司法介入公司治理的一种独特方式",介绍了特别程序的基本理念,适用股东诉讼的可行性和必要性,推导出股东诉讼与特别程序的关系及调试方向,包括股东知情权也适用于特别程序。学者李建伟著《公司诉讼专题研究》在第六章专题论述了"股东知情权及其诉讼救济",从非讼程序的角度分析与股东知情权之诉的贴合点,并用了非讼程序的称谓。吉林大学曹如波博士的博士学位论文《公司非讼程序研究》也使用了非讼程序这一称谓。但从规范意义角度来讲,我国没有非讼程序,而是在民事诉讼中冠以特别程序,如何以特别程序或非讼程序引导股东知情权之诉将是我国股东知情权之诉今后发展的潜在方向。另外,股东知情权的内容抑或边界也存在较大争议,对其是否应当扩张亦有不同声音。①

因此,股东知情权之诉在理论方面存在先天不足,如何填补这些不足对我国股东知情权之诉的良性发展具有指导意义。

股东诉讼中存在大量关于股东代表诉讼方面的研究,而对其子课题股东知情权乃至知情权之诉则比较少见,只有少量的硕士论文。其他则散见于公司诉讼或股东诉讼的专著或博士学位论文,但该部分内容仅是股东代表诉讼的辅助。李建伟教授的《公司诉讼专题研究》对股东知情权及其救济作了大量篇幅的表述,尤其从公司诉讼和非讼程序角度进行探索。目前学界对股东知情权之诉的研究不足的主要原因为:第一,股东知情权之诉内容庞杂,分为多项子权利,需要细化方向;第二,股东诉讼或公司诉讼关涉实体法和程序法的交织,诉讼程序和非讼程序的探索,研究难度较大。

股东知情权之诉研究虽不丰富,但也有一定积累和基础,而从民事诉讼中诉的要素角度研究股东知情权之诉则尚无任何专著和学位论文。目前来看,我国关于股东知情权之诉的文献显现以下特征:一是因为股东知情权的实体权利性质,多数文献主要从实体法或民商事角度进行分析;二是股东知情权之诉本就是一个较为庞杂的命题,需要分批次、分细节、分角度来逐步论述;三是已经有一些文献立足于我国国情和现状来分析问题,但往往仅停留于对国外文献的梳理和介绍,尚未找寻到与国内情况相符的连接点,并

① 参见刘俊海:《公司自治与司法干预的平衡艺术:〈公司法解释四〉的创新、缺憾与再解释》,载《法学杂志》2017 年第 12 期。

以资借鉴。

因此,从诉的要素之角度研究股东知情权之诉,不仅需要就本书认可的四要素的部分分别论述,还应当从法院角度对相关要素的落地和应然状态进行审查,让理论能够擎起制度大旗,真正落脚到司法实践,推动我国股东知情权之诉的本土化构建。

古人说,"不谋全局者不足以谋一域",对股东知情权之诉制度的研究亦应如此。迄今为止,民事诉讼领域关于诉的要素的内容有了一定的研究基础,在民商事领域关于股东知情权乃至权利救济的内容亦有了一定的研究成果,但二者基于实体法与程序法、理论与实践的结合与冲突尚无清晰脉络,有待于对我国股东知情权之诉制度和理论进行系统、深入的分析研究。

三、研究方法

基于本书的特性,即以诉讼法视角研究实体法内容,通过诉的要素解剖股东知情权,故本书采取既有普适性又有特殊性的研究方法。

唯物辩证法作为本书研究的指导性方法,以其为原则综合运用相关研究方法。具体如下:

第一,比较分析的方法。从比较法的考察层面切入,通过比较分析,了解域外状况。通过比对研判域外部分国家和地区在股东知情权及其诉讼的相关理论制度和实践操作中的情形,分析其经验教训,以此为鉴,改革完善我国股东知情权及其诉讼的理论制度和实践。①

---

① 参见付路:《我国股东知情权保障制度优化研究》,吉林大学 2020 年硕士学位论文,第 5 页。

第二,系统论的方法。股东知情权涉及具体的实体法制度和内容,查阅复制权、质询权、检查人选任权和强制信息披露权等均是股东知情权的重要内容,其内部也是一个精密的运行闭环,某一个细节的变化或调整将可能导致整体运行的动摇。因此,本书从跨专业、跨实体和程序的角度系统研究,糅合民事诉讼法这一程序法与公司法等实体法,解构股东知情权之诉,并以此为原点,就民事诉讼法和公司法及其司法解释的修葺进行回应。

第三,法解释学的方法。该方法作为法学研究的古老和常青的研究方法之一,必然有其永葆生命力的原因,回归到传统和具有普遍意义的研究方法,对于本书的研究具有持续意义。

四、研究特色与创新

(一)研究方法的特色

1. 本书的研究方法结合选题自身特色,以程序法视角分析实体法内容,因此研究方法应当进行综合性的调适,寻求普适性与特殊性相衡平的研究范式。

2. 本书注重程序与实体相结合研究方法,从实体法规定在程序法层面的表达与实现角度出发,关照我国现行民事实体与程序法律规定理论研究最新动态,思考股东知情权之诉诉的要素的理论划分并提升其实际意义。

(二)研究视角的创新

本书将实体法上的股东知情权与诉讼法上的诉相结合,从诉的要素的角度出发,架构出股东知情权之诉的整体逻辑,并通过股东知情权中查阅权、质询权、检查人选任权和强制信息披露权与诉讼当事人、诉讼标的、诉讼理由和诉讼请求相交融,描绘刻画股东知情权之诉的外在与内核,最终形成股东知情权之诉在司法实践中的有力解释框架。

（三）学术观点的创新

1. 股东知情权之诉诉的要素模型的提出。确定识别和划分股东知情权之诉的规范性依据，呈现不同的状态而并非取决于某一单一要件，股东知情权之诉诉的要素的概括和描述就应当注意具体结合方式。

2. 本书首次系统划分股东知情权之诉诉的要素的理论与制度，并进行理论上整合，结合实例研究我国实践中股东知情权之诉的制度化探索，为我国民事诉讼的完善提供理论指引。

第一章　股东知情权之诉的基础理论

股东知情权是股东的一项基础权利，有了该权利的实施才有可能扩张行使其他股东权利。现代企业制度框架之下，公司所有权和经营权已经泾渭分明，但作为投资人的股东尤其是不负责经营管理的股东，若想参与公司管理或维护自己的股东利益，股东知情权将是一道无法迈过的坎。

第一节　股东知情权

一、股东知情权的含义

《公司法》于 1994 年 7 月 1 日开始施行，标志着现代意义上的公司制度在我国建立。随着经济社会的发展，《公司法》也历经多次修改，股东知情权也从最初的部分确立逐步成长，股东知情权引发的纠纷也越发增加和升级。据统计，自 2014 年至 2017 年，有关股东知情权的诉讼案件共有3900多件。[①] 2017年9月1日起施行的《最高人民法院关于适用〈中华人民共和国公司法〉若干问题的规定(四)》[以下简称《公司法解释四》(2017)],在《公司法》的基础上对股东知情权的行使进行了部分细节化的规定。为配套《民法典》的正式施行,2021年1月1日起施行的《最高人民法院关于修改〈最高人民法院关于破产企业国有划拨土地使用权应否列入破产财产等问题的批复〉等二十九件商事类司法解释的决定》对《公司法解释四》(2017)进行了相应修改,修改后的《最高人民法院关于适用〈中华人民共和国公司法〉若干问题的规定》(以下简称《公司法解释四》)于2020年12月29日公布、2021年1月1日起施行。但股东知情权的相关法律和司法解释仍然存在纰漏和空白之处,有待进一步健全完善,并和其他实体法规范和程序法规范配套协力。

(一)股东知情权的概念

股东知情权作为股东的基础性权利,也是基于身份而赋予的,是行使股东其他权利的前提。而"知情权"一词并非我国原创,属于舶来品,源于英文的"the right to know""the right of access"。我国对此的翻译较为多元,如大陆学者一般译为"知情权""知悉权""得知权""了解权""知的权利"(日本学者的称谓)等,而我国港澳台地区还有称为"资讯权"。[②] 根据上述翻译的理解,"知情权"是

① 彭炜玉、陈春雷:《论股东知情权——以〈公司法司法解释四(征求意见稿)〉为背景的考察》,载《山西广播电视大学学报》2017年第3期。转引自朴永春、金河禄:《股东知情权保护的法律问题研究——分析〈公司法司法解释四〉的相关规定》,载《延边大学学报(社会科学版)》2019年第4期。

② 如我国澳门特区《商法典》第五章第二节之规定。也有的将知情权称为知情权和查阅权,如德国《有限责任公司法》第51a条的规定。参见曹慧:《股东知情权诉讼研究》,南京师范大学2013年硕士学位论文,第4页。

指知悉、获取信息的权利和自由,即本不掌握相关信息的主体通过合法的方式获取并知悉了相关信息。“知情权”一词最早出现在20世纪40年代由美国新闻界推动的信息公开立法的活动中,一位名叫肯特·库柏(Kent Cooper)的新闻工作者于1945年的一次演讲活动中首次使用了“知情权”一词。① 早期的“知情权”主要作为公法领域的一个权利概念在使用,“二战”以后,知情权制度出现了从政治领域向其他领域全方位延伸的趋势。② 如果说知情权是随着人权保护意识在世界范围内的觉醒而产生,目的是对国家政治生活中信息弱势一方进行倾斜保护,那么公司法上股东知情权概念的产生便绝非偶然。因为从某种程度上来说,现代公司治理结构与国家的政治体制结构有相似之处。③ 作为公司投资人的股东类比代议制政体中的国家公民,理应对公司的经营管理事项进行了解知悉,据以监督作为执行机构的董事会和高管人员对公司忠于职守,维护公司和股东利益。

关于股东知情权的概念在各国立法中并无明确界定,而是在学界中存在各种学理解释。美国《标准公司法》将股东知情权表达为股东有权在任何时间里,依据正当目的,审查公司账簿、会计记

① 赵博:《股东知情权诉讼研究——以营力集团诉富新公司,李远成诉江山公司案为例》,兰州大学2011年硕士学位论文,第10页。鉴于政府在“二战”中实施新闻控制而造成民众了解的信息失真和政府间的无端猜疑,库柏主张用“知情权”这一新型民权取代宪法中“新闻自由”的规定。参见李步云主编:《信息公开制度研究》,湖南大学出版社2002年版,第308页。

② 吴宁:《知情权及其性质探究》,载《沈阳师范大学学报(社会科学版)》2005年第1期。

③ 学界一般认为,近代民主国家“三权分立”的政治体制被公司法所借鉴,用以阐释公司机关内部的权力划分和制约,因为有意思机关(股东会)、执行机关(董事会)与监督机关(监事会)分立的安排。曹慧:《股东知情权诉讼研究》,南京师范大学2013年硕士学位论文,第4页。

录、账户记录、股东登记册并且作出相关的摘要。[①] 我国《公司法》在第33条和第97条分别对有限责任公司和股份有限公司的股东知情权进行了一般性规定,但并未将其明确为知情权,而是对权利内容作了具体规定。有限责任公司股东有权查阅、复制公司章程、股东会会议记录、董事会会议决议、监事会会议决议和财务会计报告,有权查阅公司会计账簿。股份有限公司股东有权查阅公司章程、股东名册、公司债券存根、股东大会会议记录、董事会会议决议、监事会会议决议、财务会计报告,并对公司经营提出建议或者质询。《公司法解释四》主要对人民法院对股东知情权之诉的受理、判决行权方式等内容进行了细化。需要注意的是,《公司法解释四》第11条第1款规定:"股东行使知情权后泄露公司商业秘密导致公司合法利益受到损害,公司请求该股东赔偿相关损失的,人民法院应当予以支持。"此处使用了"知情权"的称谓,从股东知情权的相对面,即泄露公司商业秘密的角度对知情权进行限制,但该司法解释在关于股东知情权的具体内容设置方面并未明确"知情权"的概念。股东知情权与公司商业秘密在某种程度上可能交织,在司法实践中也往往是该权利被拒的重要原因。但应当明确的是,股东知情权行使在前,泄露公司商业秘密的行为可能在后(不排除股东抱有泄露公司商业秘密的目的行使股东知情权,但知情权仍应该独立看待),并且该司法解释也对此进行了损害赔偿的兜底性规定,故本书对这二者之间的关系不再赘述。

我国学界对股东知情权的界定各成一家之言,求同存异。有从权利内容和目的的角度阐释的,如:"股东知情权是指法律赋予股东通过查阅公司的财务会计报告、账簿等有关公司经营信息、决

---

① 李茂春:《论公司股东知情权》,载《中国商论》2017年第26期。

策信息、管理信息的相关资料以及询问与上述有关的问题，实现了解公司的运营状况和公司高级管理人员的活动的权利。”[①]有从行权方式和范围方面表述的，即将股东对有关公司经营中信息收集的权利称为“股东知情权”，并将这一权利分为财务会计报告查阅权、账簿查阅权、检查人选任请求权和质询权。[②] 有笼统概括性赋予权利的，即“股东对公司经营状况的知晓权利”[③]和“股东的知情权，即股东知悉公司有关的基本情况的权利”[④]。对上述股东知情权的表述进行汇总归纳，可以发现，部分学者对股东知情权的设置前提有所忽略，即现代公司制度下所有权和经营权相分离的大背景，否则股东知情权将没有发芽的土壤。同时对于权利内容的涵摄范围有所争议，即除了我国法律和司法解释规定的查阅权、复制权和质询权外是否还有其他权利。因此，结合上述要素，笔者认为，股东知情权的概念可以定义为：公司所有权和经营权相分离的背景下，股东为有效行使股东权利、监督参与公司经营管理、维护自身和公司权益而合法正当地知悉公司相关信息的权利，包括查阅权、复制权、选任检查人的权利和强制信息披露权，以及保障该权利的诉讼权。

（二）股东知情权的特征

股东知情权作为股东行使其他权利的参考和依据，具有其自身独特的特征。

---

① 王燕莉：《论公司股东知情权的法律保护——兼议我国〈公司法〉的修改》，载《四川教育学院学报》2003 年第 1 期。

② 刘俊海：《股份有限公司股东权的保护》（修订本），法律出版社 2004 年版，第 363 页。

③ 周友苏：《新公司法论》，法律出版社 2006 年版，第 235 页。

④ 孙加瑞：《公司股东权诉讼研究》，中国社会科学院研究生院 2000 年博士学位论文，第 89 页。

1. 股东知情权是基础性权利。股东的其他权利还有很多,如股东会/大会表决权、选任董事、监事权、转让股权的权利和分配股权红利权等,但这些权利的行使均源于股东知情权。"因此,股东对相关信息的了解,是股东能够有效行使其各项权利的基本条件。"①譬如,股东要有效实施股东会某项议案的表决权,必须知悉相关议案的信息;股东要选任董事、监事等经营管理者,需要掌握管理者的能力水平;股东转让股权给其他股东或第三人,则需要了解公司经营管理状况和业绩;股东要依据股权获得红利,则需要明确公司获利及分配情况。所以,没有股东知情权的实现,股东其他权利也就无法有效实施,而成为一纸空文和空中楼阁。

2. 股东知情权是集合性权利。这种权利的内涵是丰富的,范围是广泛的。一方面股东知情权包括基本权利,即股东对公司相关信息的查阅和复制,这是一种静态的模式,但存在信息资料有限或不全面的弊端。另一方面包括了动态的对内质询和对外选任检查人。同时,通过要求公司主动披露相关信息作为义务来对应股东知情权。这样主动和被动、静态和动态的结合,将股东知情权塑造成一个丰满多元的集合。

3. 股东知情权是独立性权利。股东知情权的独立性指其不依附于其他权利共生,而是能够单独存在的,这也是对前述基础性特征的回应。2011 年 4 月 1 日起施行的《最高人民法院关于修改〈民事案件案由规定〉的决定》(法〔2011〕41 号,已修改)已经将"股东知情权纠纷"作为一个独立的案由。股东若认为公司、大股东或董监高等损害其知情权,可以根据《公司法》和《公司法解释四》等相

① 孙加瑞:《公司股东权诉讼研究》,中国社会科学院研究生院 2000 年博士学位论文,第 90 页。

关法律规范单独向人民法院起诉，而不需要附带股东其他权利。

4. 股东知情权是义务主体多元性权利。根据公司所有权和经营权相分离的要求，享有所有权的股东是股东知情权的权利主体，而享有经营权的主体则是股东知情权的义务主体。一般来说，享有公司经营权的主体为大股东(或负责经营管理的股东)、董事、监事及其他高级管理人员，乃至公司这个法人本身。根据资本多数决的要求，往往是中小股东和大股东之间、中小股东和经营层(大股东基本能够选任和控制)之间存在公司经营管理信息的不对称。因此，这些主体均是股东知情权的义务主体，具有多元性。

二、股东知情权的性质

股东知情权的性质从不同层面、不同标准来划分可以有不同的分类。

(一)股东知情权兼顾自益权和共益权

根据行使权利的目的可以划分为自益权和共益权。"自益权主要内容是股东的诉求主要是保障自身而以自己的名义积极适用的权益，如股东的利润分配请求权，这也是股东的最终目的。"①有学者认为："知情权是通过一些作为自益权的手段来实现的。"②"共益权是指股东为参与公司决策、经营、管理、监督和控制而享有的一组权利，如提案权、累计投票权、代表诉讼权、会计账簿查阅权等。"③根据前述划分标准"目的论"的逻辑起点，股东知情权应当

---

① 杨思文：《股东知情权制度研究》，沈阳师范大学2019年硕士学位论文，第6页。

② 松田二郎『社会の社会责任』(有斐閣，1977年)174頁。转引自刘俊海：《股份有限公司股东权的保护》(修订本)，法律出版社2004年版，第55页。

③ 陈功：《有限责任公司股东知情权若干问题研究》，兰州大学2009年硕士学位论文，第3页。

视为兼顾自益权和共益权，理由如下：第一，股东知情权是股东和公司二者利益的结合，股东知情权行使不畅，将可能损害股东并最终损害公司利益，因此股东行使知情权既为自己也为公司。第二，从行权方式而言，股东行使知情权是一种参与公司经营管理的方式，并起到对经营层的监督作用，这具有共益权的性质。①

（二）股东知情权属于固有权

根据权利的获得和丧失，可以将股东知情权划分为固有权和非固有权。“固有权是指如未经持有该项权利的股东的个别同意，即使以章程或股东大会决议也不得剥夺的权利。”②股东知情权由法律规范直接规定，而非根据股东之间的协议或公司章程等具有合同性质的约定赋予和剥夺。关于能否通过股东会或公司章程剥夺股东知情权，《公司法解释四》第 9 条有明确规定，即公司章程、股东之间的协议等实质性剥夺股东依据《公司法》第 33 条、第 97 条规定查阅或者复制公司文件材料的权利，公司以此为由拒绝股东查阅或者复制的，人民法院不予支持。一些国家如日本的相关法律就明确规定股东查阅权不得以公司章程予以限制，以保护股东查阅权的实现。③ 美国《模范商业公司法》（MBCA）第 16.02 节第（C）小节第 4 段中规定：“公司章程或者内部细则不得取消或者限制本节授予的检查权。”④笔者认为，作为基础性权利的股东知情权，是其他股东权利实现的起点，除非股东同意或主动放弃，不得

---

① 王燕莉：《论公司股东知情权的法律保护——兼议我国〈公司法〉的修改》，载《四川教育学院学报》2003 年第 1 期。

② ［韩］李哲松：《韩国公司法》，吴日焕译，中国政法大学出版社 2000 年版，第 222 页。

③ 赵宏丹：《股东知情权诉讼制度研究》，辽宁大学 2009 年硕士学位论文，第 3 页。

④ 沈四宝编译：《最新美国标准公司法》，法律出版社 2006 年版，第 235 页。

被剥夺，应当属于固有权利。

（三）股东知情权主要是工具性权利

根据权利行使的手段和目的，可以分为工具性权利和目的性权利。有学者认为："股东查阅权是一项工具性的权利。"①诚然，股东知情权作为行使股东其他权利的前提，起到了手段和工具的作用，可以视为一种间接性的权利。"但工具性的权利价值也并不仅仅体现为保障其他权利实现的工具价值，它本身就包含了一种价值。对股东查阅权来说，这种由工具性权利存在本身所体现出来的价值是指股东查阅权本身作为保障股东利益的一种制度架构，体现了法律对于公平、平等理念的追求，彰显了一种程序性的、非实体的价值。"②但特殊情况下股东知情权也属于纯粹的目的性权利，"是因为在某些情况下，股东行使知情权本身就是单纯地为了了解公司经营状况"③。

三、股东知情权的内容

股东知情权的内容，即股东知情权的外延范围。学界对此的认识百花齐放、各有所长。有人认为股东知情权是法律直接赋予股东的查阅与自身投资利益有关的资料以及询问与股东决议有关的事项，以便了解公司经营现状以及公司高管业务活动进行情况的权利④，"从宏观上可分为财务会计报告查阅权、账簿查阅权、询

① 李建伟：《股东查阅权行使机制的司法政策选择》，载《法律科学（西北政法大学学报）》2009 年第 3 期。

② 曹慧：《股东知情权诉讼研究》，南京师范大学 2013 年硕士学位论文，第 6 页。

③ 李建伟：《公司诉讼专题研究》，中国政法大学出版社 2008 年版，第 258 页。

④ 参见刘俊海：《股份有限公司股东权的保护》，法律出版社 1997 年版，第 175 页。

问权,这三项权利相互补充"①。有学者认为,股东知情权包括查阅权和复制权,而不包括质询权。② 有学者借鉴英美法系的观点,认为股东知情权包括查阅权、质询权和检查人选任请求权。③ 有学者提出"股东知情权也包含积极的权能,即股东的查阅权与质询权,这两项权利均可由股东积极行使",同时包括"公司在强有力的证券披露强行法规则下主动履行信息披露义务,股东知情的权利就可以获得满足"。④ 还有观点认为,质询权是一项单独的股东权利,而查阅权和检查人选任权则为一项股东对公司的财务信息知情权。⑤ 针对前述争议,笔者认为股东知情权的内容涉及行权范围和方式,不同的涵摄范围将会导致不同的保护框架。但无论如何界定范围,都是在公司所有权和经营权相分离的背景下,股东为有效行使股东权利、监督参与公司经营管理、维护自身和公司权益而合法正当地知悉公司相关信息的权利。因此,股东知情权的内容应当具备广泛性,即包括查阅权、复制权、选任检查人的权利和强制信息披露权。

(一)查阅权(含复制权)

"所谓股东的查阅权,就是股东查阅有关股东权益或与股东行使权利有关的公司文件、资料的权利。"⑥查阅权的实现主要在于查

---

① 参见王燕莉:《论公司股东知情权的法律保护——兼议我国〈公司法〉的修改》,载《四川教育学院学报》2003 年第 1 期。

② 赵旭东主编:《公司法学》,高等教育出版社 2006 年版,第 302 页。

③ 施天涛:《公司法论》,法律出版社 2005 年版,第 302 页。

④ 李建伟:《公司诉讼专题研究》,中国政法大学出版社 2008 年版,第 257 页。

⑤ 刘俊海:《股份有限公司股东权的保护》(修订本),法律出版社 2004 年版,第 363 页。

⑥ 孙加瑞:《公司股东权诉讼研究》,中国社会科学院研究生院 2000 年博士学位论文,第 90 页。

阅的内容或范围以及行权方式。《公司法》第 33 条对有限责任公司股东的查阅内容进行了规定，即公司章程、股东会会议记录、董事会会议决议、监事会会议决议和财务会计报告，同时股东还可以复制；股东仅能查阅却不能复制的内容为公司会计账簿并应当以书面方式说明具有正当目的。《公司法》第 97 条规定股份有限公司股东可以查阅公司章程、股东名册、公司债券存根、股东大会会议记录、董事会会议决议、监事会会议决议、财务会计报告，但并未规定复制的权利和查阅有限责任公司股东可以查阅的会计账簿。有限责任公司股东拥有对相关文件材料的查阅和复制权，股份有限公司股东仅有查阅权。《公司法解释四》第 10 条则对行权方式进行了细化，即法院应当在判决中明确查阅或者复制公司特定文件材料的时间、地点和特定文件材料的名录；人民法院准许股东查阅公司文件材料的，还可以由股东委托会计师、律师等专业人员辅助进行，但没有规定辅助人员可以复制。

（二）质询权

“股东质询权是指股东为了解公司经营的相关信息，在股东大会上向公司董事会或监事会提出质疑和询问的权利。”[①]查阅权应当是股东最容易实现的权利，但查阅权行使的结果往往并不一定能够让股东真正知晓公司经营状况，且可能存在所查阅的文件材料失真的情况。另外，财务会计报告和会计账簿专业性较强，普通股东没有审核判断的能力。因此，质询权作为查阅权的配套和深化，有利于知情权的有效实现。《公司法》第 97 条赋予了股份有限公司的股东有对公司的经营提出建议或者质询的权利；第 150 条

---

① 赵博：《股东知情权诉讼研究——以营力集团诉富新公司，李远成诉江山公司案为例》，兰州大学 2011 年硕士学位论文，第 12 页。

对董事、监事和高级管理人员列席股东会或股东大会并接受股东质询进行了规定。具体行权方式应当为在股东会或股东大会直接向公司管理层提出质疑和询问,但管理层如何回应、以什么方式回应以及回应标准和限制则没有依据。

(三)检查人选任请求权

有学者认为检查人选任请求权指"当股东有正当理由怀疑公司经营管理过程中存在违反法律、行政法规或章程的重大事实,或者公司经营者严重违反忠实义务与善管义务、损害公司和股东利益时,有权申请法院选任检查人调查公司的业务和财产状况"①。股东的检查人选任请求权实际上是一种调查权,即股东申请法院或股东会或行政机关调查公司事务。本项权利的设定在于对查阅权和质询权的弥补。查阅权和质询权的设立背景系假想公司的管理层能够积极配合股东知情权的行使,主动提供真实、全面、准确的公司文件材料并妥善合理回应股东的质疑和询问。但这样的情况只是一种假设,现实中,公司管理层虽然有义务保障股东查阅权和质询权,但保障的程度和标准却无法量化,尤其是在所提供的资料对管理层不利的情况下。加之股东专业素养缺乏的问题,股东知情权能否真正落到实处仍然值得商榷。因此有必要赋予股东一项请求相关主体选任专业检查人调查公司事务的权利,即检查人选任请求权。

(四)强制信息披露权

前述三种权利均指的是股东主动积极行使的知情权,除此以外,公司还应当履行向股东披露信息的义务。这种义务虽然也对

---

① 刘俊海:《股份有限公司股东权的保护》(修订本),法律出版社 2004 年版,第 371 页。

应股东的知情权，但不由股东主动行使，而由法律直接规定成为公司的义务。所以这里的“强制信息披露权”与其说是一种主动权利，不如说是一种“被动”利益。因为法律并未规定股东有权申请披露信息，更遑论“强制”。[①] 我国证券法上的虚假陈述损害赔偿作为一种侵权责任，其请求权基础即应当是此处的“利益”，即股东知情权。所以强制信息披露权（姑且称为权利）应当属于股东知情权的内容。

第二节　股东知情权之诉的法理

股东知情权作为实现股东其他权利的基础，往往是股东权纠纷的第一步。股东通过向法院提起股东知情权之诉来保障其知情权的实现。实际上，民法所调整的是平等主体之间的人身和财产关系，相应地民事诉讼也调整平等主体之间的人身和财产关系。而公司法调整的是公司内部各主体（公司法人、股东、管理层等）之间的法律关系，包括公司的设立、存续、变更和消灭过程中各主体之间的关系（含股东权纠纷）。民事诉讼所调整的外部主体之间的纷争与公司领域内部主体之间的纷争当然有共通性，但仍然存在显著不同。因此，股东知情权之诉担负着“如何在两造当事人简单对立的诉讼模式下妥善容纳关系交织的公司内部多元主体并实现划一判决”的重任，同时是“对传统民事诉讼规则体系的全新挑战，

① 如在我国《证券法》中，公司并不需要股东的积极请求就得主动披露公司的年度财务报告和重大事件公告等信息，而《证券法》也没有赋予股东请求公司披露相关信息的权利。

也是在公司法中专门规定诉讼规则的正当性和必要性所在”[①]。

一、股东知情权的可诉性

(一)股东知情权属于民事权利

根据传统民法理论的理解,民事权利的构造为权能和权益(利益)。民事权益是民事主体依照民法能够获得的利益;民事权能则是如何去实现民事权益的方式,包括支配权能、请求权能和诉讼权能。[②] 就股东知情权而言,根据权利性质和作用的划分应当属于请求权。查阅权和质询权属于股东积极主动地行使知情权要求义务主体通过行为给付,当然属于请求权能,而强制信息披露权似乎仅有权益没有权能,即实现手段。所以从根本上股东知情权是一种民事权利(即使其权利内容存在部分权能缺失的情况)。

(二)股东知情权纠纷由法院主管

股东知情权纠纷属于侵权责任,由人民法院主管,股东当然有救济权利的诉的利益。“诉讼之所以产生从根本上讲是由于当事人的权利受到侵犯或有受侵犯的威胁。”[③]虽然股东知情权源于公司内部股东和管理层或中小股东和大股东之间的纠纷,看似属于公司内部事务,但仍然也必须通过外部途径,即股东知情权之诉来解决,而且股东知情权之诉是股东在公司内部处理机制失灵时的唯一选择。“股权的可诉性正是基于对股权的保护而产生的一种司法救济途径,其实质是司法机关对股权的公力保护。”[④]但需要

---

① 丁勇:《组织法的诉讼构造:公司决议纠纷诉讼规则重构》,载《中国法学》2019年第5期。

② 参见江平主编:《民法学》,中国政法大学出版社2000年版,第80页。

③ 张民安:《公司法上的利益平衡》,北京大学出版社2003年版,第207页。

④ 刘永祥、林微:《论股权的内容及股权的可诉性》,载《当代法学》1998年第6期。

注意的是,公司诉讼(包括股权纠纷)与普通民事诉讼有显著区别,公司法等民商法上对股东知情权的保护需要同民事诉讼加强衔接。

(三)公司治理与司法介入的适度

公司作为一个自治团体,是现代企业制度的重要体现。从法理而言,股东之间通过意思自治,以公司章程等合同的形式达成一致的意思表示。[①] 但由于股东知情权是固有权利,由法律直接赋予,不得由公司章程等契约方式剥夺。此时,公司治理开始受到司法介入的影响。尤其典型的一点,即公司僵局之下的司法裁判解散,如果寄希望于公司大股东或管理层自律性地打破公司僵局,不如现实地由股东请求法院裁判解散公司,保护公司和股东的利益。但关键问题在于司法介入的度,即如何把握介入标准和程度。其实从股东知情权的内容可以大致窥探,查阅权和质询权由股东积极主动行使,如若受阻可以请求法院支持;至于检查人选任请求权,如果管理层或大股东已经履行了披露义务,股东怀疑所披露的信息不实也无法通过质询获知真相,法院不可能支持股东单方面无证据的怀疑,也不可能根据股东怀疑去调查,否则这将大大加重法院的负担;反之如果法院根据股东怀疑主动履行调查职责时,却又有可能损害公司作为自治团体的自治性。[②] 另外,强制信息披露

---

① 股东意志自由反映在股东参与公司治理和处理自身权利的各个方面,而股权体现了股东个体性权利与公司团体性权利的属性交织。但股权处分抑制的实践表明,股权处分行为已经超越传统契约交易,呈现商事组织法上交易的特殊性。对股权转让及相关处分行为所施加的种种限制,最能集中和全面地体现股东意志自由与公司自治和公司法之间纷繁复杂的关系。参见冯果、段丙华:《公司法中的契约自由——以股权处分抑制条款为视角》,载《中国社会科学》2017 年第 3 期。

② 参见孙加瑞:《公司股东权诉讼研究》,中国社会科学院研究生院 2000 年博士学位论文,第 108 页。

权属于司法直接介入(法律规定)。总体而言,司法介入应当属于股东知情权行使的终极手段,即需要设置一定的前置程序,在股东或公司内部无法通过自治手段解决时方可介入。

二、股东知情权之诉的性质

股东知情权之诉的性质指此种诉讼的本质属性,前述已经阐述了股东知情权的性质,即这一实体权利的内在属性,而股东知情权之诉的性质则从诉讼的角度进行分析。

(一)股东知情权之诉属于给付之诉

"根据诉即诉讼请求的性质和内容可以将诉分为确认之诉、给付之诉和形成之诉。"①确认之诉,是原告请求法院对其主张的当事人之间存在争议的权利或法律关系是否存在作出权威性确定的诉。其中,主张确认权利或法律关系存在的是积极性确认之诉(如原告请求法院确认与被告之间的合同关系有效),主张权利或法律关系不存在的是消极性确认之诉(如原告主张其与被告的婚姻关系无效)。② 给付之诉指原告基于对被告的给付请求权,请求法院判令被告履行特定的给付义务。根据给付的内容可以分为金钱或实物的给付以及特定行为(作为或不作为)的给付。形成之诉指原告请求法院变更或消灭一定权利义务关系,比如原告请求法院解除合同或撤销股东大会决议等。"除了再审之诉之外,撤销仲裁裁决、执行中各种异议之诉——第三人异议之诉、债务人异议之诉等也都属于诉讼法上的形成之诉。"③

---

① 张卫平:《民事诉讼法》(第4版),法律出版社2016年版,第186页。

② 参见[日]中村英郎:《新民事诉讼法讲义》,陈刚、林剑锋、郭美松译,常怡校,法律出版社2001年版,第104页。

③ 三月章『民事訴訟法』(弘文堂,1986年)55頁。

股东要想提起股东知情权之诉,首先应当为适格原告,即具有股东身份。《公司法解释四》第 7 条第 2 款规定公司有证据证明行使股东知情权的原告在起诉时不具有公司股东资格的,法院应当驳回起诉。股东提起股东知情权之诉的前提是享有股东身份,而对股东身份之诉则属于确认之诉。因此,确认之诉就成为给付之诉的前置条件,由此扩张开来,确认的因素在其他类型的诉中都能成为前提。[①] 股东知情权之诉"目的在于通过强制执行法院的判决要求公司履行特定的积极义务以保证股东知悉相应的公司信息,判决内容表现为公司负有在特定期限内向股东提供相应信息的义务,所以在性质上属于给付之诉"[②]。《公司法解释四》第 10 条也对股东知情权诉讼中法院支持原告诉讼请求的判决附加了履行方式,即应当在判决中载明查阅或者复制公司特定文件材料的时间、地点和特定文件材料的名录。这是一种典型的以作为的形式履行义务的方式。因此,从诉讼形态上来讲,股东知情权之诉属于给付之诉,并且是特定行为(查阅、复制、质询、选任检查人和披露信息等)的给付。

(二)股东知情权之诉属于股东直接诉讼

所谓股东直接诉讼,指股东为了个人利益,直接以股东身份及专属于个人的诉因起诉公司或有关的其他人员。股东派生诉讼(derivative action),也称"衍生诉讼"、"代表诉讼"、"传来诉讼"以

---

① 参见[日]兼子一、竹下守夫:《民事诉讼法》(新版),白绿铉译,法律出版社 1995 年版,第 47 页。

② 李建伟:《股东知情权诉讼基本程序问题探析》,载《国家检察官学院学报》2010 年第 1 期。

及“代位诉讼”[1],但实际上仅是表述的不同而没有本质差异。故其可定义为“当公司怠于追究公司治理机关成员或者公司外第三人对公司所负赔偿责任时,具备法定资格的股东为了公司的利益依据法定程序以自己的名义请求侵害公司权益者赔偿公司损失的诉讼活动”[2]。由此可见,股东直接诉讼源于原告基于自身利益受损而起诉,诉讼结果由股东个人承受,具有自益权的特性,一般适用普通民事诉讼规则即可,股东派生诉讼则反之。

具体到股东知情权之诉中,股东请求法院保障其查阅权、复制权、质询权、检查人选任权和强制信息披露权等,均系由股东代表自身提起。因为知情权本来就是固有权利,并不需要从公司诉权中委派而来,并且知情权诉讼的后果由股东自身承受。尽管可能间接维护了公司和其他股东的利益,但其直接受益人是股东本人。

(三)股东知情权之诉属于侵权之诉

我国台湾地区学者王泽鉴认为,侵权行为包括三层结构,即构成要件(含行为、侵害权利、造成损害及因果关系)、违法性、故意或过失。[3] 由此展开,股东知情权的构成要件中,公司或大股东及董事、监事、高管人员等管理层以作为或不作为的行为侵害了股东的知情权,造成了股东未能知悉公司信息的损害,且行为和结果之间

---

① 何美欢:《公众公司及其股权证券》(中册),北京大学出版社 1999 年版,第 846 页;张民安:《现代英美董事法律地位研究》,法律出版社 2000 年版,第 485 页;刘俊海:《股份有限公司股东权的保护》(修订本),法律出版社 2004 年版,第 414 页;钱卫清:《公司诉讼:公司司法救济方式新论》,人民法院出版社 2004 年版,第 111 页;[韩]李哲松:《韩国公司法》,吴日焕译,中国政法大学出版社 2000 年版,第 516 页;吴建斌:《最新日本公司法》,中国人民大学出版社 2003 年版,第 169 ~ 170 页;宣伟华:《股东代表诉讼初探》,载《法学》1999 年第 6 期。

② 谢文哲:《公司法上的纠纷之特殊诉讼机制研究》,法律出版社 2009 年版,第 138 ~ 139 页。

③ 王泽鉴:《侵权行为法》,中国政法大学出版社 2002 年版,第 8 ~ 86 页。

存在因果关系，违反了公司法的规定，而侵权人一般都是出于故意。因此，股东提起股东知情权之诉，目的在于请求法院判令侵权人停止侵权，保障股东的知情权（查阅权、复制权、质询权和检查人选任权）。另外，就强制信息披露权而言，证券法上的虚假陈述损害赔偿也属于侵权之诉。①

第三节　股东知情权之诉的制度功能

"现代型民事诉讼是建立在自由主义民事诉讼法典基础之上、用于解释和解决现代型纠纷的一种崭新的民事诉讼理念和相关的诉讼程序制度安排，具有区别于传统型民事诉讼的诉讼构造及其独特的法律功能、社会功能和政治功能。"②股东知情权之诉有别于传统民事诉讼，符合现代型民事诉讼的理念、制度安排以及程序设计，发挥着自身特殊的诉讼制度功能。

---

① 对于证券民事责任的性质，理论界存在争论。合同责任说认为，股东与公司之间的权利义务关系应当解释为合同关系，信息披露义务时公司对自己的股东应负的义务，也是证券发行时募股合同的附随义务。侵权责任说认为，证券法中的民事责任是发行人违反了证券法规定的义务而产生的侵权损害赔偿责任。另外，还有缔约过失责任说，认为证券民事责任产生于发行人对证券认购协议订立之前的先合同义务的违反。参见王利明：《我国证券法中民事责任制度的完善》，载《法学研究》2001 年第 4 期；张宇润：《证券虚假陈述及民事责任确定之我见》，载《政法论坛》2002 年第 6 期。上述学说中，合同责任说无法解释在二级市场上交易证券的民事主体与发行公司不存在合同关系，却何以提起损害赔偿之诉；缔约过失说只能解释发行证券过程中认购的投资者提起诉讼的原因，却无法解释发行人为何要向已经成为其股东的投资者进行持续的信息披露，并在违反披露义务的情况下股东何以提起诉讼。相较之下，侵权责任说最为可行，但理论界没有解释股东是依据何种原权利受到侵害而提起侵权之诉的，即此处的侵权损害赔偿请求权的基础是什么。李建伟：《公司诉讼专题研究》，中国政法大学出版社 2008 年版，第 256 页。

② 肖建国：《现代型民事诉讼的结构和功能》，载《政法论坛》2008 年第 1 期。

一、股东权利的保护功能

（一）私力救济的瓶颈

私力救济具有便捷性、低成本的优势，但往往无法达到目的或导致违法。股东知情权之诉按层级划分，第一层级为公司主动向股东披露相关信息，第二层级为股东向公司请求行使股东知情权，第三层级为股东向法院请求行使股东知情权。[①] 因此，在股东以私力救济方式无法获知法律规定的信息时，只能通过公力救济股东知情权，这“已超越了股权作为私权的性质，而是一种受公法保护的诉权，是直接针对国家司法机关而为的请求”[②]。同时，对股东知情权的公力保护能够起到预防和警示的作用，基于知情权是工具性权利的性质，股东知情权诉讼往往只是第一步，其后可能跟随其他公司诉讼。因此，一方面能够从源头上防止和减少纠纷；另一方面也能够警示相关人员评估后续风险，及时止损。

（二）大股东与中小股东的博弈

除仅有一个股东的一人有限公司外，其他公司均存在大股东和中小股东的情况。根据一股一权，股权平等原则，无论是大股东还是中小股东都应当处于平等地位。但同时资本多数决原则也是现代社会中公司运营管理决策的普适性原则，如果因为大股东或控股股东[③]对此原则的滥用，中小股东除正常应对投资的商业风险

---

① 蒋大兴：《超越股东知情权诉讼的司法困境》，载《法学》2005 年第 2 期。

② 蒋大兴：《超越股东知情权诉讼的司法困境》，载《法学》2005 年第 2 期。

③ 控股股东是指持有被控制公司发行在外的股份的过半数，或者虽然其持股低于被控制公司股份总数的半数但能够通过选举或任命的方式安排公司董事的半数以上从而能够对公司的经营方针和财务政策等重大事项施加决定性影响，以及其他能够依照章程的安排或者股东会的决议而对公司发生控制性影响的股东。参见甘培忠：《公司控制权的正当行使》，法律出版社 2006 年版，第 144 ~ 145 页。

外，还有可能面临大股东人为恶意的侵害风险。因此纯粹的资本多数决原则为避免滥用成为大股东恣意侵害中小股东的帮凶，应当受到一定的限制。所以，就股东知情权的设立而言，即使是中小股东，在其知情权受到侵害时也可以独立地通过诉讼方式维权，没有股份或股权多少的限制。

（三）股东保护的效率

"民事诉讼是以国家权力解决以私法关系为内容的纠纷的程序"①，诉讼效率和诉讼公正是看似矛盾却又相互依存的整体，既要强调效率，也要兼顾公平，因为"迟延诉讼或积案实际上等于拒绝审判"②。对股东知情权的救济，由股东直接向法院提起知情权诉讼，成本低廉、迅速高效，为股东后续可能的其他公司诉讼奠定基础。一般来讲，中小股东因为不掌握经营管理权，造成信息不对称，更有可能提起股东知情权诉讼。所以，股东知情权之诉"不仅可以提高诉讼效率，也可以使审判力量分配和使用趋于科学化、合理化"③。诉讼效率与程序公正看似相悖实则统一。股东知情权作为基础性权利，是其他股东权利实施的前提，往往只是手段不是目的，所以在程序设计上可以简化、便捷，方便股东起诉。在具体的程序规则上，可以适当考虑非讼或特别诉讼程序，提升诉讼效率，高效保护股东权利。

前述所言股东知情权诉讼面临现代型民事诉讼的课题，与传

---

① ［日］兼子一、竹下守夫：《民事诉讼法》（新版），白绿铉译，法律出版社 1995 年版，第 3 页。

② ［日］谷口安平：《程序的正义与诉讼》，王亚新、刘荣军译，中国政法大学出版社 1996 年版，第 55 页。

③ 王晓、甘国明：《民事二审不开庭审理程序的新开展——寻求诉讼效率与程序保障的平衡点》，载《山东社会科学》2015 年第 1 期。

统民事诉讼有显著区别。同时公司法属于商事法,股东知情权诉讼也归属于商事审判程序,较之普通的民事诉讼有自己的特性和追求,即简约、快速、方便、灵活等不同于民事的商事内核。根据股东知情权之诉的层级,如若股东向法院请求保障知情权,表明股东与大股东或管理层之间的利益分配已经不可缓和,公权力的介入将就股东知情权进行调和。由此,股东可以通过较为迅速的知情权诉讼,及时了解公司信息,并为之后可能的公司其他诉讼做好准备和正确判断、评估投资风险。此时,公权力的调和将原来股东和公司之间的罅隙缩小或弥补,既及时维护了股东权益,也为公司正常持续经营发展起到了促进作用。[①]

二、公司治理结构的改良功能

(一)资本多数决的异化

资本多数决原则作为公司治理的基本原则,其地位一直不可撼动。"根据资本多数决原则,尽管每张股票都提供相同的权利和义务可能是公司组织原则的重要假设,立法者通过使用促进平等待遇的规范可以获得理想的政策结果,但是股份之间的平等其本身不应该是目的,股东之间的实质平等才是最终目的。"[②]所以,资本多数决其实有自身弊端,应当进行限制,探求其对少数股东剥夺利益的边界,否则将导致股东(无论大股东或中小股东)之间根本

① 这种作用与在公司僵局情况下股东起诉由法院裁判解散公司有异曲同工之处,裁判解散公司并非司法的初衷,实乃最后的不是办法的办法。而股东知情权的司法保护,也是类似,看似保护了股东,实际上对公司的持续经营也起到了推动作用,并且最终还是落脚到保护股东利益层面上来。

② [加]布莱恩·R.柴芬斯:《公司法:理论、结构与运作》,林华伟、魏旻译,法律出版社2001年版,第505页。

上的不平等，由此，应当由司法介入矫正资本多数决的异化。①

（二）股东会的形骸化

一般来讲，大陆法系国家赋予了股东会更广泛的权力，比如有的国家要求公司章程不得扩张董事会权力至股东会权力，以此保证股东会不被形骸化。“总之，在大陆法系，股东作为公司存在根源以及股东拥有制定公司‘宪法’这一基本权力的观念仍深入人心，股东优位主义虽已衰落，但远未死亡。”②在所有权和经营权分离的框架下，公司管理层对经营权的把持实际上已经逐步演变成了对公司的控制权，这实质上让股东会日趋形骸化。如此的公司治理结构让股东知情权被侵犯的概率变大，股东会对此无法发挥作用，只能依靠股东自身行使权利，并由司法保障知情权的落实。

（三）股东对管理层监督的弱化

在现代企业理论中，委托代理理论占据着极为特别的地位。从 20 世纪 60 年代末 70 年代初开始，在公司所有权和经营权相分离的背景之下，“由于信息不对称和不完备、管理层寻租”、“内部人控制”以及公司治理制度的不完善，必然在两者之间存在“逆向选择”和“道德风险”的可能③，因此，委托代理理论应运而生。“然而在现代企业的委托代理关系中，对代理人的监督随着代理人控制权的增强而呈不断弱化的趋势”④，于是，基于委托代理关系的股东已经愈来愈无法掌控管理层，更遑论对管理层的监督，只有通过司

① 杨靖、裴悦君：《论公司资本多数决原则的规制——以合理划分与行使股东权利为视角》，载《法律适用》2011 年第 11 期。

② 许可：《股东会与董事会分权制度研究》，载《中国法学》2017 年第 2 期。

③ 王丹妮、王运陈：《基于博弈理论 浅析股东对管理层的监督》，载《商场现代化》2007 年第 24 期。

④ 彭芳、章丽萍：《也谈企业股东和经营管理者委托代理之关系》，载《商场现代化》2007 年第 35 期。

法干预和调节，才能强化股东监督。

(四)弥补公司内部治理结构之缺陷的需要

现代企业制度中，公司内部治理结构类似于西方的“三权分立”，即公司决策权归属于股东会/大会，经营权(执行权)归属于董事会及高管人员，监督权归属于监事会。看似“三权分立”互有制衡，但这样的治理结构设置较为理想化。“法人治理结构的确立只是法律或章程的应然规定，是一种理想状态，其功能的具体发挥有赖于公司的各类参与主体积极、自觉地行使职责和权利。”①此时公司权力被分立，但实际上减弱了股东的控制权，股东知情权的实现依赖于公司管理层的配合。“一旦出现相互制约关系的一方越权，而另一方怠于行使权利，法人治理结构这种自我约束机制就易于陷入停滞、失效。”②如果股东知情权行使受到管理层妨碍，应当容许外力介入，弥补公司内部治理结构的天然缺陷，即“为克服上述缺陷必须设置有效的外部干预机制来及时纠正公司参与主体之间的利益失衡的状态，重新启动公司的内部驱动系统”③。

三、交易秩序的规范功能

(一)公共利益的考量

我国最早出现的公司是清朝末年洋务运动时成立的诸如招商局一类的企业，其组织形式为现代公司。新中国成立后，私营企业被改造为公私合营企业，公私合营企业的本质仍属有限公司范畴。20 世纪 80 年代以后，随着改革开放的深入，有限责任公司和股份

---

① 钱卫清:《公司诉讼:司法救济方式》，人民法院出版社 2006 年版，第 9 页。
② 钱卫清:《公司诉讼:司法救济方式》，人民法院出版社 2006 年版，第 65 页。
③ 钱卫清:《公司诉讼:司法救济方式》，人民法院出版社 2006 年版，第 89 页。

有限公司不断发展。在《公司法》及配套法规出台后，公司的发展日益规范化。[①] 有了法律法规的指引和调整，公司这一主体和其所涉的交易秩序得到了极大的规范。目前我国公司的设立门槛已经大大降低，公司作为重要的市场主体在市场经济中扮演了不可替代的角色，公司法对公司领域的调控已经逐渐突破其内部自治，日趋凸显公法色彩和维护公共利益的特质。我国台湾地区学者柯芳枝先生对这种转化和嬗变一针见血地指出：近代民主国家，在企业自治原则之下，仅在特殊情况下发动公权力，公司监督以自治监督为原则，公权监督为例外，此殆为各国或地区公司法自采取准则主义以来一贯之态度。时至今日，公司已成为共同企业之典型，其存废荣枯，不仅关系股东营利之追求，公司从业人员之生活，抑且与社会交易之保护、公益之维持及国家或地区经济之发展息息相关，其影响可谓至大且巨，实不便完全由公司自律，而有恃公权监督之必要。[②] 现代社会，公司领域的问题和纠纷，已经彰显出公共利益的内核，不再仅属于公司内部自治的问题，其受众也不再仅是公司和股东，而开始面向社会公众。在股东知情权问题上，就会涉及信息公开，尤其是涉及国计民生、国家重大安全领域和社会公共利益的某些领域，都应当依法强制进行信息披露。此时公司内部的自治也好、监督也好，都有可能失灵，司法的干预和规范将成为可行的救济方式。现代民主社会的应有之义是公司信息依法披露，公开遏制谣言，透明规范秩序。股东知情权看似是对股东或公司利益的维护，实际上也注入了国家意志和政策导向，深耕公司领域，辐射市场交易秩序，校正公众规则意识。因此，笔者在前述股东知

① 赵威主编：《经济法》（第6版），中国人民大学出版社2017年版，第19页。

② 柯芳枝：《公司法论》，中国政法大学出版社2004年版，第274～275页。

情权内容中,认为应当包括强制信息披露权也正源于此。股东知情权的划定疆域中,“私法公法化”应当成为一块重要的试金石,让公司内部自治和司法外部规范有机结合,良性扩张司法的规范功能,达到天然衡平。

（二）公司承担社会责任的需要

公司社会责任(corporate social responsibility, CSR),或者称为企业社会责任(enterprise social responsibility, ESR)①,作为独立法人的公司,系能够承担民事责任的经济组织,在现代社会经济中扮演着重要角色,公司制度伴随一个国家经济社会的发展,也是该国的发展缩影和窗口。公司除了营利性,还应兼具社会性,即承担一定的社会责任。从利益角度考量,公司除对股东极尽营利外,还应着眼其他利益,如职工利益、消费者利益、地区利益和环境利益等领域方面的利益。② 公司的重要特点在于营利性,但其可能在追求营利性的过程中造成社会的损害,如产生环境污染,侵害劳动者权益,未履行应当信息披露义务等。公司的社会责任继续要其内部治理主动承担,也需要外部因素强化监督。在股东无法享有知情权时,应当也必须允许股东能够通过外部的强制手段(如司法介入)保护股东利益。所以,股东行使知情权知晓公司信息,监督管理层,维护股东利益,落实社会责任。这都源于法律赋予股东知情权以及通过诉讼救济知情权的途径,从而让公司承担起应尽的社

---

① “社会责任”一词应指法律义务。参见卢代富:《国外企业社会责任界说述评》,载《现代法学》2001 年第 3 期;周友苏、张虹:《反思与超越:公司社会责任诠释》,载《政法论坛》2009 年第 1 期。转引自施天涛:《〈公司法〉第 5 条的理想与现实:公司社会责任何以实施?》,载《清华法学》2019 年第 5 期。

② 参见刘俊海:《股份有限公司股东权的保护》(修订本),法律出版社 2004 年版,第 8 页。

会责任。

第四节　股东知情权之诉的构成要素

股东知情权作为一种权利，通过诉讼的方式保障，即股东知情权诉讼。本书为“股东知情权之诉”，与股东知情权诉讼之间存在差异，即本书不仅从诉讼本身讨论，而且进一步将“股东知情权诉讼”的“诉”进行剖析，从诉的要素等方面的内容进行解构。

诉是诉讼法的一个基础理论，这是早已被众多权威深耕的场域，似乎很难再探讨出什么新意。但诉结合股东知情权所衍生出的股东知情权诉讼则将诉的要素等内容进行透视，即从诉的要素的角度对股东知情权诉讼来推演。“诉，是指当事人向法院提出的，请求特定的法院就特定的法律主张或权利主张（诉讼上的请求）进行裁判的诉讼行为。”①就股东知情权之诉来讲，即股东向法院提起，请求具有管辖权的法院就其知情权（包括查阅权、复制权、检查人选任权和强制信息披露权等）主张给予司法保护，并作出有利于己的裁判。

一、诉的构成要素之争

在明确了诉的定义之后，进一步分解，将会对诉的要素进行整合。“诉的要素，是指在形式和内容上构成一个完整的诉所必备的组成单位。”②这里的定义，强调了诉的要素的地位和作用，并且与

① 张卫平：《民事诉讼法》（第 4 版），法律出版社 2016 年版，第 185 页。

② 刘翔光：《诉及其要素新解》，载《律师世界》2003 年第 9 期。

诉本身对应起来,作为部分和整体的匹配。诉的要素最重要的在于其组成部分或构成范围。我国民事诉讼体例源自苏联,相应的基础理论也属于从苏联的借鉴和移植。诉到底包含哪些要素,划分的依据和标准是什么,这些要素之间有什么样的逻辑关系,各要素又发挥着什么作用。这些问题,就诉的要素的传统理论来说,可以分为一要素说、二要素说、三要素说、四要素说。①

(一)一要素说

一要素说仅由一种要素来识别和特定某诉,该说具有明显的缺陷,只是一种学说并无采用的实际意义。

1. 当事人

诉的要素只有诉讼当事人一种,即只通过这一要素即可识别和特定某诉。就股东知情权之诉来说,前诉中股东甲起诉公司要求行使股东权当中的查阅权,后诉中股东甲起诉公司要求行使质询权。显然,前后两诉虽然当事人及原被告诉讼地位均同一,但并非重复诉讼,故当事人作为唯一诉的要素无法识别以及特定某诉。

2. 诉讼标的

在股东知情权中,股东甲起诉公司要求行使知情权,股东乙也起诉公司要求行使知情权,前述关于股东知情权诉讼的性质,笔者认为属于侵权之诉,所以这两个诉的诉讼标的均是侵权损害赔偿请求权。两诉的诉讼标的同一,但明显不是重复诉讼。如果以此作为重复诉讼的识别标准,股东甲起诉之后,股东乙就无法以同样的诉讼标的再次起诉,股东乙的权利将无法得到救济。

---

① 参见易夕寒:《诉的要素之理论观照与功能解读》,西南政法大学 2014 年硕士学位论文,第 15 ~ 16 页。

3. 基础事实

在上述股东知情权诉讼中,假设股东甲和股东乙是同样的原因行使股东知情权受阻,从而起诉要求查阅同样的公司文件材料,案件的基础事实一致,如此则构成了重复诉讼。如此逻辑导出匪夷所思的结论,股东甲和股东乙各自均有权以同样的事实通过股东知情权诉讼查阅同样的公司文件材料,该说不攻自破。

4. 诉讼请求

如上例,股东甲和股东乙的诉讼请求均是查阅某次股东会会议记录,诉讼请求表现一致,如此,也会出现重复诉讼的悖论。以诉讼请求作为重复诉讼的识别标准将贻笑大方。

(二)二要素说

基于前述所言,我国民事诉讼理论源自苏联,二要素说即苏联的通说。二要素说指诉的要素仅包含诉讼标的和诉讼理由①,不包含诉讼当事人。因为该要素认为,法院和当事人一样,也是属于诉讼当事人,如果包含了当事人,那么法院也应该纳入其中,但法院显然是不可能列入诉的要素范畴中的。我国有学者赞同苏联的二元说②,其认为:"诉的要素是两个,即诉讼标的和诉讼理由,而不是三个,即不包括当事人这个主体。诉由诉讼标的和诉讼理由两个要素组成,完全能够说明诉讼请求所要解决的民事权益纠纷的实质问题。"③还有学者认为二要素说包含的是当事人和诉讼标的。④

---

① [苏]阿·阿·多勃罗沃里斯基等:《苏维埃民事诉讼》,李衍译,常怡校,法律出版社1985年版,第186页。

② 柴发邦主编:《民事诉讼法学新编》,法律出版社1992年版,第60~61页。

③ 王力生:《对诉的三要素说之异议》,载《天津师范大学学报(社会科学版)》1986年第3期。

④ 张永泉:《民事之诉合并研究》,北京大学出版社2009年版。

1. 当事人和诉讼标的

这样的要素过程，包括诉讼当事人和诉讼客体，但诉讼标的如果按旧实体法说作为识别标准，则同样的实体法上的请求权将会导致重复诉讼问题。比如股东甲于今年1月起诉公司要求行使知情权，法院于今年6月判决支持了甲的诉求；之后股东甲又于今年7月再次起诉公司要求行使知情权，法院于今年12月判决支持了甲的诉求。前后两诉中，当事人，即原告、被告地位均相同，诉讼标的也都是侵权损害赔偿请求权，按该说的意思即为重复诉讼。但显然与常理不符，将会剥夺当事人的诉权。

2. 当事人和基础事实

前诉中股东甲因公司自成立以来从未向其披露过相关信息为由起诉公司要求查阅会计报告，后诉中股东甲又以公司从未向其披露相关信息为由起诉公司要求查阅股东会会议记录。前后两诉的当事人相同，基础事实也一致，但明显两诉不是同一个诉。

3. 当事人和诉讼请求

比如股东甲于今年1月起诉公司要求行使查阅权，法院于今年6月判决支持了甲的诉求；之后股东甲又于今年7月再次起诉公司要求行使查阅权，法院于今年12月判决支持了甲的诉求。前后两诉当事人相同，诉讼请求也均为股东甲请求法院判令公司提供文件材料供其查阅，但并不能认定为重复诉讼。因为，公司法或相关司法解释对股东知情权的行使次数没有限制，即股东对之前曾经查阅、复制的材料或质询再次提起诉讼，也并不必然导致其之后对同一事项知情权的丧失。①

---

① 上海市第一中级人民法院民事判决书，(2017)沪01民终7924号。

4. 诉讼标的和基础事实

股东甲和股东乙因同样的事由(自公司成立以来从未向股东披露过相关信息)分别向法院起诉公司要求行使股东知情权,此时两诉的诉讼标的一致,均为侵权损害赔偿请求权,基础事实也一样,按该说应为重复诉讼。但股东甲和乙是两个完全不同的独立的主体,他们的知情权都应当得到保护。

5. 诉讼标的和诉讼请求

如上述例,股东甲和股东乙的诉讼标的相同,诉讼请求均为要求查阅自公司成立之日期至起诉时止的会计报告。此时两诉也并非重复诉讼,法律不能有选择性地保护权利主体。

6. 基础事实和诉讼请求

股东甲和股东乙以同样的事由(自公司成立以来从未向股东披露过相关信息)分别向法院起诉公司要求查阅某次股东会会议记录。这两诉中,基础事实一样,诉讼请求也一样,但当然不可能是一个诉,因为当事人不同。

(三)三要素说

有学者认为诉的要素包括当事人、诉讼标的和诉讼理由①,也有学者认为分为当事人、诉讼标的和案件事实②,还有学者认为诉的要素由当事人、诉讼标的和事实理由构成③。

1. 当事人、诉讼标的和事实理由(或诉讼理由)

前诉中股东甲以对股利分红有异议为由提起股东知情权诉讼,要求查阅股东会会议记录;后诉中股东甲同样以此为由提起股

① 田平安主编:《民事诉讼法学》,中国检察出版社2002年版,第139页;常怡主编:《民事诉讼法学》,中国政法大学出版社2005年版,第95页。

② 江伟主编:《民事诉讼法专论》,中国人民大学出版社2005年版,第167页。

③ 肖建华主编:《民事诉讼法学》,厦门大学出版社2011年版,第56页。

东知情权诉讼。此时当事人一样，诉讼标的相同，事实理由（均以对某次股利分红有异议为由）也一致，笔者认为，这三要素能够特定化并识别一个诉，如果该三要素均相同，前后两诉应当被认定为重复诉讼。

2. 当事人、诉讼标的和诉讼请求

例如，股东甲于今年1月起诉公司要求查阅某次股东会会议记录，法院于今年6月判决支持了甲的诉求；之后股东甲又于今年7月再次起诉公司要求查阅某次股东会会议记录，法院于今年12月判决支持了甲的诉求。此处当事人相同，诉讼标的一致，诉讼请求也相同，但因法律对此没有限制，并不构成重复诉讼。

3. 当事人、基础事实和诉讼请求

在证券民事责任中，股东甲购买上市公司的股票后，股东甲向法院起诉公司要求披露相关信息。根据前述理论，应当为侵权之诉。但根据合同责任说，股东与公司之间形成了契约关系，公司对股东负有信息披露的义务，比如，证券虚假陈述就属于公司对股东的违约行为①，所以又是违约之诉。前诉中股东甲提起侵权之诉要求赔偿经济损失10万元，但因构成要件证明责任的难度，转而提起违约之诉同样要求赔偿经济损失10万元。此时当事人一致，基础事实相同，诉讼请求也相同，但仍然不构成重复诉讼。

4. 诉讼标的、基础事实和诉讼请求

股东甲和股东乙以同样的事由（自公司成立以来从未向股东披露过相关信息）分别向法院起诉公司要求查阅某次股东会会议记录。这两诉中，诉讼标的相同（均为侵权损害赔偿请求权），基础

① 参见张宇润：《证券虚假陈述及民事责任确定之我见》，载《政法论坛》2002年第6期。

事实一样,诉讼请求也一样,但当然不可能是一个诉,因为当事人不同。

(四)四要素说

诉的要素包括当事人、诉讼标的、诉讼理由和诉讼请求四个部分。①

股东甲向法院起诉公司要求查阅公司自成立之日起至起诉时止的股东会会议记录、董事会会议记录、会计账簿、公司章程等文件材料。其诉讼请求为复数,共4项,但此时诉仅有一个。诉讼请求的复数并不表示诉为复数,并非诉的合并。

(五)诉的要素之争的述评

一要素说,因其外延过分宽泛,完全无法特定一个诉,所以没有国家和地区采用此说。二要素说,从诉的特定化的作用来看,缺失诉讼当事人,就无法将某诉具象确定,诉就无法向法院提起(或当事人不适格即使提起也无法进行),也无法提出请求。三要素说,笔者认为,诉讼当事人即当事人必不可少,诉讼标的也是重要的区分内核,诉讼理由或事实理由则是第三个要素。四要素说在三要素的基础上,将诉讼请求独立出来单独成为一个要素,其独立性主要源于到底以什么作为诉讼标的的识别标准,因为不同的标准将会指向诉讼请求不同的独立性。总体来说,诉讼当事人和诉讼标的基本是上述学说中都必不可少的要素,其他要素的界定则存在争议。"对诉讼标的界定的不同直接影响了其他要素的界定,不同诉讼标的学说下的诉讼标的的构成要素不同,则直接影响了诉的要素的构成。"②

---

① 张晋红:《民事之诉研究》,法律出版社1996年版,第72页。

② 崔玲玲:《诉的要素新论》,载《新疆教育学院学报》2017年第4期。

上述诉的要素的学说争议之所以纷繁复杂，让人如坠云雾，是因为诉的要素意义重大。一是可以通过诉的要素构成一个完整的诉，从而成为法院受理的对象；二是诉的要素让某诉特定化和具体化，以便与其他诉相区别，从而避免重复诉讼；三是以诉的要素考量诉的变更和合并。①

同为大陆法系，德国、日本和法国等国家或地区却没有把诉的要素作为民事诉讼法理论之一。不过，这些国家或地区虽然没有表述为“诉的要素”并形成理论依托，但仍对其有相关规定，并且融入起诉要件中。德国《民事诉讼法》第253条规定：“起诉以诉状之送达为之。诉状应记明下列各点，当事人与法院；提出的请求的标的与原因以及一定的申请。”日本《民事诉讼法》第133条规定：“提起诉讼，应当向法院提出诉状。诉状应记载下列事项，当事人及法定代理人；请求的目的及原因。”我国台湾地区“民事诉讼法”第244条规定，“起诉，应以诉状标明下列各款事项，提出于法院为之：当事人及法定代理人；诉讼标的及其原因事实；应受判决事项之声明”。由此可以发现，上述国家或地区把诉状中的载明内容作为一个诉是否成立的条件。易言之，诉状如果符合诉的成立要件，该诉就会成立并可以被法院受理。另外，在诉的合并问题上，德国和日本等大陆法系国家的研究已经达到了成熟阶段，诉的合并指的就是诉的要素的合并。由此可以推出诉的合并包括诉主观合并即诉讼当事人合并，诉的客观合并即诉讼客体合并，以及诉的主客观混合合并即主体客体同时合并。所以，德国和日本等国认为对诉的

---

① 参见邵明：《论民事之诉》，载《北京科技大学学报（社会科学版）》2003年第2期。

要素由诉讼当事人和诉讼客体二者构成。①

二、诉的识别方法

在确定了诉的要素组成部分之后，就可以特定化某一个诉，这涉及对诉的识别。根据诉的要素如何识别诉，存在要素比对和递进的识别方法。

（一）以诉讼当事人这一要素来识别诉

一般来讲，诉讼当事人不同，包括原告、被告诉讼地位的交换，就是两个不同的诉。比如，股东甲起诉公司要求行使股东知情权，而公司则起诉抽逃出资的股东甲，要求其向公司返还出资本息。②此时，有两个诉，一个是股东知情权纠纷，另一个是股东出资纠纷。虽然诉讼当事人都是股东甲和公司，但在两个诉中二者诉讼地位对调，显然不是同一个诉。

诉讼当事人不变（包括诉讼地位不交换）可以在某种程度上认定为一个诉，但有的时候诉讼当事人虽然发生了变更，仍然认定为一个诉。比如法定诉讼担当的情况下，诉讼当事人的一方或双方发生了变更，但诉没有变化。"第三人替代诉讼标的之权利义务的主体（或者与权利义务主体同时）持有当事人适格，并且该当事人承受的判决效力也及于权利义务主体的情形（参照日本《民事诉讼法》第 115 条第 1 款第 2 项），就被称为第三人的诉讼担当。"③而按

---

① 崔玲玲：《诉的要素新论》，载《新疆教育学院学报》2017 年第 4 期。

② 《最高人民法院关于适用〈中华人民共和国公司法〉若干问题的规定》（2020 年修正）（以下简称《公司法解释三》）第 14 条第 1 款规定，股东抽逃出资，公司或者其他股东请求其向公司返还出资本息、协助抽逃出资的其他股东、董事、高级管理人员或者实际控制人对此承担连带责任的，人民法院应予支持。

③ ［日］高桥宏志：《民事诉讼法：制度与理论的深层分析》，林剑锋译，法律出版社 2003 年版，第 216 页。

照法律规定形成的就叫做法定的诉讼担当。例如，股东知情权诉讼中，原告股东甲意外离世，其合法继承人小甲继续作为原告参与到原诉程序中。

（二）诉讼当事人相同，以诉讼标的这一要素来识别诉

诉讼当事人相对来说是最容易分辨的情形，在诉讼当事人相同的情况下，则要将目光投射到诉讼标的来识别。从民事法律关系或民事实体权利的角度来考证[①]，如股东甲对公司提起股东知情权纠纷之诉，要求查阅某次股东会会议记录，嗣后股东甲又对公司提起股东知情权纠纷之诉，要求董事接受质询。此时查阅权和质询权虽然都是股东知情权的内容，但又是内涵不同的实体请求权，两诉的诉讼当事人虽然相同，但诉讼标的有异。

（三）诉讼当事人相同，诉讼标的也相同，以诉讼理由（事实理由）[②]这一要素来识别诉

前诉中股东甲以公司成立之后从未向其披露过相关信息为由起诉公司要求查阅会计账簿，后诉中股东甲以公司向其披露的系虚假会计账簿为由起诉公司要求查阅会计账簿。此时，前后两诉诉讼当事人相同，诉讼标的也相同，要进一步识别诉就必须鉴别第三个要素。前诉的诉讼理由（事实理由）为公司从未向股东甲披露过信息，后诉是虽然披露过但属于虚假信息，这两者诉讼理由（事实理由）不同，因此两诉不同。

三、股东知情权之诉的四个构成要素

前述已经对诉的构成要素相关学说进行了梳理，并运用本书

---

① 参见邵明：《民事之诉的构成要素与诉的识别》，载《人民司法》2008 年第 17 期。

② 对诉讼理由（事实理由）的界定，详见后文。

认可的诉的四要素（诉讼当事人、诉讼标的、诉讼理由和诉讼请求）对某诉进行识别。一以贯之，本书主题股东知情权之诉也应当由上述四个要素构成，具体表述如下。

（一）诉讼当事人

诉讼主体本来包括两个层面，一是代表国家行使审判权的法院，二是当事人。在本书的语境下，诉讼当事人专指当事人（下同，为行文方便不再单独说明）。民事诉讼当事人享有诉讼当事人的地位，享有一系列的诉讼权利，承担相应的诉讼义务。民事诉讼当事人，是指“发生民事争议之后，以自己的名义要求法院对该争议作出裁判的人及其相对人”①。股东知情权之诉的诉讼当事人为股东和公司，特殊情况下存在控股股东、董事及其他高管人员。具体诉讼地位列明的问题上，股东属于当然的原告，也只能由股东作为原告；公司为被告；除此以外，控股股东及董监高等在符合相应条件下可以作为第三人。

（二）诉讼标的

诉讼标的是相对于诉讼当事人而言，即诉讼客体。从诉讼性质上来说，股东知情权之诉属于侵权之诉，其广义上的诉讼标的为侵权损害赔偿请求权。由于股东知情权的内涵范围较广，包括查阅权、复制权、质询权、检查人选任权和强制信息披露权等，因此从具体请求权的角度划分，又可以再次进行细分。

（三）诉讼理由（事实理由）

诉讼理由（事实理由）应当包括两个层面的内容，一是事实层面，二是理由层面。事实可以分为法律事实和未经法律规范评价

---

① 田平安主编：《民事诉讼法原理》（第6版），厦门大学出版社2015年版，第112页。

的自然事实或生活事实，理由一般可以分为法律上的理由和事实上的理由。

(四)诉讼请求

诉讼请求是当事人提出的法院裁判的范围，也是两造当事人攻击防御的竞技场。诉讼请求这一要素的独立性虽然值得商榷，但在股东知情权之诉中，借助不同的诉讼标的理论，将会导致诉讼请求发生迥异的作用。我国在民事诉讼法司法解释中认定重复诉讼的三要素为当事人、诉讼标的和诉讼请求，彰显了对当事人程序选择权的保障而适度让位于纠纷一次性解决，显示出诉讼请求作为诉的要素的理念嬗变。

本书主要从诉的要素的角度探讨股东知情权之诉的问题，必然涉及对诉的要素构成部分的界定。笔者认为，股东知情权之诉如果同时具备了诉讼当事人、诉讼标的、诉讼理由(事实理由)和诉讼请求四个要素内核，股东知情权之诉就可以成立，并且可以和其他股东知情权之诉相区别。申言之，从诉的要素界定了股东知情权之诉以后，该诉的合并与变更、重复诉讼的识别、判决既判力范围的划定等，都将依托于诉的要素进行讨论和明晰。

第二章　股东知情权之诉的诉讼当事人

诉讼当事人,在股东知情权之诉中包括原告、被告和第三人等不同诉讼地位的主体。作为诉的要素中的重要组成部分,诉讼当事人承担着诉的提起、变更、合并、识别重复诉讼、划定判决既判力范围的重大任务,本章同时就法院对诉讼当事人(主体)的审查进行论述。

第一节　股东知情权中具体权利的主体资格

股东知情权的内容丰富,包含多种权利构造,具体可分为查阅权、质询权、检查人选任权和强制信息披露权。而这些不同的权能又将导致相应主体的差异。我国公司法对有限责任公司股东和股份有限公司股东的知情权分别进行了规定,不同的规定是否重叠,又是否能够融合,几种权利的当事人或主体又存在什么差异和共性,这都是面临的具体问题。

一、查阅权之诉的当事人

查阅权,是股东知情权最为直接的反映和表现,股东知情的重要方式就是通过查阅来知悉公司信息。从公司类型来讲,有限责任公司股东可以查阅和复制公司章程、股东会会议记录、董事会和监事会会议决议以及财务会计报告,还可以查阅公司会计账簿;股份有限公司股东可以查阅公司章程、股东名册、公司债券存根、股东大会会议记录、董事会和监事会会议决议以及财务会计报告,这些重要资料也是股份有限公司应当置备于公司的。① 虽然法条没有明文规定有限责任公司股东有权查阅股东名册,但公司应当置备股东名册②,按此理解,股东也有权查阅。但有所区别的是,有限责任公司股东有权复制前述资料,股份有限公司股东仅可查阅。另外,有限责任公司股东可以查阅公司会计账簿(除非公司认为股东有不正当目的可以拒绝),但《公司法》并未规定股份有限公司股东有权查阅公司会计账簿。

查阅权是一般权利,也是最为直接的权利,但股东在行使知情权中的查阅权时也受到一定限制。③ 我国对此并未有限制,只要具备股东身份的任一股东均可行使,但也有国家对查阅某些特定文件要求必须单独或合计达到一定持股比例的股东且持股持续一定时间才能够行使。④

二、质询权之诉的当事人

质询权是股东知情权诉讼中的重要内容,相当于是查阅权的

---

① 参见我国《公司法》第96条、第97条。

② 参见我国《公司法》第32条。

③ 法国《商事公司法》第169条规定:“在所有股东大会召开之前,每个股东均有权按法令确定的条件和期限查阅股东的名称。”

④ 日本《有限公司法》第44条之二规定:“有相当于资本的十分之一以上出资股数的股东,可请求查阅或抄写会计账簿及文件。”纽约州《公司法》规定,法定审查权只给予持有股份至少6个月或持有一种股份至少5%以上的股东。E. Allan Farnsworth, *An Introduction to the Legal System of the United States*, Oceana Publications Inc., 1983, p. 136.

递进。在股东查阅了相关公司信息后，可能会有疑惑和不解，或所查阅的有关资料不全面、不真实，或者有些信息通过查阅也无法知悉时，需要公司董事或高管人员进行答复。所以质询权是查阅权的必要补充，能够让知情权得到全面行使。我国对股东质询权作了相关规定①，其他国家或地区如美国、德国、法国也有明确规定，而日本等国虽未具体规定但也并不否认。②

（一）权利主体

就质询权行权主体来讲，我国与查阅权一样均未对持股份额和时间作出限制，即属于单独股东权，但也有国家对此有所限制，即为少数股东权。③ 在提出质询但被拒而提起质询权诉讼时，其他没有提出质询的股东一般不能作为原告，但也有例外。④

（二）义务主体

1. 义务主体的界定

需要首先说明的是，这里的义务主体并非完全是质询权诉讼的被告，因为在质询权诉讼中，只有公司才是适格被告，这里的义务主体和质询权诉讼密切相关。面对股东的质询，由什么样的主

---

① 参见我国《公司法》第 150 条的规定："股东会或者股东大会要求董事、监事、高级管理人员列席会议的，董事、监事、高级管理人员应当列席并接受股东的质询。董事、高级管理人员应当如实向监事会或者不设监事会的有限责任公司的监事提供有关情况和资料，不得妨碍监事会或者监事行使职权。"另外还有第 97 条。

② 参见甘华鸣、罗锐韧编著：《世界主要国家和地区公司法——按公司法体系比较》，中国经济出版社 1989 年版，第 184 ~ 186 页。

③ 如意大利将质询权规定为少数股东权，即代表公司股本 5% 的股东可以对会计表册的内容等提出质询。参见甘华鸣、罗锐韧编著：《世界主要国家和地区公司法——按公司法体系比较》，中国经济出版社 1989 年版，第 185 页。

④ 如德国《股份公司法》第 132 条（法院对询问权的裁判）第 2 款规定："每一个没有得到所要求答复的股东，以及，如果关于询问所涉及的议题已经作出决议，每一个出席股东大会并在股东大会上声明对记录有异议的股东，都是申请权人。"

体进行回应,有几种立法体例。德国规定的是董事会来答复说明[①],因为从公司治理结构来看,德国运用的是“双层制”(Two-tiers),董事会并不是由股东会决定而是监事会,董事会即代表公司。日本要求某些董事或监事来履行说明义务[②],因为日本适用的是“单层制”(One-tier),董事即可单独代表公司,且同时实行监察人制度。法国则规定由董事会或监事会作为回应主体[③],因为单双层制的公司治理结构在法国可以任选,只有董事会或董事长才能代表公司,同时实行监事会制度。不过需要注意的是,无论董事会还是监事会,都是一个组织,无法自主进行意思表示,由董事会或监事会授权某董事或监事(通常是董事长或监事会主席)代表公司回应质询,这属于职务行为。在我国,则独创性地规定为“董事、监事、高级管理人员”。[④] 另外,中国证券监督管理委员会也要求董事、监事、高管人员在股东大会上针对股东质询作出解释说明。[⑤] 按上述几个国家的立法体例,最终往往会具体到某自然人来回应质询(尽管是代表公司而非个人),我国规定的这些主体则径直落

---

① 参见德国《股份公司法》第131条的规定,股东应向董事会提出质询。换言之,董事会有义务向股东回应质询。

② 参见日本《商法典》第237条之三的规定,在股东大会上,董事及监察人应就股东要求事项予以说明。

③ 参见法国《商事公司法》第162条规定,股东均有权书面提出问题,董事会或监事会必须在大会期间予以答复。钱玉林:《论股东的质询权》,载《比较法研究》2005年第1期。

④ 我国《公司法》附则第216条第1项对相关用语进行了解释:“高级管理人员,是指公司的经理、副经理、财务负责人,上市公司董事会秘书和公司章程规定的其他人员。”参见熊明华:《论股东质询权的行使与法律救济》,载《特区经济》2011年第2期。

⑤ 我国《上市公司章程指引》第71条规定:“董事、监事、高级管理人员在股东大会上就股东的质询和建议作出解释和说明。”《上市公司股东大会规则》(2022年修订)第29条规定:“董事、监事、高级管理人员在股东大会上应就股东的质询作出解释和说明。”参见蒋学跃:《股东质询权刍议》,载《河北法学》2009年第2期。

脚到得以答复质询的自然人身上，以避免程序繁杂。同时，这些主体也是直接负责公司的经营管理，熟悉公司相关情况，由他们直面股东便于提供一手信息。[①]

2. 义务主体说明义务的免除

从股东滥用质询权的预防和避免来看，各国立法基本采列举式对免除说明义务进行了罗列[②]，主要包括：(1)与股东会的议题无关；(2)答复内容涉及公司商业秘密等，可能损害公司和股东利益；(3)兜底的其他正常理由，如以正常理性人判断调查费过高的标准。[③] 股东虽然是公司的投资主体或所有权人，但毕竟公司作为独立的法人人格，应当为股东质询权设定一定边界，不能超越公司利益，比如基于保密义务，可以免除质询义务人的说明义务，这也是避免股东权利滥用的体现。[④] 另外，在证券交易市场，涉及国家秘密、公司商业秘密等情形下，信息披露义务可免除，应当说也同样适用于股东质询权的义务主体免除说明义务。[⑤]

---

① 参见李建伟：《论上市公司股东的质询权及其行使》，载《证券市场导报》2006年第3期。

② 如德国《股份公司法》第131条、第132条列举了6种情形，日本《商法典》第237条之三也列举了4种情形。

③ 参见[德]托马斯·莱塞尔、吕迪格·法伊尔：《德国资合公司法》(第3版)，高旭军等译，法律出版社2005年版，第238~244页。

④ 我国《公司法》第148条第1款规定了董事、高管人员的禁止行为："董事、高级管理人员不得有下列行为：……(七)擅自披露公司秘密……"

⑤ 《深圳证券交易所股票上市规则》(2023年修订)第2.2.6条规定："上市公司及相关信息披露义务人拟披露的信息被依法认定为国家秘密等，及时披露或者履行相关义务可能危害国家安全、损害公司利益或者导致违反法律法规的，可以免于按照本所有关规定披露或者履行相关义务。公司及相关信息披露义务人拟披露的信息属于商业秘密等，及时披露或者履行相关义务可能引致不正当竞争、损害公司利益或者导致违反法律法规的，可以暂缓或者免于按照本所有关规定披露或者履行相关义务。公司及相关信息披露义务人暂缓披露临时性商业秘密的期限原则上不超过两个月。"

三、检查人选任权之诉的当事人

检查人选任制度在我国没有规定。股东知情权是一个集合性的概念,从这个意义上来说,在股东通过查阅和质询也无法获得全面、真实、准确的公司信息后,检查人选任制度的设置就显得尤为重要。"这一立论的法理基础是股东对检查人检查公司事务后提交的报告书享有知情权。在此意义上,这一说法不无道理,因为股东通过行使检查人选任请求权最终能够实现对公司特定信息知情之目的。"①根据检查人选任方式的划分,可以分为公司选任、行政选任和司法选任,本书涉及检查人选任权之诉,即申请主体向法院申请选任检查人调查公司的业务和财产状况的司法选任的情形,故其他选任方式不再展开。

(一)司法选任的申请主体

1. 股东申请

德国明确规定了股市申请法院选任检查人的若干事由,部分事由要求股东达到一定的持股比例,部分事由没有要求,为单独股东权。② 韩国则根据公司类型(有限责任公司和股份有限公司)分别作了不同规定,赋予了少数股东选任检查人的权利。③ 日本也对申请的股东持股比例有最低要求但对持股时间没有限制。④ 法国对

① 李建伟、茅院生:《制度建构:两大法系公司检查人选任制度及其借鉴》,载《法商研究》2009 年第 4 期。

② 德国《股份公司法》规定的股东请求法院选任公司检查人的事由如下:……其中前 3 项得为少数股东(股份合计达到股本的 10% 或达到 100 万欧元的股份数额的)申请法院选任检查人;后 3 项得为任何股东申请选任检查人。参见德国《股份公司法》第 142 条、第 258 条和第 315 条。

③ 参见韩国《商法典》第 467 条和第 582 条。

④ 参见日本《公司法典》第 306 条和第 358 条。

有限责任公司和股份有限公司股东的持股比例进行了不同比例的限制,且单独或合计持有规定的股份均可,但都属于少数股东权。①

2. 公司申请

公司作为申请主体,但往往都是通过权力机关股东会或特殊情况下的执行机关董事会来进行。② 公司申请和股东申请之间存在一定的衔接制度,比如股东可以先于公司股东会向法院申请选任检查人。③

3. 行政机关申请

这里的行政机关申请指的是行政主管机关,主动提请法院委任检查人,与行政机关作为委任主体不同。前者法院是委任机关,具有检查人选任决定权,后者行政机关是委任机关,应股东、公司或法院发布令状④等选任检查人。比如在我国澳门特别行政区,行政机关作为申请主体在司法选任中扮演了非常重要的角色,甚至在股东申请法院选任调查人时法院还应当听取行政机关的意见。⑤

---

① 参见法国《商法典》第223:37条和第225~231条。

② 韩国《商法典》第298条和第422条第1款即赋予了公司董事会的申请权。

③ 日本《公司法典》第306条规定,持有股份公司或有全体股东(表决权回避的股东除外)表决权的1%(或者章程规定的更小比例)以上表决权的股东可先于该股东大会请求法院选任检查人,调查有关股东大会的召集程序及表决方法。

④ 例如,在以行政选任为主导的英国《公司法》中,根据1985年英国《公司法》第432条第1款的规定,如法院通过命令宣布公司事务应当接受调查,则国务大臣应当任命检查人进行调查。又如,根据我国香港特别行政区《公司条例》第143条第1款第a项的规定,如法院借命令宣布某公司的事务应由财政司司长委任的审查员调查,则财政司司长须委任1名或多于1名符合资格的审查员,按财政司司长指示的方式,调查该公司的事务并就有关调查作出报告。参见李建伟、茅院生:《制度建构:两大法系公司检查人选任制度及其借鉴》,载《法商研究》2009年第4期。

⑤ 澳门特别行政区《商法典》第211条规定,因登记行为未作出或用作登记文件的内容显示可能存在不当情事,且通知行政管理机关后仍未补正者,登记局举证得申请法院检查公司。此外,股东有充分理由怀疑公司在营运商有严重不当情事的,得通过指出该怀疑所依据之事实及该不当情事申请法院检查公司以便查明该等不当情事,但对股东的申请法院应当在听取行政管理机关之意见后得下令检查。

4.法院决定

在司法委任中,法院有权决定选任的检查人,这是法院依职权的行为。但法院依职权决定检查人也是在消极情形下的主动行为,需要限定在特殊情形下,比如在进行司法重整前法院才有可能主动选任检查人。这也是基于司法不应过多干预公司自治的缘由。

(二)司法选任的检查人主体

检查人,即法院选任的针对公司财务和经营状况开展具体调查活动的人员,一般为会计师事务所、律师事务所或其指定的专业技术人员。检查人需要具备两个主要条件,一是具有专业知识,二是与所调查事项和对象没有利害关系,否则需要回避。①

(三)我国检查人司法选任的主体设想

我国目前就股东知情权仅规定了查阅权和质询权,对大陆法系和英美法系精细实用的检查人选任制度却付之阙如。② 关于我国引入检查人选任制度的必要性已经在第一章进行了阐释,此处仅就我国检查人司法选任的主体进行论述。公司治理是一个国家

---

① 德国《股份公司法》第143条第1款规定,以特别审查的内容所要求具有的知识为限,选任下列人员或团体作为特别检查人:在簿记方面受过足够的教育并具有经验的人,其法定代理人中至少有2人在簿记方面受过足够教育并具有经验的会计公司。我国台湾地区的"公司法"第285条也规定,对公司业务具有专门知识、经营经验而非利害关系人者得选任为检查人。我国澳门特别行政区《商法典》第211条规定,法院委任的核数师应由具有适当权限之实体指定。法国《商法典》第225~231条则称为"专家选任权"。

② 我国《企业国有资产法》第67条规定:"履行出资人职责的机构根据需要,可以委托会计师事务所对国有独资企业、国有独资公司的年度财务会计报告进行审计,或者通过国有资本控股公司的股东会、股东大会决议,由国有资本控股公司聘请会计师事务所对公司的年度财务会计报告进行审计,维护出资人权益。"从国有资产监督的角度赋予了履行出资人职责的机构委托第三人或授权国有资本控股公司聘请会计师事务进行审计的权利,虽然不是真正的检查人选任制度,但已经初具雏形,申请主体即为股东和公司。

或地区经济发展水平的重要试金石，如何保护少数股东利益就是公司治理体系优劣的“刻度表”[①]，而检查人选任制度往往是少数股东的重要救济方式。

1. 选任方式

据前述可知，各国和地区关于检查人选任有三种选任方式，每种方式各有优劣，每个国家或地区选任方式的不同囿于其传统和法律文化。就我国而言，司法选任方式较为恰当。检查人作为一种外部监督的方式，能够较好地维护权利，而行政选任容易过度或不当干预公司，且让股东可能对调查结果的公正性产生动摇。[②] 因为司法机关作为纠纷解决的最后一道关口，有能力和权威保障股东的权利，也能够促进公司治理的有效运作。另外，大陆法系国家都规定了司法选任制度，我国从根源来说，具有大陆法系的法律文化和传统，理应契合。但在具体构建时需要进一步设计法院职权的调整、管辖受理、诉讼程序等内容。

2. 申请主体

申请主体最为重要的就是股东，尤其是少数股东。对申请主体的考量主要在于股东持股比例和持股时间。前述部分国家和地区虽然对此要求不尽相同，但基本都设置了门槛，区别在于对持股比例不同和持股时间是否有要求。保护股东权利和避免股东权利滥用是一个问题的两个方面，对持股比例和时间的要求其实就是在避免股东滥用检查人选任请求权，给公司正常经营管理造成不

① 参见[美]埃里克·伯格洛夫、阿涅特·帕尤斯特：《逐步兴起的所有者，日渐衰退的市场？——中东欧国家的公司治理》，载吴敬琏主编：《比较》第5辑，中信出版社2003年版。

② 参见刘桂清：《公司治理的司法保障——司法介入公司治理的法理分析》，载《现代法学》2005年第4期。

良影响。所以,应当对申请的股东施以股份和时间的限制,具体可借鉴我国《公司法》关于股东大会会议的召集和主持,以及公司权益受到董事、监事、高管人员损害时,股东提起的损害公司利益责任纠纷诉讼涉及的持股比例和时间。① 另外,还可以借鉴英国行政选任中申请股东提供担保的方式避免权利滥用。② 除此以外,公司、行政机关等主体暂不需要赋予请求权,因为公司本就由经营管理层控制,公司的行为就是经营管理层的行为,公司不存在请求选任检查人的利益。而行政机关作为公司主管机关(如市场监督管理部门和国有资产监督管理部门等),尤其是在国有企业中,其既作为裁判者又作为运动员的身份不利于行政机关作为申请者。还有学者认为申请主体包括债权人和检察官等③,笔者认为,在我国引进检查人制度之初,不宜泛化申请主体,对公司债权人的保护可

---

① 我国《公司法》第 101 条规定:“股东大会会议由董事会召集,董事长主持;董事长不能履行职务或者不履行职务的,由副董事长主持;副董事长不能履行职务或者不履行职务的,由半数以上董事共同推举一名董事主持。董事会不能履行或者不履行召集股东大会会议职责的,监事会应当及时召集和主持;监事会不召集和主持的,连续九十日以上单独或者合计持有公司百分之十以上股份的股东可以自行召集和主持。”第 151 条第 1 款规定:“董事、高级管理人员有本法第一百四十九条规定的情形的(董事、监事、高管人员的损害赔偿责任——本书作者注),有限责任公司的股东、股份有限公司连续一百八十日以上单独或者合计持有公司百分之一以上股份的股东,可以书面请求监事会或者不设监事会的有限责任公司的监事向人民法院提起诉讼;监事有本法第一百四十九条规定的情形的,前述股东可以书面请求董事会或者不设董事会的有限责任公司的执行董事向人民法院提起诉讼。”

② 1985 年英国《公司法》第 14 章规定,股东、公司提出申请的,国务大臣可要求提供证据证明正当目的;且可要求提供 5000 英镑以下的担保。参见李建伟:《股东知情权的层级结构及其展开——以八个国家、地区的立法比较研究为背景》,载《暨南学报(哲学社会科学版)》2012 年第 8 期。

③ 公法上的检查人选任程序的启动方式分为行政主管机关或者法院依自身职权启动、应股东或债权人或检察官请求启动等。参见李建伟:《股东知情权的层级结构及其展开——以八个国家、地区的立法比较研究为背景》,载《暨南学报(哲学社会科学版)》2012 年第 8 期。

以依据股东损害公司债权人利益责任纠纷的案由来维权;至于检察官作为申请主体则与公司治理结构的制度安排难以自洽。

3. 检查人

法院具体选任检查人时主要考量两项指标:一是专业知识和水平,二是与本案没有利害关系。检查人在履行职权时,应当遵守勤勉、忠实义务,否则检查人有违大家对其中立第三人的期待,应承担相应的民事、行政甚至刑事责任。民事责任指赔偿因其给公司造成的损失,行政责任指主管部门对检查人建立市场准入制度并进行监管,构成犯罪则要承担刑事责任。①

关于检查人选任制度,"即使公司章程赋予了股东较为广泛的查阅权,仍有外部检查人制度存在之必要",应当"从严把握行使标准"②。为进一步保护股东权益,完善股东知情权外延,强化外部监督,我国有必要引入检查人选任制度。

四、强制信息披露权之诉的当事人

股东知情权是一种集合性的权利,其内容范围较为宽泛。本书认为,股东知情权包括查阅权、质询权、检查人选任权和强制信息披露权四项权利,而股东知情权则是这些集合权利的上位概念。这四项权利虽然各自具有不同的权能和逻辑构造,但存在制度功能的同质化,相互协作实现股东知情权。

(一)层级构造

根据上述对股东知情权的内容架构,有学者认为彰显了层级

---

① 参见彭真明、方妙:《股东知情权的限制与保障——以股东查阅权为例》,载《法商研究》2010年第3期。

② 张明远:《股东账簿记录查阅权比较研究》,载沈四宝主编:《国际商法论丛》第4卷,法律出版社2002年版,第34~35页。

递进的结构:第一层,公司主动履行信息披露的义务,包括置备相关资料并送达股东,这对股东来讲是消极不主动的行权方式,属于私法层面,可称为公司的呈递义务;第二层,在前一层级未响应或失灵时,股东主动查阅或提出质询,这是一种积极的行权方式,也属于私法层面;第三层,在第二层级被拒绝或未响应时,股东主动诉诸法院请求查阅相关资料,属于公法层面的救济。[①] 基于这样的层级构造划分,可以再进一步整合,即将公司呈递称为股东消极知情权(股东被动接受),而将股东查阅、质询和检查人选任称为积极知情权。[②] 消极知情权是公司主动披露相关信息,具体方式可以通过在公司置备资料、向股东送达资料以及公开强制披露信息等,这样的制度安排成本最低、股东收效最大,但缺点在于完全靠公司自律,缺乏约束性。

美国对消极知情权详细规定了公司必须保存相关资料,并区分保存期限[③];英国主要通过公司置备信息和向股东送达部分资料

① 参见蒋大兴:《超越股东知情权诉讼的司法困境》,载《法学》2005 年第 2 期。

② 德国有学者提出,董事会、审计师须对大部分重要决议提供详尽的书面报告,根据决议签订的合同必须向全体股东公开,此谓"集体信息权"。参见[德]托马斯·莱塞尔、吕迪斯·法伊尔:《德国资合公司法》(第 3 版),高旭军等译,法律出版社 2005 年版,第 238 页。实际上,在公司的视角,消极性知情权就是公司对所有股东(作为一个集体)的义务,股东通过公共信息通道获知信息则不必单独行使查阅权。在此意义上,此处的"集体信息权"与"消极性知情权"异曲同工。参见李建伟:《股东知情权的层级结构及其展开——以八个国家、地区的立法比较研究为背景》,载《暨南学报(哲学社会科学版)》2012 年第 8 期。

③ 美国《示范公司法》第 16.01 节规定了公司应保存的资料,包括所有的股东会、董事会会议纪要或者由股东、董事会未经会议采取的所有行为记录,以及董事会委员代替董事会代表公司采取的一切行为记录、适当的财务记录;公司股东登记簿;公司章程、细则及其修改细节;发给股东的关于备案文件所依据事实的任何通知;董事会有关创设多类别股票的权利、优先权和限制的决议;在任董事、高管的姓名和商用地址清单;提交给州务卿的最新年度报告等。

来构建消极知情权[①]；德国对知情权的规定重在质询权，对消极知情权涉及不多[②]；法国重在对公司资料的送达，也包括证券法上的信息披露[③]；日本对消极知情权规定得非常精细完整[④]；韩国也规定了较为细致的公司置备义务[⑤]。

（二）我国公司信息披露制度的主体及其展开

在论述这个问题之前，需要说明的是，囿于主体相关性，本书仅就公司信息披露相关问题阐释，不涉及《证券法》上的强制信息披露，而且《证券法》相当于《公司法》的特别法，其制度构造与《公司法》有诸多区别，同时，作为消极的股东知情权，似乎不能通过诉

---

① 包括保存营业账簿、将财务报表送交股东、将财务报表在股东大会上呈交公司及呈递注册机关、信息披露等。同时，根据信息对象以不同区分公开程度。另外，英国没有单独的证券法，信息披露制度统一规定在公司法中，适用所有公司。

② 这是因为立法规定：首先，董事负有应股东请求及时告知的义务，基本可以满足股东知情权要求，因此关于董事置备文件、主动送达等方面的规定很少；其次，发达的商事登记制度确保股东在内的任何人可以从法院的商事登记簿中获知足够信息；最后，监事会某种程度上代表股东行使知情权，就诸多方面的信息董事应当向监事会报告。参见德国《股份法》第 34 条、第 39 ~ 40 条、第 90 条、第 91 条第 1 项、第 130 条，《有限责任公司法》第 8 条、第 40 ~ 41 条等。

③ 法国《民法典》第 1855 条规定，股东有权至少每年得到一次公司簿册及公司文件资料的通报，并有权就公司的管理状况书面提出问题；公司对此问题应在一个月期限内作出书面答复。在股份公司，董事会或者管理委员会应向股东发送、提交必要的文件、材料，以便股东在充分知情基础上表明意见并对公司业务的进展和管理状况作出准确判断。21 世纪初法国对有关公司法规范重新汇编，将原来的《商事公司法》纳入《商法典》，现行法国《商法典》关于公司的规定与原《商事公司法》的条文顺序不同。参见法国《商法典》第 225 ~ 108 条第 1 款、原《商事公司法》第 162 条第 1 款。

④ 日本《公司法》规定，股份公司须按照法务省令适时作出正确的会计账簿，自封账时起保存 10 年（第 432 条），须作成资产负债表、各会计年度的财务会计报表及其附属明细表（保存 10 年）和事业报告（第 435 条）。对其他公司记录也明确了公司的置备义务和保存年限。

⑤ 韩国《商法典》"总则"第 33 条第 1 款规定，公司应将商业账簿及有关营业的重要文件保存 10 年，发票及类似单据保存 5 年。在股份公司，董事应将章程、股东大会会议记录置备于总公司及分公司，将股东名册、公司债名册、董事会会议记录置备于总公司。

讼来解决,但为便于行文统一,仍将《公司法》的信息披露称为"强制信息披露权"及"强制信息披露权之诉"。

1. 我国《公司法》信息披露制度主体的现状和问题

我国《公司法》中的信息披露制度涉及两个法条,主要规定的是公司置备相关文件资料和向股东送达财务会计报告的义务。①据此来看,主体是明确的,即强制信息披露权的权利主体是股东,义务主体是公司。但仍有几个问题不明确,一是《公司法》仅在第96条规定了股份公司作为公司文件资料置备的义务主体,而没有规定有限责任公司置备文件资料的义务。根据前述层级理论,置备公司文件资料是成本最小、股东收益最高的方式,无论对有限责任公司还是股份有限公司来讲都是最低限度也最容易做到的义务。所以,笔者认为不宜仅根据文义解释,而应当统一适用两种公司类型。二是关于财务会计报告的送交,也只规定了有限责任公司的送交义务,股份有限公司仅有置备义务。但是对于非上市和不对外发行股票的股份有限公司来讲,股东之间可能本就是封闭的,公司履行送交每个股东的义务也是可行的。

2. 调适措施

根据上述问题,我国强制信息披露权的主体方面,可以采取以下举措完善:一是强化公司置备相关资料的监管力度。作为最低层级的义务,理应轻易完成,如果未遂,可由行政主管机关加强监

---

① 我国《公司法》第96条规定:"股份有限公司应当将公司章程、股东名册、公司债券存根、股东大会会议记录、董事会会议记录、监事会会议记录、财务会计报告置备于本公司。"第165条规定:"有限责任公司应当依照公司章程规定的期限将财务会计报告送交各股东。股份有限公司的财务会计报告应当在召开股东大会年会的二十日前置备于本公司,供股东查阅;公开发行股票的股份有限公司必须公告其财务会计报告。"分别对重要资料的置备和财务会计报告的公示作了规定。

管并建立惩戒措施。① 二是明确所有类型公司,在股东会召开前的法定时间内,通过恰当方式将财务会计报告送交各股东,作为股东知情以及作出合理决策的依据。三是加强适当公开力度。要求公司将置备或送交的相关资料在规定时间内提交行政主管机关保存备案,并允许在一定范围内公开,类似于公司登记信息和公司章程的公开,即他人查阅程度。甚至可以通过信息化平台建设,让股东网上查阅,其实也就是将公司信息披露的置备和送交方式便捷化,有利于股东知悉,也有利于公司履行信息披露义务。

第二节　被告和第三人的主体资格

股东知情权的其他当事人包括被告和第三人,被告主要涉及是否只有公司,而第三人指的是大股东、董事、监事及高管人员。实际上,从共同被告的角度,此处的第三人也可以合并在一起,但从股东知情权的层面本书拟将二者分开论述。

一、被告的主体资格

(一)立法和司法现状

1. 立法现状

我国现行《公司法》并未对股东知情权诉讼的被告进行规定和

---

① 现在我国已经对董事、高管人员未依法履职制作保管相应公司文件材料规定了相应的民事责任,参见《公司法解释四》第 12 条:“公司董事、高级管理人员等未依法履行职责,导致公司未依法制作或者保存公司法第三十三条、第九十七条规定的公司文件材料,给股东造成损失,股东依法请求负有相应责任的公司董事、高级管理人员承担民事赔偿责任的,人民法院应当予以支持。”

明确。但有限责任公司股东要求查阅公司的会计账簿时,《公司法》规定了股东要向公司提出书面请求,而公司如果认为股东有不正当目的的可以拒绝提供查阅。从会计账簿的查阅来看,义务方是公司,但其他材料查阅复制的义务方未明确。而关于股份有限公司股东行使知情权则更未说明义务对象。《公司法解释四》也仅规定法院应当依法受理股东知情权诉讼,被告是谁仍未提及,只提到了公司若有证据证明原告不适格时法院驳回起诉的情形。从文义上看公司应当是被告,否则不用其证明原告不适格。① 另外,《公司法解释四(征求意见稿)》对起诉对象明确了公司作为查阅复制的被告,但正式公布时删掉了"公司"两字。② 另外,地方司法政策上,上海市高级人民法院民二庭倾向于在股东知情权领域,公司有义务按照法定或公司章程规定的要求主动向股东披露公司信息。③

2. 司法现状

浙江省高级人民法院审理的钟某诉宁波耀华暖通有限公司等侵犯公司知情权纠纷案,法院认为股东知情权诉讼的被告只能是公司,其他股东或法定代表人属于被告不适格。因为被告陈某民既是被告公司的股东也是法定代表人,但陈某民与作为另一股东的原告钟某之间只有同为被告公司股东的合同法律关系,但没有

① 《公司法解释四》第7条规定:"股东依据公司法第三十三条、第九十七条或者公司章程的规定,起诉请求查阅或者复制公司特定文件材料的,人民法院应当依法予以受理。公司有证据证明前款规定的原告在起诉时不具有公司股东资格的,人民法院应当驳回起诉,但原告有初步证据证明在持股期间其合法权益受到损害,请求依法查阅或者复制其持股期间的公司特定文件材料的除外。"

② 《公司法解释四(征求意见稿)》第13条第1款规定:"股东依据公司法第三十三条或者第九十七条起诉公司请求查阅、复制公司文件材料的,应当依法受理。"

③ 参见杨路:《股东知情权案件若干问题研究》,载《法律适用》2007年第4期。

和知情权有关的直接法律关系,在知情权诉讼中不是适格主体。故原告钟某只能要求公司履行股东知情权对应的义务。[①]

在上海食品公司诉北京××食品公司、北京佳乐有限责任公司案中,三个法人当事人共同投资入股设立甲公司,上海食品公司系占股51%但不参与经营管理的大股东。三个股东之间发生争议后,上海食品公司要求召开董事会并审计公司账目被拒后,上海食品公司即以另外两个股东为被告诉至法院,要求审计账目、返还出资并赔偿损失。[②] 该案发生于2003年,彼时《公司法》对股东知情权及诉讼权利的规定均较为薄弱。本案中上海食品公司虽然是大股东但并未参与实际经营管理,所以其对公司信息尤其账目资料并不知悉,在其主张被拒后向法院起诉,但未起诉甲公司而是把两位小股东作为被告。应当说,股东并非知情权的义务主体,所以只有公司才能作为知情权的适格被告。另外,从诉讼请求来讲,对公司账目进行审计是知情权行使的合理方式,但返还出资及赔偿损失在知情权诉讼中则难以打包一并处理。

(二)观点的碰撞

关于股东知情权诉讼被告的争议,最为根本的在于除了公司,其他股东(尤其是控股股东)、董事、监事及高管人员是否能够成为适格被告。因此形成了肯定说和否定说两种观点。

1. 肯定说

《公司法》及相关司法解释并未明确股东知情权诉讼的被告,尤其是在《公司法解释四(征求意见稿)》明确了被告为公司后,正

---

① 参见浙江省高级人民法院民事判决书,(2003)甬民二初字第74号。

② 参见宋良刚:《股东知情权的法律保护——北京××公司股东知情权纠纷案》,载《法律适用》2005年第5期。

式颁布的文本却删除了“公司”两字的情况下，司法解释的本意是觉得此问题不是问题不会混淆，还是有难言之隐不宜明确，均不得而知。公司作为法人组织，其本无法表达和无法实施行为，皆通过公司的意思机关来进行意思表示和实施行为。就知情权诉讼发生的源头来讲，股东要行使该权利，原因在于公司的意思机关不同意不配合，而意思机关实质上表达的就是大股东或董事、监事及高管人员的意思表示。知情权行使受阻就是因为这些人员的干扰阻挠，所以将其列为被告或与公司一起成为共同被告是合理的，这样才能真正解决问题。① 同时我国《公司法》还对董事和高管人员损害股东利益事宜赋予了股东诉权②，这就解决了在知情权诉讼中董事和高管人员的诉讼地位问题。

2. 否定说

从公司承担的义务来说，公司对某些特定文件材料负有置备公司以备股东查验的义务。③ 所以，有限公司和股份有限公司均有义务置备相关资料供查验，因此知情权被告应当为公司。股东知情权的行使对象是公司的信息，并非其他股东、董事、监事和高管人员所掌握控制的信息（当然这两种信息可能重合）。另外，从股东权益受到董事、高管人员侵害提起的诉讼来看，其与知情权诉讼虽同属侵权之诉，但性质、效果、目的和保障方式都存在较大差异，不能统一适用关于被告的规定。如果知情权诉讼中原告仅起诉除

---

① 参见刘武朝、庄小华：《股东知情权诉讼的若干实务问题探讨》，载《人民司法》2007 年第 11 期。

② 我国《公司法》第 152 条规定：“董事、高级管理人员违反法律、行政法规或者公司章程的规定，损害股东利益的，股东可以向人民法院提起诉讼。”

③ 我国《公司法》第 32 条第 1 款规定：“有限责任公司应当置备股东名册……”第 96 条规定：“股份有限公司应当将公司章程、股东名册、公司债券存根、股东大会会议记录、董事会会议记录、监事会会议记录、财务会计报告置备于本公司。”

公司外的其他主体为被告,法院应当依法进行释明,原告若不变更被告则应以被告不适格为由依法驳回。①

(三)本书观点

从立法上来讲《公司法》和司法解释并未明确股东知情权诉讼的被告,但可以通过法条上下文和文义解释推导出应当为公司。司法实践中则较为一致,公司是适格被告,其他股东、董事、监事和高管人员等即使侵害了股东利益也不能在知情权诉讼中承担责任。② 根据上文肯定说和否定说的观点,笔者认为,可以从以下几个方面来阐释只有公司才是股东知情权诉讼中的适格被告的原因:第一,如前面所述,公司是一个组织,是拟制的法人人格,无法自主进行意思表示和实施特定行为,需要由法定代表人或其他员工开展职务行为。所以公司的相关行为应当理解为控股股东、法定代表人、董事、监事和高管人员受公司委托行事,这些主体则是一种代理行为,代理后果当然由被代理人即公司承担。即使是这些人员个人行为阻挠干扰股东行使知情权,也有公司治理这一正当有效的救济方式。所以公司董事、监事、高管人员等人员不宜作为知情权诉讼的被告。③ 第二,股东知情权诉讼属于给付之诉,即胜诉后股东可以要求公司提供相关信息以供查阅复制等,是一种行为给付。具体操作时,执行法院判决的义务主体实际为公司,管理层具体的配合执

---

① 参见福建省泉州市中级人民法院民二庭:《公司诉讼中若干疑难问题研究》,载《人民司法》2010 年第 3 期。

② 但实践中也存在以下几种模式:(1)将公司确定为侵犯股东知情权的被告;(2)将执行公司事务的股东作为被告;(3)将公司的法定代表人或实际控制公司经营事务的经理列为被告;(4)将除原告以外的其他所有股东列为被告。参见褚红军主编:《公司诉讼原理与实务》,人民法院出版社 2007 年版,第 376 页。

③ 参见蓝寿荣:《上市公司股东知情权研究》,中国检察出版社 2006 年版,第 209 页。

行行为应当视为职务行为。第三,按照前面所述,即使其他股东、董事、监事及高管人员滥用权力侵害了股东知情权,虽不能在知情权诉讼中承担责任,但可以通过提起损害股东利益责任纠纷之诉,要求上述人员承担责任。① 第四,在公司被注销的情况下,即公司主体已然消亡,股东知情权的义务主体已经不存在,就好比名誉权侵权人(自然人)死亡,原告赔礼道歉这一局限于人身的诉求将无法实现。但是如果原告股东认为董事和高管人员等侵犯了其权益,可以提起针对董事和高管人员的损害股东利益责任纠纷。

二、第三人的主体资格

从司法实践来看,作为第三人诉讼地位列明的身份有很多种,有名义股东,有受托审计的第三方会计师事务所,有被告公司的法定代表人,甚至还有公司。但总体来讲,这些第三人在诉讼中的角色主要是对被告向原告履行股东知情权义务进行配合协助。笔者认为,虽然股东知情权诉讼中的被告是公司,但可以根据案件具体情况将有关人员列为第三人,以全面保障股东知情权的行使。

在方某财诉上海和也卧室用品有限公司股东知情权纠纷案中②,实际出资人方某财起诉公司要求行使股东知情权,并将名义股东崔某红列为第三人。但最终因被告公司其他股东并不同意方

① 我国《公司法》第 20 条规定了股东禁止行为,具体如下:"公司股东应当遵守法律、行政法规和公司章程,依法行使股东权利,不得滥用股东权利损害公司或者其他股东的利益;不得滥用公司法人独立地位和股东有限责任损害公司债权人的利益。公司股东滥用股东权利给公司或者其他股东造成损失的,应当依法承担赔偿责任。公司股东滥用公司法人独立地位和股东有限责任,逃避债务,严重损害公司债权人利益的,应当对公司债务承担连带责任。"再结合第 152 条规定的董事、高管人员损害股东利益的诉讼,股东利益受到损害可以得到较为全面的保护。

② 参见上海市青浦区人民法院民事判决书,(2016)沪 0118 民初 5674 号。

某财显名，其变更工商登记股东事项以及知情权的行使均未被法院支持。仅告知如认为名义股东崔某红未能履行义务，可就与名义股东的代持关系另行起诉。

在攀枝花四季花城房地产开发有限责任公司与徐某璐股东知情权纠纷上诉案中①，则涉及原告股东将会计师事务所列为第三人。因为公司向股东提供的财务会计报告应当经过会计师事务审计。② 所以原告股东往往会把会计师事务所列为第三人，请求法院判令公司向会计师事务所提供财务会计报告以备审计。但公司和会计师事务之间是委托审计的合同法律关系，其与股东知情权这一侵权法律关系完全不同。也就是说，股东知情权是股东与公司之间的法律关系，若股东胜诉即可要求公司提交财务会计报告，至于该财务会计报告是否经过审计，由谁审计则和股东知情权没有关系。当然，如果股东对该财务会计报告有异议，可以通过法定或公司章程规定的方式主张权利，如提出质疑要求财务人员等作出合理解释或向股东会申请聘请第三方会计师事务进行审计等。

在张某辉、衡水丽富达裘革制品有限公司股东知情权纠纷再审案中③，原审原告张某辉将公司法定代表人列为第三人，法院认为要解决股东知情权争议，首先应当解决股东身份确认问题，故要求张某辉在股东身份被确认之后另行主张股东知情权。

在郑某桥与普陀华兴商业有限公司工会委员会（以下简称工

---

① 参见四川省攀枝花市中级人民法院民事判决书，(2008)攀民终字第30号。

② 我国《公司法》第164条规定："公司应当在每一会计年度终了时编制财务会计报告，并依法经会计师事务所审计。财务会计报告应当依照法律、行政法规和国务院财政部门的规定制作。"

③ 参见河北省衡水市中级人民法院民事裁定书，(2018)冀11民申84号。

会)股东知情权纠纷上诉案中[①],原审原告郑某桥将公司列为第三人,将公司股东,即工会列为被告。郑某桥系工会(持股会)的成员,工商行政管理局对工会作为代表行使股东职能进行了确认。[②]对此,法院认为,工会作为公司的股东,有权主张知情权,郑某桥主张向工会行使知情权,工会作为股东代表并不是公司信息的保管者,故公司应当履行协助义务。

综上,笔者认为,股东知情权诉讼中,第三人的地位涵射范围较广,但无论是哪种类型的主体,其都与案件结果有法律上的利害关系,并且在某种程度上还应当承担股东行使知情权的协助配合义务。

第三节　股东知情权之诉特殊原告的主体资格

"《公司法》第 34 条第 1 款、第 2 款及第 98 条均采用'股东有权……''股东可以……'的表述,依文义解释,股东知情权诉讼的原告当然是股东"[③],所以,股东知情权之诉的原告必须是公司股东也只能是公司股东。所谓股东,指的是公司的出资人,"其出资经过法定程序转化为公司企业财产权,作为让渡财产所有权的对价,

---

① 参见浙江省舟山市中级人民法院民事判决书,(2014)浙舟商终字第 213 号。

② 原国家工商行政管理局《关于国有企业改革中登记管理若干问题的实施意见》(已废止)规定:"对原国有企业吸收本企业职工入股改建为有限责任公司的,可由具有社团法人资格的本企业职工持股会或本企业工会,代表全体或部分职工作为公司的投资主体行使股东或发起人的职能;改建为股份有限公司的,按国家有关规定办理。"

③ 李建伟:《股东知情权诉讼研究》,载《中国法学》2013 年第 2 期。《公司法》于 2018 修正,原第 34 条已调整为第 33 条,原第 98 条已调整为第 97 条。

公司股东依法享有广泛的权利，并承担法定义务”[①]。但现实生活以及司法实践中，存在法律规范所不能完全囊括的范围，映射到股东知情权之诉的原告上，则存在许多值得讨论的情况。

一、股东在诉讼过程中丧失股东身份能否行使股东知情权

股东身份是股东提起知情权诉讼的基础，但若起诉后诉讼过程中丧失股东身份，是否可以继续主张行使股东知情权，《公司法》和司法解释均未对此有过安排。

（一）相关规定

现行《公司法》和司法解释对此没有相关规定，但《公司法解释四（征求意见稿）》曾经有所涉及，即第 13 条第 2 款规定：“公司提供证据证明原告起诉时或者在诉讼中已经不具有股东身份的，应当驳回起诉。”而《公司法解释四》正式通过公布时，“在诉讼中已经不具有股东身份的”这部分内容已然删去，仅仅保留了起诉时需要具备股东身份的条件。[②]

（二）司法实践

扬州玉峰汽车销售有限公司与尹某华股东知情权纠纷上诉案中[③]，在二审审理期间，公司股东会决议就解除尹某华的股东资格事项召开股东会并作出决议，此时尹某华是否还能够继续主张

---

① 张炎、唐凌、吴雪莲主编：《新编经济法》，电子科技大学出版社 2019 年版，第 74 页。

② 《公司法解释四》第 7 条第 2 款一方面将证明原告起诉时无股东身份的证明责任分配给了被告公司，另一方面又规定了只要原告有初步证据证明其在持股期间合法权益受到损害，原告仍然可以通过诉讼主张其持股期间的股东知情权。

③ 江苏省扬州市中级人民法院民事判决书，（2013）扬商终字第 0017 号。在本案中，法院认为：“全体股东会议解除尹菊华股东资格的决议，系在二审诉讼期间作出，双方对该行为是否具有法定的效力存在很大争议，且属于另一法律关系，在未经相应的法定程序确认前，不宜作为否定一审判决的依据。”

知情权呢？法院认为该股东会决议属于另一个法律关系且其效力存在争议。笔者认为，此处可能还牵涉股东会决议之诉，比如请求法院撤销股东会决议、认定决议无效或决议不成立等情形。在股东会决议的效力待定的情况下，尚需一定的法定程序来进行确认，所以不能波及正在进行的股东知情权诉讼。

嘉兴市××公司与王某某股东知情权纠纷上诉案中①，法院则从诉累的角度，避免诉讼中被告公司对原告股东资格的解除对股东知情权诉讼本身产生影响。因此，为了股东知情权诉讼的正常处理和推进，法院认为诉讼中股东丧失股东身份对本案审理不产生影响。否则一旦产生股东知情权诉讼，作为被告的公司均有可能通过股东会决议等方式剥夺原告股东身份，法院则据此驳回起诉，那么关于股东知情权的纠纷不仅无法解决反而没有恰当的分流途径，股东知情权诉讼将会名存实亡。

二、已转让股权的前股东的原告资格

（一）前股东无原告资格的一般规则

前述可知，只有具备股东身份才能够提起股东知情权诉讼，所以，"在诉讼前已转让股权或者因其他原因确定丧失股东资格的主体，原则上当然不能够主张行使股东知情权"②。下述案例也均支

---

① 浙江省嘉兴市中级人民法院民事判决书，(2012)浙嘉商终字第317号。在本案中，法院认为："股东知情权诉讼在先，王某某是否具有股东资格亦是案件审查重点之一，如果因为吉达××(嘉兴市××公司，笔者注)在诉讼中作出解除王某某股东资格的决议就中止案件审理，待当事人起诉解决股东资格后恢复审查，只会形成诉累。故诉讼过程中形成的解除股东资格的决议对本案审理不产生影响，本院对吉达××提出的驳回王某某诉讼请求的意见不予采纳。"

② 唐青林、李舒主编：《公司法25个案由裁判综述及办案指南》，中国法制出版社2018年版，第179页。

持了失去股东身份后即丧失股东知情权(见表2－1)。

表2－1　丧失股东知情权案例

序号	标题	案号	法院认定	结论
1	朱某华与南通创通纺织有限公司股东知情权纠纷案再审复查与审判监督民事裁定书	江苏省高级人民法院(2016)苏民申4438号	对外来讲,工商登记的股东为朱某华,对内而言,工商登记不应当是判断股东身份的唯一标准。朱某华已经实际退出公司经营并不再获取分红收益,所以朱某华不应当再享有股东知情权	股东身份是股东知情权的前提和基础,没有股东身份就没有股东知情权。判断股东身份的标准对外为工商登记,对内为内部自行约定
2	李某庆、孙某华与盘固水泥集团有限公司股东资格确认纠纷、股东知情权纠纷案再审复查与审判监督民事裁定书	江苏省高级人民法院(2016)苏民申3455号	李某庆虽然是工商登记的股东,但实质上其股权已经转让,已不再具备该公司实质股东身份,理应不再享有股东知情权	为保障公司利益,仅有工商登记但实际已转让股权的前股东不应享有股东知情权
3	张某忠与江阴市塑料制品二厂、糜某伟股东知情权纠纷案再审复查与审判监督民事裁定书	江苏省高级人民法院(2015)苏审三商申字第00326号	股东身份是股东知情权的基础,股东作为公司的社员,衍生了社员权的一种,即股东知情权,如果股东身份缺失当然不应享有股东知情权这一社员权	本案为2015年的案件,与之后出台的《公司法解释四》的规定存在龃龉,即《公司法解释四》规定了股东起诉时不具有股东身份但只要有初步证据证明持股期间其合法权益受到损害请求依法查阅或复制其持股期间的公司特定文件材料均可能得到支持

续表

序号	标题	案号	法院认定	结论
4	吴某、刘某强、克某利·尼某孜、梁某文、董某与新疆新业股份合作公司及张某翔、常某股东知情权纠纷案再审民事裁定书	新疆维吾尔自治区高级人民法院(2015)新民申字第992号	股东资格是公司股东行使股东权利的条件,工商登记仅是股东身份的形式化反映。应当结合公司章程、股东名册、工商登记以及实际出资和公司管理、分红等情况综合考量。因此本案原告在已退回股金,未实际参与公司管理决策的情形下主张股东知情权没有相应依据	根据实质化原则,股东已经退回股金且没有实际参与经营管理时不再具有股东资格,当然不享有股东知情权
5	封某红与泰兴市天鑫热工机电有限公司股东知情权纠纷案再审民事裁定书	江苏省高级人民法院(2014)苏审三商申字第00395号	封某红股权已经转让并办理了工商登记手续,其股东身份已然丧失,故无法行使股东知情权	股权转让结合工商登记是确认是否具备股东身份的重要标志
6	广东茂湛高速公路有限公司与东南亚茂发有限公司知情权纠纷执行案执行裁定书	广东省高级人民法院(2010)粤高法执复字第97号	已经丧失股东资格的茂发公司不再享有股东知情权,故茂湛高速可以不再提供相关资料	股权被转让之后,前股东无权再行使知情权
7	沈阳可口可乐饮料有限公司与沈阳市八王寺汽水厂等股东权益纠纷上诉案民事裁定书	辽宁省高级人民法院(2009)辽民二终字第19号	股权在被转让之后,前股东将不再享有股东身份,也就不再享有股东知情权	根据本案件审理时的《公司法》及司法解释的规定,基于对公司利益的保护,转让股权之后的前股东,亦无法行使其之前作为股东时享有的股东知情权。如果前股东认为公司在其作为股东期间实施了损害其利益的行为,亦无法通过股东知情权来主张权利,而只能以其他方式维权

续表

序号	标题	案号	法院认定	结论
8	江苏天衡会计师事务所有限公司与藏某股东知情权纠纷再审案民事判决书	江苏省高级人民法院(2007)苏民再终字第0017号	股东身份是股东知情权行权基础,一旦丧失股东资格,前股东则无法享有股东知情权	根据本案件审理时的《公司法》及司法解释的规定,只有现任股东有股东知情权,可以要求查阅或复制相关文件,失去股东资格的前股东无权要求查阅或复制其作为股东期间的公司各种文件。出于对公司和现任股东的保护,只有现任股东才享有股东知情权,前股东无法行使股东知情权,即使是前股东意图行使其作为股东期间的知情权,也没有法律依据

梳理上述案例可知,股东知情权的行使以现行股东身份为前提(原告起诉时无股东身份但有初步证据证明在持股期间其合法权益受到损害的除外),只有具备股东资格才能主张知情权。工商登记等形式要件与转让股权或退股等实质要件冲突时,有的法院认为二者效力应当区别对待,即对外以工商登记的公示为准,可以对抗第三人,对内则以内部的约定如股东会决议解除股东资格等为准。

(二)几种观点的调适

关于前股东是否有权提起股东知情权诉讼,对此问题学理上有三种观点：绝对有权说、绝对无权说与相对有权说。[①] 笔者认为，绝对有权说没有区分股权转让前后的股东身份，前股东身份已然消灭，但仍赋予前股东和现任股东同等的行权地位，对现股东和公司而言实属不妥。绝对无权说是从股东权所彰显的社员权性质出发，认为一旦丧失社员身份，就无权行使知情权，但割裂了股东知情权目的之考察，而机械地局限于纯粹的身份。相对有权说属于折中说，也是本书赞同的说法。诚实信用原则是我国《民法典》中的"帝王"条款，也是我国《民事诉讼法》的原则。对前股东和公司来说，公司也应当在一定程度对股东尽到知情权的保障，当然毕竟属于前股东，这种权利应当受到一定限制。同时前股东行使知情权基本因为其不知晓公司对利润及分配事实是否隐瞒，与前股东切身利益密切相关，存在行权的必要。另外，从反向检验来看，似乎是在鼓励公司隐瞒本该分配给前股东的利润，既成之后，前股东却又无法通过诉讼手段维权。"司法判决的这种导引功能，无疑彻底毁坏了其所试图实现的正义，违背了法院作为公正的代言人所秉持的维护弱者、匡扶正义的司法品格"[②]，需要有限适度地保障前股东的知情权。还有学者认为，如果公司隐瞒利润，前股东如无法通过知情权诉讼寻求救济，也并非无路可走，仍可以股权转让合同所涉重大误解或显失公平为由请求法院撤销股权转让合同。[③] 但笔者认为，此举显然对前股东保护不周，一方面加重了前股东认为公司隐瞒利润的证明责任，另一方面还将面临对股权受让人（可能是公司原股东也可能是第三人）的保护不

---

① 李建伟：《股东知情权诉讼研究》，载《中国法学》2013 年第 2 期。

② 蒋大兴：《超越股东知情权诉讼的司法困境》，载《法学》2005 年第 2 期。

③ 参见刘俊海：《新公司法的制度创新：立法争点与解释难点》，法律出版社 2006 年版，第 207 页。

济。不如前股东在一定限制的情况下直接提起知情权诉讼更能保护相关人员的权益。

三、继受股东的原告资格

(一)继受股东具备原告资格的一般规则

继受股东主要指股权转让的受让股东,也包括在原自然人股东死亡或原法人或非法人的组织股东被注销等情形下,继承人或继受主体取得原股东地位。继受股东具备原告主体资格,但是否能够查阅继受之前的公司信息,表 2－2 中的案例从不同角度诠释了继受股东资格的取得认定和查阅继受之前的信息的考量。

表 2－2　继受股东资格的取得认定案例

序号	标题	案号	法院认定	结论
1	山东建邦投资管理有限公司、曲阜圣城热电公司与华能山东里能煤电有限公司股东资格确认纠纷案	最高人民法院(2014)民二终字第 60 号	工商登记载明的股东信息对外具有一定的衡量标准,但并不具有对世的排他性,应当结合实际情况和相关证据综合评判	工商登记信息并非绝对唯一的股东身份证明
2	烟台市建筑设计研究股份有限公司与烟建集团有限公司股东资格确认纠纷案	最高人民法院(2012)民申字第 1580 号	烟建集团有限公司通过合法有效的股权转让合同受让了烟台市建筑设计研究股份公司的股权,且已支付对价并实际参与公司经营管理,烟台市建筑设计研究股份有限公司未在合理期间提出异议,故其未参与诉讼不影响本案审理	建立了股权转让合同关系,并支付款项,参与公司管理,可以认定具有股东身份

续表

序号	标题	案号	法院认定	结论
3	连云港市房屋建设开发有限公司、韩某富等与陶某月股东资格确认纠纷案	江苏省连云港市中级人民法院（2014）连商终字第0320号	依据《公司法》及相关司法解释,当事人之间对股权归属发生争议,一方请求人民法院确认其享有股权的,应当证明以下事实之一:(1)已经依法向公司出资或认缴出资,且不违反法律法规强制性规定;(2)已经受让或者以其他形式继受公司股权,且不违反法律法规强制性规定。在房开公司改制过程中,韩某富在原房开公司全部产权整体出让中标后,收取了陶某月50万元,并在收据上明确该款项为房开公司改制股金,即证明,韩某富和陶某月双方之间股权争议或股东身份的确认,主要在于公司股权的原始或继受取得。在房开公司改制过程中,韩某富收取陶某月50万元并出具收据证明该50万元系房开公司改制股金,双方具有股权转让的合意,加之《景山秀水物业管理承包协议》中约定的陶某月以该股权担保,房开公司亦明确了陶某月的股东身份,故陶某月应当享有股东资格	出资是享有股东身份的重要条件
4	李某海、北京学方保安服务有限公司与刘某股东资格确认纠纷案	北京市高级人民法院(2014)高民(商)申字第03947号	工商登记、公司章程和出资证明等证据材料显示,北京学方保安服务有限公司的原始股东为李某海和张某芳,其后公司股权发生变更且在工商部门办理了变更手续。但股权转让协议中的签字非原始股东签字,故该协议中关于股权转让的内容并未发生效力,李某海仍为公司股东	股权转让是获得股东资格的方式,但股权转让协议必须合法有效,否则无法导致股东资格的变更

续表

序号	标题	案号	法院认定	结论
5	广州市番禺莲花山造纸有限公司与广州雍也物业管理有限公司股东知情权纠纷上诉案	广东省广州市中级人民法院（2010）穗中法民二终字第2275号	股东对其入股前的公司相关资料是否有权查阅和复制，需要厘清股东查阅是否具有正当目的。同时，公司经营具有整体性和延续性，无法从时间段上进行物理隔离，股东对之前的公司信息进行了解有助于其充分行使股东权利	查阅继受前的公司信息需要考察查阅目的，且公司经营具有延续性，无法明确区分继受股权的前后阶段
6	广州塔祈巴那电器有限公司与宏德亚洲有限公司股东知情权纠纷上诉案	广东省广州市中级人民法院（2009）穗中法民四终字第36号	只要股东的请求不违反诚实信用原则和公平合理原则，如要求查阅的财务账册不是过于久远以致给公司管理造成不合理的负担，以及不存在所要求查阅的账册与股东的现实决策和权利救济无关等情形，公司就有义务给予配合，以保障股东正当权利。从股东知情权的保障出发，应当尽量满足股东知情权，除非可能导致公司增加不必要和不合理的负担，股东也应本着诚实信用和公平合理的原则行使股东知情权	对继受股东的知情权进行了有条件的限制
7	上海申通驾驶员培训二部有限公司与刘某某股东知情权纠纷上诉案	上海市第二中级人民法院（2009）沪二中民三（商）终字第555号	继受股东有权查阅其作为股东之前的公司相关信息，因为公司运营是持续性的过程，股东对公司前后状况了解清楚才有利于股东行使权利，并充分发挥股东知情权的制度价值	从股东知情权制度价值角度保障继受股东查阅继受前的公司信息

据上述案例可知，工商登记是股东资格取得的重要标志，按照商事外观主义原则，即使存在登记瑕疵，第三人仍可认为登记是真

实的。公司登记机关对公司股东的登记或者变更登记,在股东资格认定时具有相对的优先权,但不具有决定性的效力。认定继受股东具有股东身份,往往要结合工商登记、是否已实际出资、是否参与公司管理等多重角度观察确定。至于继受股东是否有权了解继受之前的公司信息,上述案例结论较为一致。主要原因在于公司经营管理具有持续性,往往无法将继受股东加入前后截然分开,继受股东知晓加入前的公司信息,"反而有利于股东了解公司的历史,有利于发现股权转让时公司股份的真实投资价值,从而为股权转让双方之间股权转让纠纷的解决提供证据"①。同时,其也是股东知情权制度功能和价值实现的落脚点。需要注意的是,在保障继受股东对其加入之前的公司信息知情权的同时,也需要对可能的滥用知情权情形进行规制。其出发点在于《民法典》和《民事诉讼法》中的诚实信用原则,继受股东在了解其加入之前的公司信息时,不能妨碍公司正常经营管理,但这其中的标准并不明晰。往往需要在个案中由法官行使自由裁量权来认定股东知情权和公司正常经营管理的边界和标准,让冲突利益平衡得当。

(二)继受股东取得股东资格的时间差问题展开

股权转让合同基于当事人的意思自治,其生效要件成就后股权转让就已发生,故继受股东签订股权转让合同、受让股权、缴纳股本金或股权转让费到成为在册股东之间可能会存在时间差。《公司法》第32条对有限公司股东名册进行了规定:"有限责任公司应当置备股东名册,记载下列事项:(一)股东的姓名或者名称及住所;(二)股东的出资额;(三)出资证明书编号。记载于股东名册

① 刘俊海:《股份有限公司股东权的保护》(修订本),法律出版社2004年版,第373页。

的股东,可以依股东名册主张行使股东权利。公司应当将股东的姓名或者名称向公司登记机关登记;登记事项发生变更的,应当办理变更登记。未经登记或者变更登记的,不得对抗第三人。"《公司法》第130条对股份有限公司股东名册进行了规定:"公司发行记名股票的,应当置备股东名册,记载下列事项:(一)股东的姓名或者名称及住所;(二)各股东所持股份数;(三)各股东所持股票的编号;(四)各股东取得股份的日期。发行无记名股票的,公司应当记载其股票数量、编号及发行日期。"由此,股东名册具有三种效力,一是权利推定效力,即在册股东推定为真实股东而免除证明责任,但因为股东名册不能直接创设股东权利只是证明股东权利,所以如果有其他证据能够反证的,在册股东将不能享受股东权利。二是对抗效力,"权利人以合法的原因或方法受让股权,如果未进行名义更换,仍然不是股东,不可以对公司行使股权"①。所以,如果继受股东受让股权后未及时在股东名册上进行名义变更,无法对公司行使包括股东知情权在内的权利。三是免责效力,这是针对公司的免责,即公司只需要对在册股东履行义务,即便在册股东不是真实股东,亦可免除公司责任,因为公司没有对真实股东实质审核的义务。

应当注意的是,股东名册属于公司应当置备的文件材料,其表明公司和股东之间的权利义务关系,继受股东在成为在册股东之前,无法否定原股权出让人的股东权利,除非继受股东能够证明股东名册未予记载或记载错误。对此,有学者主张采用下列方式维护继受股东权益:一是继受股东指令股权出让的在册股东行使权

① [韩]李哲松:《韩国公司法》,吴日焕译,中国政法大学出版社2000年版,第243页。

利;二是继受股东要求在册股东委托其作为代理人行权;三是如果上述两种方式受阻,原在册股东拒不配合,继受股东可起诉请求法院授权其行使权利。[1]

四、隐名股东的原告资格

《公司法解释三》对隐名的有关内容进行了规定[2],并将其称为"实际出资人",对应的即为"名义股东",二者的联系点为股权代持合同关系。隐名股东通过股权代持协议(若无协议存在,事实行为亦可)委托名义股东代其持有公司股权所涉及的多重法律关系,在隐名股东的股东身份确认之后,可以成为股东知情权诉讼的原告。

(一)隐名股东涉及的法律关系

1. 隐名股东与名义股东之间的委托代持股权法律关系

此种法律关系隐含两个内容,一是代持股权关系,二是股权归属关系。或者说是两个合同关系,一是代持股权合同,二是实际出资人和公司之间的投资合同。在最高人民法院审理的博智资本基金公司与鸿元控股集团有限公司等合同纠纷上诉案中,法院认为:"股权归属关系与委托投资关系是两个层面的法律关系,前者因合法的投资行为而形成,后者则因当事人之间的合同行为形成,保监会的上述规

---

① 参见施天涛:《公司法论》,法律出版社 2006 年版,第 247 页。转引自李建伟:《股东知情权诉讼基本程序问题探析》,载《国家检察官学院学报》2010 年第 1 期。

② 《公司法解释三》第 24 条:"有限责任公司的实际出资人与名义出资人订立合同,约定由实际出资人出资并享有投资权益,以名义出资人为名义股东,实际出资人与名义股东对该合同效力发生争议的,如无法律规定无效情形,人民法院应当认定该合同有效。前款规定的实际出资人与名义股东因投资权益的归属发生争议,实际出资人以其实际履行了出资义务为由向名义股东主张权利的,人民法院应予支持。名义股东以公司股东名册记载、公司登记机关登记为由否认实际出资人权利的,人民法院不予支持。实际出资人未经公司其他股东半数以上同意,请求公司变更股东、签发出资证明书、记载于股东名册、记载于公司章程并办理公司登记机关登记的,人民法院不予支持。"

章仅仅是对外资股东持股比例所作的限制，而非对当事人之间的委托合同关系进行规制，因此，实际出资人不能以存在合法的委托投资关系为由主张股东地位，受托人也不能以存在持股比例限制为由否定委托投资协议的效力。”股权投资基于当事人之间的投资合意，原保监会虽对外资股东持股比例进行了限制，但对委托合同并未进行制约，隐名股东不得直接根据委托关系享有股东资格。[①] 该判决一方面对委托代持关系进行了确认，另一方面也对隐名股东主张股东资格进行了限制，所以隐名股东不能仅以其与名义股东存在代持关系而主张股东资格，必须经过相应的确认程序。

2. 隐名股东与其他股东及公司之间的法律关系

隐名股东如果需要显名化，将涉及公司股东名册、股权出资证明和工商登记变更等事项，不仅需要考察其真实出资情况、名义股东代持情况，还需要其他股东及公司的回应。

3. 隐名股东与第三人之间的法律关系

因为隐名股东和名义股东的存在，在外部交往中，会产生相关行为的效力以及第三人利益保护的问题。比如名义股东擅自转让股权行为的效力，对受让人如何保护；股东抽逃出资或未按时足额履行出资义务时，第三人（公司债权人）是否有权要求隐名股东或名义股东承担出资瑕疵责任等。

（二）隐名股东的资格确认

1. 隐名股东真实出资

如果隐名股东要主张自己的股东权利，首先必须证明自己已经实际出资，这是股东希望取得股东身份并享受股东权利的内心意思表示的外化，即使是隐名股东，也能表现出借助名义股东代持

① 参见最高人民法院民事判决书，(2013)民四终字第20号。

的方式取得股东身份行使股东权利的真实意思表示。《公司法解释三》也将出资作为判定股东资格的衡量因素(虽然不是直接针对隐名股东,但可参考借鉴)。① 当然,出资并非唯一绝对标准,往往要综合考量。②

在河南省洛阳市中级人民法院审理的董某某与河南科达置业有限公司、陈某某、张某、华某某、河南志达建设有限公司股权确认纠纷案中,法院认为,公司法人资格的确立和取得与股东名称没有必然关系,因此,工商登记的公司股东信息并非创设股东资格,而仅是股东资格的信息反映,对外公示保护善意第三人,股东资格的享有应当结合形式化和实质化原则判断。从河南志达建设有限公司的组建、出资、经营、管理等层面分析,河南科达置业有限公司系河南志达建设有限公司的隐名股东,结合出资系股东的义务,加之名义股东对此亦予以认可,可以认定科达公司实际股东的地位。③ 本案赋予了出资原则性的法律地位,只要有出资,再结合其他因素如参与公司经营管理或其他股东认可,即可确认股东身份。

在最高人民法院审理的湖北省利用世界银行贷款项目办公室与湖北东方农化中心、原襄樊市襄阳区农业开发经济技术协作公司股权纠纷案中,法院认为,具有意图成为股东的意思表示和实际

---

① 《公司法解释三》第22条规定:"当事人之间对股权归属发生争议,一方请求人民法院确认其享有股权的,应当证明以下事实之一:(一)已经依法向公司出资或者认缴出资,且不违反法律法规强制性规定;(二)已经受让或者以其他形式继受公司股权,且不违反法律法规强制性规定。"

② 《北京市高级人民法院关于审理公司纠纷案件若干问题的指导意见(试行)》规定:"有限责任公司股东资格的确认,涉及实际出资额、股权转让合同、公司章程、股东名册、出资证明书、工商登记等。确认股东资格应综合考虑多种因素,在具体案件中对事实证据的审查认定,应当根据当事人具体事实民事行为的真实意思表示,选择确认股东资格的标准。"

③ 参见河南省洛阳市中级人民法院民事判决书,(2010)洛民终字第82号。

出资是成为公司股东的重要参考。一方面,公司成立时,出资人系出于受托支付股金但没有成为股东的意思,不宜认定为公司股东,仅与实际出资人存在出资的债权债务关系,实际出资人才是股东。另一方面,实际出资人如果仅主张股金,无法证明其意图成为股东的意思表示并特定化该款项为股金,也不宜认定实际出资人为股东。① 本案则从当事人内心意思表示出发,将出资降低了一个依赖维度,即使出资也要匹配出资人是否想要成为股东的意思,否则没有内心确认将无法认定为股东。

2. 判断名义股东的要素

有了正向判断隐名股东的原则后,尚需结合名义股东从反向进行检视。名义股东的判断可以从形式要件和实质要件进行考察。形式要件指名义股东出现在股东名册、公司章程、工商登记等对内、对外的载体上,具有外观主义的特征。实质要件指名义股东没有真实出资(或实际出资人以名义股东的表象出资)。同时名义股东不行使股东权利(或经隐名股东授权代理行使)也不参与股利分红,其股东签名也往往由隐名股东代笔。

在北京市高级人民法院审理的王某某、卡斯特贸易有限公司与北京恒亿盛世葡萄酒有限公司、李某某、北京东海鑫业国际酒业有限公司、李某股权转让纠纷上诉案中,法院认为,认定显名股东是否真正享有股东资格,可以从以下几个方面分析:一是是否实际出资,出资是否具有股东资格的重要参考标准,同时需注意的是即使显名股东有出资也应溯源其是否实际缴纳;二是作为公司根本"法律"的《公司章程》是股东的主要意思表示,形式效力应当最为优先,但王某某的在《公司章程》上的签字并非本人,表明其意图成

① 参见最高人民法院民事判决书,(2010)民二终字第113号。

为公司股东的意思表示缺失;三是东海鑫业公司的"一揽子"重要文件上王某某的签名均非其本人所签,结合王某某从未参与公司经营管理的情况,可以认定王某某系挂名股东。① 本案中,对名义股东的否认,先从形式和实质要件进行分析,再结合名义股东并未参与公司经营管理、未分红及非亲笔签名等情形,最终综合认定其为名义股东,不享有股东权益。

3. 隐名股东的显名化

前述所言,隐名股东"蜕变"为显名股东需要经过相应程序,如股东资格的认定,笔者拟通过表2-3中的案例对隐名股东显名化的内容进行梳理。

表2-3 隐名股东显名化案例

序号	标题	案号	法院认定	结论
1	李某某与刘某某及东港鸿丰房地产综合开发有限公司等股东资格确认纠纷再审民事裁定书	辽宁省高级人民法院(2015)辽审一民申字第983号	隐名股东若要变更为显名股东,应由公司其他股东半数以上同意,但"半数以上"是否包括本数,《公司法》尚未规定。结合《民法通则》(已失效)对"以上""以下"等事项的规定,"半数以上"应当包括本数	半数以上股东同意实际出资人即可变更工商登记成为股东
2	丁某某与德清县海盛疏浚有限公司股东资格确认纠纷二审民事判决书	浙江省湖州市中级人民法院(2016)浙05民终第468号	隐名股东显名化时,从形式上看,相当于其他第三人进入公司成为股东,与股东向第三人转让股东类似,基于有限责任公司人合性的要求,应当参照股权对外转让的规定,即其他股东过半数同意	根据有限责任公司人合性特征参照适用对外转让股权的要求

① 参见北京市高级人民法院民事判决书,(2009)高民终字第516号。

续表

序号	标题	案号	法院认定	结论
3	陈某某与荆门市通洋商贸有限公司股东资格确认纠纷一审民事判决书	湖北省荆州市中级人民法院(2015)鄂荆州中民四初字第00016号	其他股东半数以上同意是隐名股东显名化的重要依据,原告实际履行了出资义务,并对公司进行经营管理,且其他占有80%股权的股东亦知晓该隐名股东的实际出资和与显名股东的代持股权关系,并同意原告成为显名股东,法院应予支持	半数以上股东同意是标准
4	王某与汪某某等人股东资格确认纠纷二审民事判决书	北京市第一中级人民法院(2016)京01民终6084号	股权代持协议是隐名与显名股东的合意,也是隐名股东显名化的重要依据,加之半数以上的其他显名股东同意,法院应当予以支持,同时隐名股东也有权主张将显名股东代持的股权进行工商变更登记	隐名股东确认身份时有赖于其他股东助力

(1)半数以上股东的同意

根据《公司法解释三》,公司其他半数以上股东同意,是隐名股东显名化的标准,至于股东同意的方式,法律法规并未讨论。笔者认为,同意的形式可以多样化,如其他股东出具书面声明、在隐名股东出具的申请书上签名、股东会决议确认隐名股东身份,以及隐名股东、名义股东和其他股东另行签署协议等,均无不当。另外,关于"半数以上"问题,亦可以从宽限定,即半数本数即可。

(2)行为上推定其他股东同意

"行为推定"指其他股东没有明示同意,而是通过其他股东对隐名股东和名义股东知情且并未反对来窥探其他股东的态度,可以说是一种默示的同意。

在上海静安区人民法院审理的张某中诉杨某春股权确认纠纷案(《最高人民法院公报》2011年第5期)中,法院认为,原告虽为实际出资人,但其是否能够成为绿洲公司股东还须借助其他条件判断。隐名股东若要显名,类似于股东向第三人转让股权,根据《公司法》要求应向其他股东书面告知并由其他股东半数以上同意,不同意转让的股东应当依据优先购买权购买股权,否则视为同意。法院在审理中,在绿洲公司张贴公告并向绿洲公司部分股东发出通知,属于告知股东是否行使优先购买权的情形。之后过半数股东同意"转让"(隐名股东显名化),因此隐名股东和显名股东之间有权进行股权变更的工商登记。① 通过行为推定,在隐名股东没有充分证据证明其他股东同意或其他股东不配合时,反向以其他股东明知但不反对的方式表明同意。

在湖州市中级人民法院审理的金某洪与长兴金地置业有限公司股东资格确认纠纷上诉案中,法院认为,基于有限责任公司人合性的要求,其他股东半数以上同意,实际出资人可以成为显名股东。但其他股东的同意外延不应仅仅限于诉讼阶段,应扩张至公司成立或经营期间股东的态度。长广公司在诉讼阶段不同意,但在公司成立和经营期间认可原告实际出资并实际经营,没有合理理由不能阻碍其之前的认可意见。② 本案把其他股东曾经同意的行为用以对抗现在不同意的意思表示。

(三)隐名股东对股权代持关系的证明责任

1. 隐名股东的证明责任

隐名股东是实际出资人,在其与名义股东发生关于股权归属的争议时,需要对委托或代持股合同关系以及实际出资的事实进行证明,表2-4中的案例系对其证明责任的具体分配。

---

① 参见张某中诉杨某春股权确认纠纷案,载《最高人民法院公报》2011年第5期。

② 参见浙江省湖州市中级人民法院民事判决书,(2016)浙05民终443号。

表 2－4　证明责任的分配案例

序号	标题	案号	法院认定	结论
1	刘某、王某与江苏圣奥化学科技有限公司股东资格确认纠纷上诉案	最高人民法院（2015）民二终字第 96 号	刘某主张其与王某存在股权代持关系，但未能充分举证证明，亦无法证明其他委托关系或者事实上的代持股权关系，相关证据较为间接，无法作为排他和优势证据。而其主张的股权出资的往来关系，刘某可另行主张	主张委托或代持股关系的证明责任在隐名股东，隐名股东与名义股东即使有资金往来也应证明系股权出资
2	王某与青海珠峰虫草药业有限公司等股东资格确认纠纷上诉案	最高人民法院（2014）民二终字第 21 号	代持股权协议或代持合意是隐名股东显名化的重要参考，即使存在出资关系，也需要证明出资的性质和用途是不是股金，否则隐名股东无法主张股东资格	证明代持股合意是关键
3	杨某青、董某利与北京金阳明房地产开发有限公司股东资格确认纠纷再审案	北京市高级人民法院（2016）京民申 2854 号	杨某青与董某利之间是否存在隐名出资关系就成为认定涉案股权归属的唯一要件。本案中，杨某青主张其为隐名股东，但本证证据不充分，尤其缺失直接证据，如代持股权协议等，仅凭案外人的证言无法证明其设立一人公司的意图。公司成立后，杨某青筹措了公司的主要经营资金，但董某利亦证明其筹措过部分经营资金，结合经生效裁判文书确认的股权转让协议，证明显名股东董某利支付了股权转让的对价，也履行过筹措资金的股东义务，能够抗辩杨某青主张的隐名与显名股东关系	本证不足，反证达到了让事实真伪不明的状态
4	黄某元与苏州华伦企业发展有限公司、陆某军等股东资格确认纠纷再审案	江苏省高级人民法院（2015）苏审二商申字第 00674 号	隐名股东投资协议是当事人真实意思表示，且不存在合同无效的情形，增资的款项也与转账凭证和隐名股东投资协议的约定相印证，能够认定黄某元实际股东的身份	股东出资来源及付款凭证是重要证据

续表

序号	标题	案号	法院认定	结论
5	江苏长欣信息科技有限公司与李某柏、唐某成等股东资格确认纠纷再审案	江苏省高级人民法院(2015)苏审三民申字第00248号	李某柏既无法证明其与显名股东之间存在代持股权关系或事实代持关系,也无法证明其向公司实际出资,故无法主张其具有股东资格	代持股关系和出资是确认股东资格的两个标准
6	孙某、江苏克胜集团股份有限公司与江苏汇鸿克胜进出口有限公司股东资格确认纠纷再审案	江苏省高级人民法院(2015)苏审三商申字第00332号	根据《公司法解释三》的规定,股权归属牵涉原始股东的出资或继受股东合法继受。本案中江苏克胜集团股份有限公司以孙某名义向江苏汇鸿克胜进出口有限公司出资,且孙某也已自认,同时孙某也未实际行使股东权利、履行股东义务,能够确认江苏克胜集团股份有限公司作为隐名股东享有显名股东孙某名下的江苏汇鸿克胜进出口有限公司股权	名义股东是否实际出资和享有股东权利、承担股东义务是确认股东资格的重要考量点

根据莱奥·罗森贝克倡导的法律要件分类说,一方当事人需要通过负担证明责任证明权利产生的要件事实的存在来映衬权利的存在,反之,另一方当事人如果否定该权利的存在,则应当从权利的障碍、消灭和制约角度出发,承担该类证明责任找寻相应的要件事实。[①] 由上述案例可知,隐名股东不仅应当承担其与名义股东之间的委托或代持股合同关系或事实行为的证明责任,还需要证明其实际出资的事实(包括以名义股东的表象出资)。如果还能够结合享有了股东权利、承担了股东义务将可以进一步补强,避免陷入真伪不明的状态。

① 参见陈荣宗:《举证责任分配与民事程序法(二)》,台北,三民书局1984年版,第18页。转引自[德]莱奥·罗森贝克:《证明责任论——以德国民法典和民事诉讼法典为基础撰写》(第4版),庄敬华译,中国法制出版社2002年版,第111页。

2. 仅凭向名义股东的转账凭证能否证明代持股关系

实际生活中，股本金的出资方式，隐名股东往往直接转账到名义股东账上，再由名义股东向公司投资入股。此时，转账关系隐含的目的和用途将是确认隐名股东资格的关键。仅有转账凭证但未说明用途，是否能够证明代持股关系？笔者认为转账凭证仅能够证明隐名股东向名义股东转账的金额和事实，但转账的原因多种多样，可能是借款、还款、投资、赠与等，没有唯一性和特定性，需要进一步明晰转账双方内心的真实意思表示，并结合其他证据综合评判。同时，隐名股东为保护自身权益，书面的委托或代持股协议是最为直接有效的证据。

在最高人民法院审理的江苏圣奥化学科技有限公司、刘某与王某股东资格确认纠纷上诉案中，法院认为，隐名股东向显名股东汇款并以此作为股金出资的主张，还应注意该汇款的性质和用途，且必须具有排他性和优势证据，因此资金往来款无法推论出股金或委托出资关系。① 因此，即使隐名股东证明了出资的事实，但仍需要进一步证明出资目的是股权出资。

3. 没有书面委托或代持股合同

隐名股东和名义股东对委托或代持股合同关系的合意是确认隐名股东资格的最重要证据，其他间接证据如隐名股东的出资证明、近亲属的证言等均无法达到证明目的。

最高人民法院审理的王某与青海珠峰虫草药业有限公司等股东资格确认纠纷二审中，法院认为，王某主张已通过家庭会议确认青海珠峰虫草药业有限公司由王某创设并约定其与王乙之间的代持关系，但没有相关书面证据，同时王某在诉状和二审答辩状中自认其隐

① 参见最高人民法院民事判决书，(2015)民二终字第96号。

名原因在于规避为他人的垫资义务和离婚时财产分割问题等,故该代持合意存在损害第三人利益的意图,根据《合同法》(已废止)的规定应属无效。当然,隐名股东与显名股东直接的资金往来等债权债务关系,隐名股东可另行主张权利。[①] 除了前述要点,本案还从合同效力角度进行了否定,即认定属于无效合同。但无效合同的后果是恢复合同订立前的状态,如返还财产、折价补偿、赔偿损失、追缴财产收归国家或返还给集体或第三人。从该后果来看,即使认定为无效合同,隐名股东至少有可能拿回一定财产弥补损失,而要求确认股东资格被驳回后将人财两空。当然,隐名股东与名义股东的资金往来可以通过另诉解决,但隐名股东的损失也是巨大的。

(四)名义股东能否行使知情权

隐名股东意欲显名化,要求公司为其签发出资证明书、将其记载于股东名册并办理工商登记,需要符合相应的条件才能够确认股东资格。之后才可以行使股东知情权进一步维护自身权益。反向检视,名义股东是否可以行使知情权呢?"公司法作为规范公司的组织和行为的法,更关注公司的稳定性和形式要件的完备,而不过分探求当事人的内心真意,法律意义上的股东就是指名义股东,由其享有并行使知情权,与实际出资人无关。"[②]因此,从商事外观主义来看,答案是肯定的。

在北京市第一中级人民法院审理的北京天信宇通电子技术有限公司与陈某股东知情权纠纷上诉案中,法院认为,显名股东作为股东当然有权行使股东知情权,即使该显名股东没有实际出资且系为隐名股东代持股权。但隐名股东想要显名化,必须证明其已

---

① 参见最高人民法院民事判决书,(2014)民二终字第21号。

② 甘培忠、刘兰芳主编:《新类型公司诉讼疑难问题研究》,北京大学出版社2009年版,第153页。

实际出资且存在代持合意，否则应承担举证不能的后果。① 所以，从形式要件来看，名义股东有权行使股东知情权，与实际出资和代持股法律关系没有必然联系。

五、具有特殊身份的股东的原告资格

此处的“特殊身份”，“是指原告具备股东身份的同时又具有（或曾具有）公司董事、监事或者高级管理人员的身份”②。除此以外，持有公司股权的职工也属于本文讨论的特殊身份的股东。

（一）持股职工作为原告

1. 持股职工股东资格的确认

除了少数情况以外③，法律法规并未对享有自然人或法人的股东身份施以相应限制，甚至自然人股东还可以是无民事行为能力人或限制行为能力人。所以公司职工持股成为股东没有法律障碍，并且股权激励也是调动职工积极性的重要手段。表 2 – 5 中的案例就职工持股情况进行梳理。

表 2 – 5　职工持股情况梳理

序号	标题	案号	法院认定	结论
1	李某宝等 158 人与中承华宇建设集团有限公司股东资格确认纠纷案	最高人民法院（2017）最高法民申 296 号	中承华宇建设集团有限公司系原国企改制而来，职工唯有出资购买股权方可具有股东身份。李某宝等 158 人没有出资购股，不具备该公司股东资格，这是国企改制中职工成为股东的指导原则	企业改制背景下职工股权认定的特殊性

① 参见北京市第一中级人民法院民事判决书，(2018) 京 01 民终 1366 号。

② 李建伟：《公司诉讼专题研究》，中国政法大学出版社 2008 年版，第 312 页。

③ 《公务员法》第 59 条规定：“公务员应当遵纪守法，不得有下列行为：……（十六）违反有关规定从事或者参与营利性活动，在企业或者其他营利性组织中兼任职务……”

续表

序号	标题	案号	法院认定	结论
2	董某凤与河南天海电器有限公司股东资格确认纠纷案	最高人民法院（2015）民申字第710号	改制的河南天海电器有限公司的公司章程中约定了“在职持股、退职退股”，系基于改制的特殊背景下产生的，并已经过股东代表会议的通过。董某凤缴纳股金的行为表明其接受公司章程的约束并已具备股东身份，但前提为其具备在职职工身份	股权与职工身份存在紧密联系
3	易芝与通州市金沙通灵人民商场股东资格确认纠纷案	江苏省高级人民法院（2016）苏民申619号	在集体所有制企业改制的大背景下，在职职工持股往往是比较典型的形式，但仍需相关证据证明，比如股东名单、股金来源以及相关部门的规范性文件等	企业改制下职工持股的混乱，持股职工要证明自己的股东身份必须提交相应证据
4	朱某波与一剪梅集团（淮安）有限责任公司股东资格确认纠纷上诉案	江苏省高级人民法院（2015）苏商终字第00538号	法律对员工持股交由公司回购没有禁止性规定，公司章程亦对此无限制，且公司已经实际退还了部分回购款。其时双方就退股事宜并无争议，相应证据形成锁链映证了公司向部分职工退还股金的事项。故朱某波仅凭借出资证明书主张股东身份无法成立	反证让事实处于真伪不明的状态
5	曹某常与江苏安邦电化有限公司、中国化工农化总公司等股东资格确认纠纷案	江苏省高级人民法院（2016）苏民申3740号	《资产重组协议》明确了江苏安邦电化有限公司职工持股会将股权转让给中国化工厂农化总公司，且曹某常已收到部分股权转让款，曹某常作为职工持股会成员理应知晓持股会章程约定的持股会的权限，即代表持有公司职工股的职工行使股东权利，故曹某常仅系持股会成员而非江苏安邦电化有限公司股东	职工股与正常股东有所区别

续表

序号	标题	案号	法院认定	结论
6	马某、夏某兵等与镇江天力变压器有限公司股东资格确认纠纷案	江苏省高级人民法院(2016)苏民申5823号	成为有限责任公司股东,需要通过原始或继受方式,实际出资,具有成为股东的意思表示,并进行工商登记等。这属于一系列的股东身份证明标准。马某、夏某兵、沙某梅等人虽在公司改制时向公司出资,但没有其他证明股东资格的情形印证,因此只能取得实际出资人的身份,而无法对应股东身份	如无其他证据,职工持股的实际出资人不能直接享有股东权利
7	朱某明与南京长江石化有限公司股东资格确认纠纷再审案	江苏省高级人民法院(2016)苏民再309号	职工持股会本身没有财产,也不具备独立的民事主体资格,长江公司对持股会的产生和组成是知晓的,结合公司给部分职工出具的预收认股款收据,也能证明职工向公司出资。持股会在现行法律规范下无法再成为公司股东,持股会成员即持股职工解散持股会并以持股职工登记为股东,不违反法律和公司章程规定	持股会的持股职工有权登记为股东
8	马某英与徐州众城科技有限公司股东资格确认纠纷案	江苏省高级人民法院(2014)苏审二商申字第0084号	原职工马某英与徐州众城科技有限公司之间的身份置换金其未领取,但并不意味着马某英对徐州众城科技有限公司出资,且其在退休多年后起诉要求确认股东身份,没有工商登记及出资协议或代持协议证明,马某英尚未领取的身份置换金与本案股东出资分属不同法律关系,可另行主张	职工持股在以身份置换金为对价时丧失股东身份,未领取则转化为另一债务

在企业改制的大框架下,职工持股具有特殊历史时期的政策属性,并能完全依据现有法律规范进行判定是否能够确认职工股东资格。特殊背景下产生的职工持股会较为特殊,随着我国公司

登记制度的健全和完善，非独立民事主体的职工持股会无法成为合法的公司股东，应当一步到位将持股会的持股职工登记为合法股东。至此，持股股东依法可以行使股东知情权，并在权利行使受阻时请求司法救济。

2. 工会作为持股职工代表的特殊性

工会属于社团法人①，在企业改制的历史时期，工会往往作为职工持股的股东代表，并入册股东名册和办理工商登记等，具有名义股东的表征。鉴于特殊时期的背景，确认股东资格的标准应当有所调和，否则可能造成本应保护职工的工会反而会侵害职工利益的窘境。

江苏省徐州市中级人民法院审理的徐州新彩卷烟印刷有限责任公司与王某华等 7 人股东查阅权纠纷上诉案②中，法院认为，徐州彩色印刷厂工会委员会通过职工认购股金使其成为发起人之一，王某华等 7 人及其他 400 余名实际出资人履行了出资义务也多次获得公司分红，可以认定其实际出资人身份，但要转换为公司股东还应继续完善相应手续。

工会作为特殊主体，其与公司职工已经形成了委托或代持股协议或事实行为，且公司对此是知晓并同意的，所以结合形式要件和实质要件，以及公司的明知状态，应当确认持股职工的股东资格，其可主张股东知情权。虽然相关司法解释要求实际出资人经其他股东半数以上同意才能现身行权，但上述案件基于对职工的保障和诚实信用原则对该规则有所调适，即公司知晓即可

① 《工会法》第 15 条规定："中华全国总工会、地方总工会、产业工会具有社会团体法人资格。基层工会组织具备民法典规定的法人条件的，依法取得社会团体法人资格。"

② 参见江苏省徐州市中级人民法院民事判决书，(2011)徐商终字第 0206 号。

认定。

(二)监事作为原告

股东享有知情权与其承担相应义务是相匹配的,比如从民事强制执行来说,股东就要承担未经清算注销公司的连带清偿责任。[①] 一般来讲,董事和经理等高管人员作为直接的经营管理和执行者,不存在知情权的期待。但公司监事本身存在监督的职权,其是否能够行使知情权?此时就会出现具备股东和监事双重身份的原告要求行使知情权。

股东知情权和监事的监督权(以监事知情权为基础)有明显区别,两种权利请求基础不同,立法目的不同,权能性质不同,涵摄范围不同,行权方式不同。总体来讲,监事在知情的基础上监督的权利归属于公司内部监管职权,不属于民事权益,不具有可诉性,监事提起知情权(或监督权)诉讼于法无据。所以双重身份的原告提起股东知情权诉讼的,不应当考量其监事身份,唯有审查其股东身份及权利请求。必要时法官可以行使释明权,并由原告自行处分是否变更诉讼请求。[②]

在二者身份的区分上,还有学者提出"应具体考察其起诉所依据的事实和理由,区分其是为了维护股东自身合法权益还是基于

---

① 《最高人民法院关于民事执行中变更、追加当事人若干问题的规定》第21条规定:"作为被执行人的公司,未经清算即办理注销登记,导致公司无法进行清算,申请执行人申请变更、追加有限责任公司的股东、股份有限公司的董事和控股股东为被执行人,对公司债务承担连带清偿责任的,人民法院应予支持。"这里需要注意,根据公司类型的不同,有限责任公司可以申请变更、追加其股东,股份公司可以变更、追加其董事和控股股东为被执行人。

② 参见杨路:《股东知情权案件若干问题研究》,载《法律适用》2007年第4期。

履行职责需要而提起诉讼"[①],即法院应当支持为维护其股东利益的原告起诉,对于以监事身份行使职权为由主张知情权的,通过法院释明合法合理引导。

六、母公司的股东的原告资格

我国《公司法》仅对母公司和子公司的法律地位进行了规定,对比分公司,赋予了二者各自独立的法人资格[②],但没有涉及其他法律规则。从母子公司的学理界定上来讲,有学者认为:"当某一公司从法律上支配其他公司时,前者为母公司,后者为子公司。公司法以股份的持有数规定了母子公司的关系。即持有其他股份公司已发行股份过半数的股份或者其他有限公司的资本之过半数出资的公司叫作母公司,其他股份公司或有限公司叫作子公司。"[③]也有学者认为,从公司控制权来讲,母公司基于持有子公司的股权或协议方式,对子公司的经营管理进行实际操盘。[④]

依据传统公司法理论可知,股东行使知情权的对象是公司,即股东可以依法知悉其投资公司的相关信息。但在母子公司的地位构造中,二者作为独立的法人主体,均能够独立承担责任。所以子公司的股东是母公司,母公司可以行使其对子公司的知情权,但母公司的股东穿越母子公司的法人人格,直接向子公司行使知情权

---

① 福建省泉州市中级人民法院民二庭:《公司诉讼中若干疑难问题研究》,载《人民司法》2010 年第 3 期。

② 我国《公司法》第 14 条:"公司可以设立分公司。设立分公司,应当向公司登记机关申请登记,领取营业执照。分公司不具有法人资格,其民事责任由公司承担。公司可以设立子公司,子公司具有法人资格,依法独立承担民事责任。"

③ [日]末永敏和:《现代日本公司法》,金洪玉译,人民法院出版社 2000 年版,第 21 页。

④ 参见赵旭东:《公司法学》,高等教育出版社 2006 年版,第 721 页。

在我国于法无据。① 在日本,为了维护股东权益和保证信息对称透明,日本 1999 年《公司法》赋予了母公司股东在法院准许的情况下查阅子公司文件材料的权利。② 但查阅主体限缩为须按照法律规定或公司章程约定持有一定比例的股份的股东。③ 根据日本 1999 年《公司法》和 2005 年《公司法》的规定,母公司股东查阅的文件材料包括涉及知情权的常规材料如公司章程、股东名册、股东会和董事会记录、财务报表和会计账簿等。④

(一)母公司股东对子公司行使股东知情权的争议

1. 否定说

否定说指不准许母公司股东直接对子公司行使股东知情权。这是严格按照文义解释操作,即法律规范并未赋予母公司股东这一权利。同时,母子公司都分别具有独立的法人人格,在没有法律依据的情况下,母公司股东直接穿越向子公司行使权利实有不妥。

---

① 国务院颁布的《企业国有资产监督管理暂行条例》(国务院令第 709 号)第 24 条规定:"所出资企业投资设立的重要子企业的重大事项,需由所出资企业报国有资产监督管理机构批准的,管理办法由国务院国有资产监督管理机构另行制定,报国务院批准。"即国有企业的子企业遇有重大事项时需要报其母企业的股东国有资产监督管理机构批准。中国证券监督管理委员会颁布的《上市公司重大资产重组管理办法》(证监会令第 166 号)第 12 条规定:"上市公司及其控股或者控制的公司购买、出售资产,达到下列标准之一的,构成重大资产重组:……"第 21 条第 1 款规定:"上市公司进行重大资产重组,应当由董事会依法作出决议,并提交股东大会批准。"即上市公司的子公司进行资产重组,必须经过上市公司(母公司)股东大会批准。但上述股东知情权的穿越属于特殊领域,并非普适性规范。

② 参见日本 1999 年《公司法》第 293 条第 8 款第 1 项。

③ 参见日本 2005 年《公司法》第 433 条第 1 款的规定,去除无表决权股东后持有母公司 3% 以上投票权或者 3% 以上股份的股东(章程约定低于投票权比例或者股份比例的按照章程),说明正当理由后可以向法院提出查阅子公司会计账簿以及与此相关资料的请求,由法院判断是否允许母公司股东在营业时间内随时查阅复制这些资料。

④ 日本 1999 年《公司法》第 244 条、260 条、263 条,2005 年《公司法》第 433 条。加藤侧『公司法』(中央经济社,2004 年)59 頁。

2. 肯定说

第一种观点从法人人格否认的角度出发，认为母子公司因为特殊的连接点属于“同一主体”，“也称为‘他我理论’(alter ego)，是美国很多州法院处理股东查阅权扩张案件时常用的思维路径。这种分析方法与法人人格否认有着相似的考虑基础：当一个法人只是另一个法人的工具或者业务渠道(business conduit)时，其独立性可以被否定”①。因此，母子公司之间的“他我”证明是母公司股东穿越的关键节点，经营管理层的相同和持股比例都将不会是二者的连接点，以致无法在“他我”的映射下穿越行使股东知情权。

第二种观点是“控制支配”(control or domination)说，“是指只有在母公司对子公司运用足够的控制力来证明否定两个公司独立的法人格是合理的情形下，才能允许母公司股东查阅子公司账簿和记录。法院适用控制或支配理论作为决定性因素，并把其比作是在刺破法人面纱中所运用”②。该观点也从法人人格否认的层面出发，母公司对子公司进行过度(甚至是彻底)控制，以致子公司丧失了独立性，相当于母公司委托子公司作为代理人开展经营管理，最终的收益或风险均由母公司承担，由此，子公司的侵权责任也当然由母公司承担。所以，遵循权利义务的一致性，母公司股东出于维护自身权益可以将对母公司的知情权扩张至子公司。

3. 本书观点

上述两种观点三种思维其实可以归结为两个程度不一的问题。否定说源于严格适用法律的文义解释，认为权利的赋予和剥

---

① 黄积虹、王喆：《论母子公司架构下母公司股东查阅权扩张》，载《新疆大学学报(哲学·人文社会科学版)》2015 年第 5 期。

② 王淼、王国平：《母公司股东知情权穿越行使的正当性基础及制度设计》，载《东南学术》2014 年第 6 期。

夺都需要法律来解决，但严格文义解释地适用法律恐有机械之虞。即便如此，这种制度上的缺失可以通过立法妥善解决，只要立法者认为需要母公司对子公司强化监管控制以便健全公司治理，即可明文规定知情权的穿越扩张。而肯定说的两种思维都涉及法人人格否认或者说法人人格独立问题，毕竟，子公司和母公司一样是独立承担责任的法人主体，其组织架构、公司治理、股东和经营管理层的构造都是一样的。因此，笔者认为，母公司股东知情权的穿越扩张是必要的，但应当有合理限度，尚需综合考量股东利益、子公司管理层受信义务和子公司商业秘密保护边界及相互之间的衡平。

（二）母公司股东知情权扩张的正当性基础

1. 实践中的必要性

从公司治理的角度来看，母公司和子公司的组织架构是一样的，即股东会作为权力机构监督董事会为代表的经营管理层，也就监督了子公司。但无论是母子公司还是普通公司，股东有时候无法知晓公司本身以及管理层的行为，更不用说加强监管。在所有权与经营权分野中，部分股东也许并不希望参与经营管理，只关心其投资利益的最大化，但即使不参与经营管理，也不必然限制赋予知情权。实际上，只要股东关心所有权（包括分红等收益），即使不参与经营管理，也与知情权密切相关。因为股东只有知悉了公司信息才能对经营管理层是否隐瞒利润等问题作出正确判断。

2. 母公司股东知情权扩张与子公司法人人格独立并不冲突

讨论这个问题的基础在于，承认子公司和母公司一样独立的法人人格，但子公司的部分权利会受到抑制或限缩，即母公司的部分权利扩张。这并非否认子公司的独立的法人人格，只是基于母子公司连接的特殊性，让母公司部分权利合理穿越而已。这种成本是正义的，但仍需要注意具体的穿越行权边界问题，避免子公司权益受到超过限度的侵害。

(三)扩张路径

在母子公司连接的特殊组织构造下，既要按照公司治理原则，坚持法人人格独立，也要适度扩张母公司股东知情权，恰当合理穿越，应当遵循下列扩张路径。

1. 权利扩张的主体

此处的主体当然指母公司的股东，这是没有争议的。但所持股份比例有没有法定或章程规定的要求，不同国家则有不同的规定。比如，美国对持股比例没有任何限制①，从股东平等的角度来讲，我国对股东行使知情权(但没有规定穿越行权的持股比例)也没有持股比例的限制。日本则要求按照法定的最低3%或章程规定的比例持股的股东才能够穿越行使知情权。笔者认为，抛开穿越制度本身，不管股东持股比例大或小，对股东而言均有权知悉公司信息，反之如果有持股比例限制，未达到比例的股东权利则可能受限。我国《公司法》关于股东会的召开，在董事会和监事会未履职时，由单独或合计持股10%以上的股东自行召集主持股东会。② 另外，陷入“公司僵局”时，单独或合计持股10%以上的股东可以起诉请求法院裁判解散公司。③ 这两种情形均对持股比例进行了规定，但只要合计持股比例达到10%以上即可，所以小股东的利益也能被保障。

---

① 参见《特拉华州普通公司法》。

② 我国《公司法》第40条第3款规定：“董事会或者执行董事不能履行或者不履行召集股东会会议职责的，由监事会或者不设监事会的公司的监事召集和主持；监事会或者监事不召集和主持的，代表十分之一以上表决权的股东可以自行召集和主持。”

③ 我国《公司法》第182条规定：“公司经营管理发生严重困难，继续存续会使股东利益受到重大损失，通过其他途径不能解决的，持有公司全部股东表决权百分之十以上的股东，可以请求人民法院解散公司。”

因此，笔者认为，无论大小股东行使知情权本不应有差别，即使是小股东，也应当享有自己的利益。但结合穿越制度来看，与母公司股东径直对母公司行使权利有所区别。权利的扩张要求权源的正当，在穿越制度中，基于子公司的独立人格和其商业秘密保护的需要，知情权的扩张应当保持一定限度。所以从行权主体来看，应当从持股比例上进行控制，宜按控股比例来划分。

2. 权利扩张的目的

目的论是一种比较主观的标准，而股东知情权作为一种工具性的权利也不排除有股东纯粹地为行使知情权而行使知情权，所以"找一件正当目的的外衣对股东而言是一件轻而易举的事情"[①]。美国将查阅目的进行了正面列举，日本将查阅目的进行了反面列举。[②] 两种立法模式都存在不一定完全覆盖的问题，需要借助兜底条款由法官自由裁量权来确认。

3. 权利扩张的对象

在穿越制度下，母公司股东对子公司行使知情权的范围和边界，不能超越正常情况下的范围。具体而言，可以参照我国对有限责任公司

---

① ［美］罗伯特·W. 汉密尔顿：《美国公司法》（第5版），齐东祥等译，法律出版社2008年版，第455页。

② 根据美国判例，股东查阅公司文件的"合理目的"主要包括这些类型：（1）计算股票的真正价值；（2）查明公司利润下降和股权价值大幅度波动的原因；（3）调查公司高管是否违背忠实和注意义务；（4）提起派生诉讼前的资料收集。参见［美］罗伯特·C. 克拉克：《公司法则》，胡平等译，工商出版社1999年版，第146页。日本《公司法》明令拒绝以下5种情况：（1）股东查阅的目的并不是确保其股东权利或者调查公司不当行为；（2）股东提出查阅请求目的是妨碍公司的经营、损害其他股东利益；（3）提出查阅请求的股东与公司存在同业竞争关系；（4）查阅目的是向他人泄露公司的会计资料或者其他相关资料以获取个人利益；（5）查阅请求人在过去的2年内，曾有向他人泄露公司的会计资料或者其他相关资料获取个人利益的事实。参见日本《公司法》第2款。转引自黄积虹、王喆：《论母子公司架构下母公司股东查阅权扩张》，载《新疆大学学报（哲学·人文社会科学版）》2015年第5期。

和股份有限公司两种不同类型公司的股东的查阅范围的规定。[①]

4. 权利扩张的契机

法律并未规定股东行使知情权的时间，但在权利扩张时为达到母子公司各方权益的均衡，应当限定在一定情形下才可扩张权利。具体来讲，比如公司生产经营管理发生重大变化，这必然会影响作为股东的母公司权益，此时的穿越扩张才有必要和意义。而重大变化的衡量标准则可以参照股东会的议事方式和表决程序来确定重大事项。[②]

从权利扩张的前置程序设计来看，是否需要法院提前许可？我国现行《公司法》对股东知情权的前置程序仅规定了公司拒绝查阅股东方可起诉维权。[③] 日本在权利扩张的问题上设置了法院许可的前置审查程序。笔者认为不妥，此时需要界定清楚公司依法自治与司法介入的界限，术业有专攻，就公司治理而言，法官一般是没有专门的商业知识，或者不如公司相关人员更为专业的。为了避免外行管内行之嫌，这样的前置审查应当调整为在权利扩张被拒绝时，才能进入诉讼程序。

七、出资瑕疵股东的原告资格

出资瑕疵的股东指未履行出资义务或未完全履行出资义务，或履行出资义务后抽逃出资的股东。在理论和司法实践中，关于

---

① 参见我国《公司法》第33条和第97条。

② 我国《公司法》第43条规定："股东会的议事方式和表决程序，除本法有规定的外，由公司章程规定。股东会会议作出修改公司章程、增加或者减少注册资本的决议，以及公司合并、分立、解散或者变更公司形式的决议，必须经代表三分之二以上表决权的股东通过。"

③ 参见我国《公司法》第33条第2款。

此类股东是否得以行使股东知情权甚至以原告身份提起股东知情权诉讼,均存在一定争议。[①]

(一)理论争议

第一种观点是将股东是否享有知情权上升到法律层面,对于权利的赋予或剥夺应当依照法律规定,法无禁止皆可为。所以出资瑕疵的股东也是股东,股东身份的确认和获得并不仅依靠出资,故其知情权不应受到限制。《公司法》对股东权利的限制体现在分红权与优先认购权,即按实缴的出资比例确定。[②]

第二种观点厘清了股东出资瑕疵法律关系和股东知情权法律关系,并剖析了股东权利内核。股东的知情权和出资是否存在瑕疵以及股东资格确认,分属不同法律关系,应当区别对待。只要是股东即享有知情权,所以相当于股东行使知情权还有一个确认股东资格的前置程序(其中包含可能的出资问题)。另外,从权利内核来看,股东权利如果和出资有关比如股利分红权,则应当受到限制,如果和出资无关比如知情权,则不受限制。

第三种观点从权利的性质进行区分,认为股东权利可以分为人身权和财产权,而知情权属于人身权,出资是否瑕疵与财产权有关但与人身权没有关系,即股东可以行使知情权。

第四种观点在认可第三种观点对人身权和财产权划分的基础上,认为应当限制出资瑕疵股东的知情权,因为知情权虽然是人身权,但从股东行使知情权的制度目的来看,股东往往不是纯粹行使

---

① 参见江苏省高级人民法院民二庭:《审理有限责任公司治理结构案件中的三个基本问题》,载《人民司法》2007 年第 4S 期。

② 《公司法》第 34 条规定:“股东按照实缴的出资比例分取红利;公司新增资本时,股东有权优先按照实缴的出资比例认缴出资。但是,全体股东约定不按照出资比例分取红利或者不按照出资比例优先认缴出资的除外。”

知情权,一般伴有后续涉及财产权的权利行使。所以,对此予以限制,避免出资瑕疵的股东享受进一步的财产权益。

笔者认为,出资瑕疵股东是否得以行使知情权,可以从以下 3 个方面来进行论述。第一,前置判断标准是出资瑕疵股东资格的确认。要行使知情权,必须是股东,只要股东资格能够确认,知情权必然是应有之义。股东资格的确认有形式要件和实质要件,形式要件主要指出资证明书、股东名册、工商登记等,实质要件一般指出资。从商事外观主义原则来看,形式要件一般具有推定效力和对抗效力,只要满足了形式要件,股东身份就可以确立。第二,从契约责任方面来看,出资瑕疵股东和其他股东之间存在合同关系,出资瑕疵的股东显然是对其他股东违约,理应承担违约责任,但违约责任是一种公司或股东之间的内部责任,具有相对性。现行《公司法》降低了注册资本门槛,除少数特殊性质的公司外,其他公司均可实行认缴制。即使存在认缴股本金加速到期制度,但需要符合一定条件才可适用。所以出资瑕疵股东应当承担违约责任,但仍可行使知情权。第三,从法律责任来看,《公司法》实际已经对出资瑕疵的股东权利进行了一定限制或者处罚,比如由公司登记机关责令改正、处以罚款。[①] 但并未直接规定股东权利的失权,"出资存在瑕疵股东应承担补足责任,并不影响其具有股东身份以及依据股东身份行使知情权"[②]。因此,

---

① 《公司法》第 199 条规定:"公司的发起人、股东虚假出资,未交付或者未按期交付作为出资的货币或者非货币财产的,由公司登记机关责令改正,处以虚假出资金额百分之五以上百分之十五以下的罚款。"《公司法》第 200 条规定:"公司的发起人、股东在公司成立后,抽逃其出资的,由公司登记机关责令改正,处以所抽逃出资金额百分之五以上百分之十五以下的罚款。"

② 江锦莲:《股东知情权诉讼法律问题研究》,载刘兰芳主编:《公司法前沿理论与实践》,法律出版社 2009 年版,第 321 页。转引自王黛娜:《有限责任公司股东知情权若干争议问题研究:基于〈最高人民法院关于适用《中华人民共和国公司法》若干问题的规定(四)〉(征求意见稿)的理解与思考》,载《时代法学》2017 年第 2 期。

虽然《公司法解释四》未能明确出资瑕疵股东能够行使股东知情权,但也并未对该主体行使知情权进行限制。①

（二）司法实践

司法实践中对出资瑕疵股东是否能够作为原告提起股东知情权诉讼意见基本一致,即股东知情权的行权主体是股东,无论出资是否存在瑕疵,只要具备股东身份(包括尚未被公司除名)就应享有知情权,这与其逻辑自洽是相耦合的。表2-6中的案例对股东知情权与出资情况进行了梳理。

表2-6　股东知情权与出资案例

序号	标题	案号	法院认定	结论
1	江阴瑞昊化工有限公司与联合资源实业有限公司知情权纠纷上诉案	江苏省高级人民法院(2009)苏民三终字第0104号	出资问题处理前不影响联合公司作为股东期间的知情权的行使	出资不足并不能构成阻碍股东知情权行使的理由,股东知情权基于股东身份而产生,出资瑕疵与此无关
2	北京西化达商贸有限公司与李某河股东知情权纠纷上诉案	北京市第一中级人民法院(2017)京01民终9358号	基于工商登记的外部宣示效应,法院对股东资格的审查标准一般为形式化原则,除非相对方提出反证动摇股东身份,法院才进行实质化审查。股东知情权与股东资格确认纠纷分属不同案由,且没有必然联系。股东知情权纠纷系默认股东资格,并就知情权的行使进行审理	股东知情权纠纷与股东出资瑕疵纠纷系不同法律关系,并不相互影响

① 参见魏佳敏:《股东知情权的若干争议与探讨——以〈公司法司法解释(四)〉为背景的考察》,载《厦门广播电视大学学报》2018年第4期。

续表

序号	标题	案号	法院认定	结论
3	北京东隆房地产开发有限公司与傲斯盟房地产投资有限公司股东知情权纠纷上诉案	北京市第三中级人民法院（2017）京 03 民终 9654 号	作为工商登记的股东，傲斯盟房地产投资有限公司依法享有股东知情权，北京东隆房地产开发有限公司关于傲斯盟房地产投资有限公司未出资等方面的抗辩不足以对抗傲斯盟房地产投资有限公司股东知情权，但可另行向傲斯盟房地产投资有限公司主张履行出资义务	出资瑕疵责任应另行追究
4	巩某路、刘某与新沂市恒发家具有限公司股东知情权纠纷案	江苏省徐州市中级人民法院（2017）苏 03 民终 7742 号	股东知情权源于股东资格或身份，是否履行出资义务不能否认其股东资格，只要未丧失股东资格，股东就能行使股东知情权	股东知情权仅基于股东身份，不受出资影响
5	杭州众慧浙华机电设备设计事务所有限公司、周某股东知情权纠纷上诉案	浙江省杭州市中级人民法院（2016）浙 01 民终 7207 号	作为工商登记的股东，理应享受股东知情权，出资瑕疵等问题无法对抗该知情权，但可向股东另行主张权利	股东知情权是固有权利，出资瑕疵不足以对抗
6	泰兴市饮食服务有限责任公司与沈某明等股东知情权纠纷上诉案	江苏省泰州市中级人民法院（2013）泰中商终字第 0310 号	股东资格和知情权与股东抽逃出资系不同法律关系，股东应向其他股东承担抽逃出资的违约责任，但其股东资格仍未丧失	股东资格不因抽逃出资而受影响，抽逃出资的股东仍然可以行使股东权利
7	扬州玉峰汽车销售有限公司与尹某华股东知情权纠纷上诉案	江苏省扬州市中级人民法院（2013）扬商终字第 0017 号	尹某华的股东出资与扬州玉峰汽车销售有限公司主张的代付产生争议，但这属于双方债权债务关系，与股东知情权无关	股东出资问题与股东资格无关，未足额出资的股东仍然享有股东知情权
8	新疆恒欣佳业石油科技有限公司与贾某海股东知情权纠纷上诉案	新疆维吾尔自治区乌鲁木齐市中级人民法院（2012）乌中民二终字第 455 号	抽逃出资既具有民事上的违约责任，也具有刑事上的构成要件，应当严格依法认定，但其与股东知情权没有关系	股东抽逃出资不妨碍股东知情权的行使

续表

序号	标题	案号	法院认定	结论
9	北京齐胜企业管理有限责任公司与叶某锋股东知情权纠纷上诉案	北京市第一中级人民法院（2018）京 01 民终 1627 号	股东资格的丧失应由相关依据证明，且股东知情权纠纷的前提是默认股东资格，在丧失股东资格之前股东应享有知情权，对股东资格的争议可以通过另诉股东资格确认纠纷解决	未丧失股东身份前均可行使股东权利

司法解释的制定和司法政策的指引往往需要基于司法实践，需要汇集大量审判经验。虽然实务解读趋于一致，但司法解释对此却没有回应。法院作为司法救济的最后一道关口，最易受到各方的非议和责难。对法官来讲，也需要通过法律和司法解释来构建审判依据，避免无法可依之虞。

（三）权利限制

根据前面的分析，出资瑕疵的股东虽然可以行使股东知情权，但仍应当受到一定限制。不过，这种限制是对知情权本身的限制而非对股东身份的限制。基于前述的契约义务阐释，出资瑕疵股东应当承担违约责任，此种责任即包含对部分股东权利的限制。2014 年《公司法》修改前主要实行资本实缴制（即使认缴最长期限不超过两年），出资瑕疵影响甚巨，但彼时《公司法》及司法解释也并未否定出资瑕疵股东的知情权。而在现行《公司法》资本认缴制下，更遑论以此剥夺股东知情权。股东知情权作为一种工具性和基础性的权利，是股东行权的第一步也是最后一步保障，在股东与公司经营管理层信息不对称的情况下，股东知情权最终只能通过司法救济来实现。如果出资瑕疵股东知情权司法保障受阻，这无异于冲破了股东维权的最后一道防线。

第四节　股东知情权之诉诉讼当事人(主体)的审查

本节主要针对法院对诉讼当事人相关内容的审查,同时包括法院作为诉讼主体对股东知情权之诉的管辖回应。另外,结合重复诉讼的识别,也从股东知情权之诉当事人相同的角度进行审查描绘。

一、股东知情权之诉的当事人适格

当事人适格也叫作正当当事人,指的是在诉讼中,当事人能够基于诉讼标的以自己的名义起诉或应诉,实施诉讼从而获得本案判决。[①] 在股东知情权诉讼中,就原告而言,股东身份将是当事人适格的重要界面。

(一)股东身份的相关规定

《公司法》明确规定股东有权查阅、复制公司有关信息并提出质询[②],《公司法解释四》对于起诉时不具备股东身份的原告要求驳

---

① 参见[日]高桥宏志:《民事诉讼制度与理论的深层分析》,林剑锋译,法律出版社2003年版,第206页。

② 《公司法》第33条规定:"股东有权查阅、复制公司章程、股东会会议记录、董事会会议决议、监事会会议决议和财务会计报告。股东可以要求查阅公司会计账簿。股东要求查阅公司会计账簿的,应当向公司提出书面请求,说明目的。公司有合理根据认为股东查阅会计账簿有不正当目的,可能损害公司合法利益的,可以拒绝提供查询,并应当自股东提出书面请求之日起十五日内书面答复股东并说明理由。公司拒绝提供查阅的,股东可以请求人民法院要求公司提供查阅。"《公司法》第97条规定:"股东有权查阅公司章程、股东名册、公司债券存根、股东大会会议记录、董事会会议决议、监事会会议决议、财务会计报告,对公司的经营提出建议或者质询。"

回起诉，但股东能够证明其作为股东时受到侵害的除外。[①] 由此可知行使知情权的必然是股东，只是《公司法》和司法解释没有进一步对股东的范围和内涵进行界定。

（二）股东身份的司法实践现状

公司法律法规和司法实践均认可股东身份是行使股东知情权的前提和基础。关于股东身份的确认，"可根据出资证明书、股东名册、股权转让协议、股东会决议、公司章程修正案、工商登记、继承事实等证据认定股东身份"[②]。据此，本书收集了十余例案例就股东身份的确认进行总结如表 2－7 所示。

表 2－7　股东身份确认案例

序号	标题	案号	法院认定	结论
1	陈某宁与临沂市新力无损检测有限公司股东知情权纠纷再审民事判决书	山东省高级人民法院（2016）鲁民再 71 号	股东资格是股东享有权利履行义务的前提，股东资格的衡量参考主要包括出资义务的承担和股东名册的记载及工商登记确认	实质上履行出资、记录在股东名册就可以认定其拥有股东资格
2	陈某英与南宁铁西达房地产有限责任公司股东知情权纠纷案再审复查与审判监督民事裁定书	广西壮族自治区高级人民法院（2016）桂民申 335 号	公司股东有权作为原告提起股东知情权诉讼，但该自然人股东在诉讼期间死亡后，如果公司章程没有相反规定，其继承人可以继承股东资格，从而行使股东知情权	合法继承人继承股东资格，需在其正式成为公司股东后才能提起股东知情权诉讼

---

① 《公司法解释四》第 7 条规定："股东依据公司法第三十三条、第九十七条或者公司章程的规定，起诉请求查阅或者复制公司特定文件材料的，人民法院应当依法予以受理。公司有证据证明前款规定的原告在起诉时不具有公司股东资格的，人民法院应当驳回起诉，但原告有初步证据证明在持股期间其合法权益受到损害，请求依法查阅或者复制其持股期间的公司特定文件材料的除外。"

② 参见唐青林、李舒主编：《公司法 25 个案由裁判综述及办案指南》，中国法制出版社 2018 年版，第 170 页。

续表

序号	标题	案号	法院认定	结论
3	何某平与湖北联通公路基础建设有限责任公司股东知情权纠纷案再审复查与审判监督民事裁定书	湖北省高级人民法院(2016)鄂民申812号	关于股东出资需要进行实质审查,不能仅凭缴款单据所单方注明的性质或用途,且需要与其他如借贷法律关系进行区分。同时应注意继受取得股权的合理性	如果当事人与公司存在借贷关系,则仅凭转账凭证上注明款项用途为股本,不能认定其股东身份,故不能行使股东知情权
4	柳某与黔南交运有限责任公司股东知情权纠纷案民事裁定书	贵州省高级人民法院(2016)黔民终117号	股东知情权专属于公司股东,即使是担任过公司董事长或董事等重要岗位和职务的人员,如不具备股东身份也无法行使股东知情权,此情况属于主体不适格	有权行使股东知情权的主体为公司股东,没有证据证明股东身份的人,即便是担任过公司的董事长和董事也不能提起股东知情权诉讼
5	东宏国际有限公司、中荣有限公司与郑州澳柯玛物流开发公司股东知情权纠纷二审民事裁定书	河南省高级人民法院(2018)豫民终895号	作为工商登记的股东,具有较强的对外公示效力,在没有相反证据的情况下不能动摇该股东的身份,故该股东享有知情权	工商登记簿中登记的股东拥有股东身份,依法享有股东知情权
6	夏某与贵州安顺今旦房地产开发有限公司股东知情权纠纷案民事判决书	贵州省高级人民法院(2015)黔高民商终字第123号	继受取得的股东资格可以通过股权转让协议、公司章程、股东会决议等进行印证,但继受股东是否向前股东支付股权转让对价则系另一法律关系,前股东有权向继受股东主张相关权利。夏某已经获得股东资格,至于其是否主张股东知情权则系其自由处分的权利	根据股权转让协议、股东会决议、公司章程修正案、工商登记等证据可以认定股东身份,即便是未支付股权转让款也不影响股东身份和股东知情权的行使

续表

序号	标题	案号	法院认定	结论
7	广东中南创展集团有限公司与广东新广国际集团中非投资有限公司股东知情权纠纷案民事裁定书	广东省高级人民法院(2015)粤高法立民申字第64号	如果公司注册资金涉嫌刑事犯罪,则该公司股东持股的合法性将存疑	公司注册资金来源涉嫌刑事犯罪会影响股东身份的确认
8	扬州玉峰汽车销售有限公司与尹某华股东知情权纠纷上诉案民事判决书	江苏省扬州市中级人民法院(2013)扬商终字第0017号	尹某华在玉峰公司的变更登记资料和公司章程中均明确其为公司股东	工商登记和公司章程中对股东身份的记载能够证明股东具有股东资格,有权行使知情权
9	陈某富与天水星华机电设备有限公司股东知情权纠纷上诉案民事判决书	甘肃省天水市中级人民法院(2013)天民二终字第00008号	股东资格的确认从形式上需要工商登记、股东名册、公司章程等载明,还包括是否行使并享有股东权利、承担股东义务、享有分红、实际出资、持有出资证明书等,实质上是需要履行出资义务	如果股东不能证明自己符合实质要件和形式要件,股东身份就无法被认可,继而无法行使股东知情权
10	重庆新工汽车零部件有限公司与於某芬等股东知情权纠纷上诉案民事判决书	重庆市第五中级人民法院(2013)渝五中法民终字第01481号	股权由股东所有,工商登记是对外公示的重要载体,同时对内股东持有公司出具的缴纳职工基本股的收据,并享受过分红	股东知情权基于股东身份的存续。除《公司法》明确规定的工商登记、股东名册确认股东身份外,在个案中还可以以股东持有入股收据或合法继承的方式来证明股东身份并请求行使股东知情权

续表

序号	标题	案号	法院认定	结论
11	远东公司与马某某股东知情权纠纷上诉案民事判决书	江苏省无锡市中级人民法院(2012)锡商终字第0468号	股权证书是股东身份的重要证明,工商登记虽未载明但不是马某某导致。故马某某具有股东资格,有权行使股东知情权	有股权证书但是没有工商登记的,可以证明股东资格并行使股东知情权
12	甲公司与陈某股东知情权纠纷上诉案民事判决书	江苏省苏州市中级人民法院(2012)苏中商终字第0433号	陈某的股东身份有工商登记和公司章程的记载,公司主张陈某已退股,但无公司减资程序或股权转让证据,陈某虽收到部分款项,但该款项是否属于"退股款"无法证明,故无法否认陈某的股东身份	公司证明股东已非现任股东,需要提供按照《公司法》规定的减资程序的证据。公司若不能提供丧失股东资格的证据,则股东仍应享有股东知情权
13	杭州××公司与谢某某等股东知情权纠纷上诉案民事判决书	浙江省杭州市中级人民法院(2012)浙杭商终字742号	本案争议焦点为签订股权转让协议和股东会决议能否让原股东丧失股东资格。一直到本案二审法庭调查结束,受让方仍未支付股权转让价款,并且公司在办理工商变更登记手续时,未对本案所涉的股东变更进行工商登记。因此股权转让协议主要条款未实际履行,股东会决议也未发生效力。因此谢某某等6人未丧失股东资格,有权行使股东知情权	签订股权转让协议但是未支付股权转让价款且未作工商变更登记的,不能认定股东资格已经丧失,股东仍然享有股东知情权
14	龙某等与长沙针棉纺织品有限责任公司股东知情权纠纷案民事判决书	长沙市中级人民法院(2008)长中民二终字第2428号	龙某等人并非工商登记的股东,因工商登记具有较高的对外公示效力,在没有其他证据印证的情况下,不能证明龙某等人系公司股东,不应享有股东知情权	以工商登记作为识别股东身份的标准

综观上述各地各级法院的民事判决书、裁定书,较为统一的是对股东身份的认定均应当具备相应一定的形式要件,比如股权证明书、股东名册、工商登记、股权转让协议、股东会决议、公司章程,

甚至股东持有的证明入股的收据等凭证，都能够证明股东身份，继而行使股东知情权。申言之，即使没有进行合法出资、已经转让股权但暂未变更公司登记等，只要具备形式要件，股东身份依然保留，股东知情权依然可以主张。由此可见，许多法院对股东身份的认定较为宽泛，但至少必须存在某种载体证明股东身份。当然，也存在就借贷关系和股权关系的厘清，如果和公司之间存在债权债务往来，需要借助其他证据材料，才有可能认定为认缴的股本金，从而认定股东身份。

二、股东知情权之诉的管辖

根据前面所述，股东知情权诉讼属于侵权之诉，根据我国《民事诉讼法》的规定，侵权行为地和被告住所地法院具有管辖权，因此股东知情权的管辖法院应当理解为侵权行为地法院和被告住所地法院。在股东知情权诉讼中，股东维权应当向哪一级哪一个法院提起诉讼，维系股东权利和公司利益平衡究竟由具有何种连接点的法院管辖更为适宜，这不仅是管辖问题，也是利弊得失的权衡问题。

（一）立法现状

一般来讲，公司作为公司诉讼的被告，其住所地法院享有管辖权[①]，司法解释进一步明确了股东知情权的管辖法院即公司住所地人民法院。[②]《公司法》将主要办事机构所在地作为住所地[③]，公司

---

① 《民事诉讼法》第 27 条规定："因公司设立、确认股东资格、分配利润、解散等纠纷提起的诉讼，由公司住所地人民法院管辖。"

② 《最高人民法院关于适用〈中华人民共和国民事诉讼法〉的解释》第 22 条规定："因股东名册记载、请求变更公司登记、股东知情权、公司决议、公司合并、公司分立、公司减资、公司增资等纠纷提起的诉讼，依照民事诉讼法第二十七条规定确定管辖。"

③ 《公司法》第 10 条规定："公司以其主要办事机构所在地为住所。"

住所需要在所在辖区的市场监督管理机关进行登记,且同一时段是唯一的。[①] 但实践中,因为种种原因公司的主要办事机构可能无法确定,就要按照具有公示效力的工商登记的注册地为对外宣示的住所地。[②]

由此可见,公司的主要办事机构所在地应当与公司注册地相区别。一般情况下,公司的注册地与公司主要办事机构所在地是一致的,有的情况下,公司在境外注册,但主要营业地设在我国境内,根据我国法律的规定,该公司的住所地在我国境内。公司主要办事机构也要与公司的经营场所相区别,经营场所是指公司进行业务活动所必需的一切场地,是公司进行经营的必要条件。公司经营场所除公司住所外,还包括住所之外的各种固定地点和设施,如生产场地、销售网点等,设有分支机构的公司还包括分支机构的所在地。而住所则是公司经营管理及业务活动的核心机构所在地。公司住所地的确定不是唯一的,其注册地和经营地可以不一致。公司住所是公司的主要办事机构所在地,不一定要和生产、经营场所一致。

(二)司法实践

在司法实践中,各地法院较为认可公司主要办事机构所在地法院为有权管辖法院,法院在进行管辖审查时,"管辖异议权成了触发管辖权先决审查的引擎,至关重要。因此,对管辖权异议的两

---

① 《公司登记管理条例》第 12 条规定:"公司的住所是公司主要办事机构所在地。经公司登记机关登记的公司的住所只能有一个。公司的住所应当在其公司登记机关辖区内。"

② 《最高人民法院关于适用〈中华人民共和国民事诉讼法〉的解释》(以下简称《民诉法解释》)第 3 条第 2 款规定:"法人或者其他组织的主要办事机构所在地不能确定的,法人或者其他组织的注册地或者登记地为住所地。"

审制也并非程序过剩"[①]。下述案例所涉股东知情权诉讼管辖权异议均为二审,充分保障当事人审级利益。二审法院对管辖的审查着重在于公司主要机构所在地,但该机构的确认,需要相应证据材料印证,同时法院尚有一个保底标准,即工商登记的注册地。

海宁茂硕诺华能源有限公司与海宁市诺耶科华太阳能电力工程有限公司股东知情权纠纷管辖上诉案中[②],原审被告认为其实际住所地为深圳市南山区,应由该区法院管辖。法院认为,其注册地为浙江省海宁市,因公司未提供证据证明其实际住所地在深圳市南山区,故不予支持。

内蒙古镶黄旗原达矿业有限责任公司与内蒙古蒙金矿业投资有限公司、镶黄旗蒙金矿业开发有限公司股东知情权管辖上诉案中[③],法院认为,股东因无法获悉公司信息而请求公司监事起诉。要求大股东因损害公司其他股东权益承担损害赔偿责任,虽然与一般案例表征不同,但主要争议仍为股东知情权,所以按照法律法规应由公司住所地法院管辖。

旬阳县金鑫矿业有限公司与邓某军股东知情权纠纷管辖二审案中[④],原审被告公司认为其矿山位于商南县××镇,公司资产和相关财务资料以及工作人均在该县矿产所在地,故公司主要办事机构应当在商南县。法院认为,原审被告公司工商登记地为陕西省安康市旬阳县,且其未提供证据证明其主张的主要办事机构在

---

① 段文波:《我国民事管辖审查程序的反思与修正》,载《中国法学》2019 年第 4 期。

② 参见浙江省嘉兴市中级人民法院民事裁定书,(2017)浙 04 民辖终 107 号。

③ 参见内蒙古自治区呼和浩特市中级人民法院民事裁定书,(2018)内 01 民辖终 172 号。

④ 参见陕西省安康市中级人民法院民事裁定书,(2019)陕 09 民辖终 23 号。

商南县，所以工商登记地法院具有管辖权。

北京奥兴国际仓储服务有限公司与北京环五环货运代理中心有限公司股东知情权纠纷管辖上诉案中[①]，公司主张其处理临时遗留问题的办事机构位于北京市房山区，故房山区法院具有管辖权，但法院认为，公司提交的证据不足以证明其主要办事机构在房山区，故其注册地北京市朝阳区人民法院具有管辖权。

山东潍坊龙威实业有限公司与袁某涛股东知情权纠纷管辖二审案中[②]，公司认为股东要求查阅2008年至2017年每年的财务会计报告，但其中部分年限是在山东省寿光市，故应由该院管辖。法院认为公司住所地为潍坊滨海经济技术开发区，故应由该地法院管辖。

歙县安顺燃气有限公司（以下简称安顺公司）与歙县菲诺燃气有限公司（以下简称菲诺公司）股东知情权纠纷管辖权异议上诉案中[③]，菲诺公司和安顺集团公司系安顺公司股东，菲诺公司和安顺集团公司签订项目合作协议书，在履约过程中发生争议，安顺公司认为安顺集团公司位于江苏省溧阳市，应由该地法院管辖。法院认为菲诺公司作为安顺公司股东，依法享有股东知情权，安顺公司住所地为安徽省歙县，应由该地法院管辖。

公司主要办事机构所在地虽然是确定公司住所地最重要的标准，但主要办事机构所在地的界定尚需明确，一般认为，应当和公司经营场所、资料存放等因素相关，这样规定也便于股东胜诉后查阅资料。

（三）制度安排

股东知情权诉讼的管辖，涉及级别管辖和地域管辖，因此需要

---

① 参见北京市第三中级人民法院民事裁定书，（2017）京03民辖终18号。

② 参见山东省潍坊市中级人民法院民事裁定书，（2018）鲁07民辖终550号。

③ 参见安徽省黄山市中级人民法院民事裁定书，（2017）皖10民辖终6号。

讨论的是,是否必须由中级以上人民法院处理,是否必须由特定法院即适用专属管辖。

1. 级别管辖

划分级别管辖的依据在于案件复杂程度和影响力。德国对股东知情权案件级别和地域管辖进行了特殊规定,对查阅权和质询权都施以相同的管辖。[①] 就案件本身而言,股东知情权管辖并不复杂,且数量增加越甚,基层法院完全能够胜任并适当分流案件。

2. 地域管辖

本书认为股东知情权之诉系侵权之诉,即侵权行为地和被告所在地法院均有管辖权。结合本文的股东知情权内容分析,其包括查阅权、质询权、检查人选任权和强制信息披露权。就强制信息披露权而言,若公司未履行披露义务,侵权行为地可以理解为公司住所地,所以侵权行为地和被告住所地产生了竞合。在美国,由公司的主要办事机构(次之为注册办事处)所在地法院管辖。[②] 寻求合适的地域管辖有利于法院审判案件,有利于当事人诉讼,也有利于判后执行,因为相关资料的存放一般是在公司主要办事机构。同时,对于知情权中质询权诉讼的管辖,一般认为,股东提起质询是因为发生了其权利受到损害的争议,质询权的行使一般是在股东会召开时,股东会的召开一般也是在公司主要办事机构,所以公

---

① 德国《有限责任公司法》第51b条(法院对知情权和查阅权的裁判)与德国《股份公司法》第132条第1款关于对质询权的裁判管辖相同,"只能由公司所在地的州法院依申请作出裁判。在该州法院中专门设立了商事审判庭的,由它取代民事审判庭作出裁判……"参见《法国商法典》,金邦贵译,中国法制出版社2000年版,第147页。

② 美国《示范公司法》第7.20(d)节和第16.04节未明确规定查阅权诉讼是专属管辖,规定应由公司的主要办事处(若在本州无主要办事处则为注册办事处)所在地的县的法院管辖。参见托马斯·莱塞尔、吕迪格·法伊尔:《德国资合公司法》(第3版),高旭军等译,法律出版社2005年版,第236页。

司住所地法院有管辖权。除非股东会在公司所在地之外召开,似可根据侵权行为地的连接点由该地法院管辖。另外,如果公司经营地有多处,尤其是存在分公司或办事处等,如果主要资料都存放于分公司,此时仍应坚持以公司主要办事机构作为连接点,否则易导致公司提起不当的管辖权异议,拖宕诉讼。

三、股东知情权之诉判决的既判力主观范围

判决的既判力指的是实质上的确定力,即面对生效判决时,当事人不能再行主张与其相反的内容,法院也不能作出与其抵牾的判决。[①] 有学者认为这样的确定力指明了对后诉的拘束方向,并且区别于形式上的确定力。[②] 还有学者从法律关系上认为,既判力确定后,当事人不得就该法律关系再行起诉,并且在其他诉讼中亦不得提出与既判力所确定的内容相反的主张。[③] 既判力分为三个层面,即主观范围、客观范围和时间范围。既判力的主观范围及于诉讼主体(当事人),既判力的客观范围及于诉讼客体即诉讼标的,既判力的时间范围及于法庭辩论终结前的事实(诉讼理由)。就股东知情权之诉来说,通过法院的审查,其判决能够最终划定既判力的主观范围并进行合理扩张。

(一)既判力主观范围及其扩张

既判力的主观范围与适格当事人是一个问题的两个方面,其指的是既判力所约束的诉讼主体(当事人)的射程问题。基于既判力相

---

① 参见江伟:《中国民事诉讼法专论》,中国政法大学出版社 1998 年版,第 173 页。

② 参见[日]中村英郎:《重点讲义民事诉讼法》,陈刚、林剑锋、郭美松译,法律出版社 2001 年版,第 229 页。

③ 参见王甲乙、杨建华、郑健才:《民事诉讼法新论》,台北,三民书局 2002 年版,第 488 页。

对性原则,既判力只能约束诉讼中的当事人(提出请求及其相对人),这也是大陆法系国家通说。理由也很好理解,按照辩论主义(原则),当事人在辩论中所主张的内容才能作为法院裁判的基础,非当事人并未有自己主张的内容由法院裁判,且未经过充分的程序保障,所以不能无端扩展到当事人以外的其他主体。而诉讼的重要目的为解决当事人之间的纠纷,其他人并不存在参与进来的动力和利益导向。①

有原则就有例外,经济生活的发展,社会关系越发复杂多元,在现代型诉讼的冲击之下,相对性作为原则在民事诉讼中已经略显疲态和机械化,有可能戴着符合法律正当性的冠冕而无所事事,导致诉讼效率低下、司法裁判混乱,所以既判力应当遵循一定规则适当扩张。② 目前扩张的类型主要有以下几种。

---

① 参见张卫平:《民事诉讼法》(第4版),法律出版社2016年版,第428页。

② 实体法上,在履行加入问题上,当事人未约定第三人参与履行,但第三人有合法利益,参见《民法典》第524条的规定:“债务人不履行债务,第三人对履行该债务具有合法利益的,第三人有权向债权人代为履行……债权人接受第三人履行后,其对债务人的债权转让给第三人,但是债务人和第三人另有约定的除外。”该条款系突破合同相对性原则的新规定。在合同当事人未约定第三人参与履行,第三人对合同债务人履行债务具有合法利益的,当债务人不履行合同之债的情况下,法律授权第三人可以向债权人履行,债权人接受履行的,对债务人的债权转让给第三人。此种情况下,债权人与第三人重新建立债权债务关系,突破合同相对性原则。比如甲乙签订房屋租赁合同,甲将房屋租赁给乙并同意乙转租,之后乙将房屋转租给丙。甲乙之间的租赁合同履行一段时间后,乙拖欠租金且失去联系,此时丙已将房屋装修并开展经营,为了能继续经营,丙代替乙向甲交纳房租,甲接受丙的履行,丙即突破合同相对性原则代替乙履行合同。另外,《全国法院民商事审判工作会议纪要》(以下简称《九民会议纪要》)第10条中规定“认定公司人格与股东人格是否混同,最根本的判断标准是公司是否具有独立意思和独立财产,最主要的表现是公司的财产与股东的财产是混同且无法区分”。《九民会议纪要》第11条中规定“公司控制股东对公司过度支配与控制,操纵公司的决策过程,使公司完全丧失独立性,沦为控制股东的工具或躯壳,严重损害公司债权人利益,应当否认公司人格,由滥用控制权的股东对公司债务承担连带责任”。当债务人公司股东与债务人存在人格混同或股东对公司过度支配与控制的情形,使债务人不具有独立意思和独立财产,丧失独立性,应当否认债务人公司的人格,由债务人公司股东对公司债务承担连带责任,即突破债权人与债务人之间的合同相对性,将债务人公司股东追加进来,承担连带责任。

1. 诉讼系属结束之后的诉讼主体的承继人(继受人)

诉讼系属结束之后,也就是既判力基准时之后[①],基于法定(如当事人死亡等)或约定(如债权转让等),承继人从原诉讼主体处承接其实体权利和义务,成为该实体权利义务的新的承担者,承担了原当事人的实体地位。[②] 虽然承继人并未经过和原当事人一样的程序保障,但其时对原当事人实体权利义务的承继,原当事人的程序保障利益也应当一并移转至承继人,所以应当受到既判力主观范围的扩张而成为被约束对象。

2. 基于诉讼主体(当事人或承继人)利益占有诉讼标的物的人

这一类别约束的是案外人,并且涉及交付特定物的诉讼,这里的案外人本系源于当事人或其承继人的利益安排而合法占有该标的物(如保管),为避免该特定物无法执行,从而承认既判力主观范围应当波及占有标的物的案外人。

3. 诉讼担当中的被担当人

诉讼担当指的是,第三人(案外人)代替诉讼标的的权利义务

---

① 从日本和德国的规定来看,对承继人既判力扩张的规定有些差异。日本《民事诉讼法》规定对口头辩论终结后的承继人有既判力;德国《民事诉讼法》则规定,对脱离诉讼系属的承继人有既判力。也就是说,两者在时间的划定上稍有不同,不过口头辩论终结和脱离诉讼系属后的时间差不太多,两者的时间差就是合议判决的时间。之所以限于口头辩论终结后的承继人,是因为判决是确定口头辩论终结时的法的状态(也就是口头辩论终结时当事人双方权利、义务的状态),而在这以前,关于诉讼标的归属的变更,存在诉讼的当然承继、承继参加以及承担申请的制度,也就有可能发生诉讼地位的承继,但这些人不是既判力扩张的承继人。德国《民事诉讼法》则把时间的界定点往后移了一点,意即只有判决后承担当事人权利、义务地位的人才能受既判力的扩张。法理上认为,这里的承继应理解为广义上承担作为诉讼标的的权利或法律关系主体地位的人,不问这些承继人是基于何种原因而承继其权利主体地位的,即无论是通过集成还是通过转让、时效取得、设定抵押权等方式承继权利主体地位。参见张卫平:《民事诉讼法》(第4版),法律出版社2016年版,第428~429页。

② 参见丁宝同:《民事判决既判力研究》,法律出版社2012年版,第245页。

主体(或与该主体同时)持有当事人适格,该第三人和诉讼标的之权利义务主体均受到判决效力的约束。这样的第三人(案外人)即为当事人,而非代理人。[1] 如此也是为了避免被担当人,即实体权利义务的归属主体打重复诉讼"擦边球"而就同一诉讼标的再行起诉。

(二)股东知情权之诉判决既判力主观范围扩张的正当性

在股东知情权诉讼中,其判决的主观范围应当遵循相对性原则,如若要扩张至第三人,将会对第三人权利义务产生重大影响,故其扩张必须具备正当性,否则将会导致重复诉讼、诉讼效率低下等问题。

1.减轻当事人讼累

股东知情权诉讼中,股东的身份可能多重,也存在形式化特征,如果一味坚持既判力主观范围的稳定性,有可能让股东与公司或控股股东、高管人员等的核心纠纷搁置且难以处理,通过知情权这一手段性的诉讼难以实现真正的诉讼目的。所以,从最终一次性解决界分的诉讼效益出发,适当扩张既判力主观范围有利于减轻当事人讼累。

2.促进裁判统一

法院作为司法机关集中行使审判权,其司法裁判应当具有公信力和稳定性,才能维护司法权威。民事诉讼中,法院代表国家公权力介入私主体之间的民事纠纷,并作出最终的裁判结果,这样的结果不能轻易被动摇。[2] 如果既判力主观范围不适当扩张,让其他

---

① 参见[日]高桥宏志:《民事诉讼法制度与理论的深层分析》,林剑锋译,法律出版社2003年版,第215~216页。

② 参见黄国昌:《民事诉讼理论之新开展》,北京大学出版社2008年版,第268页。

主体有机会反复缠讼，让股东和公司之间的权利义务关系长期处于不稳定的状态，甚至可能引发矛盾裁判，严重损害司法权威。

3. 维护当事人利益

股东知情权诉讼中，被告为公司，从诉权保障的角度来看，不同的股东可以同时或先后多次起诉公司，这给公司带来很大的应诉压力，并进一步影响公司正常的生产经营和管理秩序，最终损害公司和股东的根本利益。因此，维护被告的利益其实也就是维护原告股东自身的利益。应当适当扩张既判力的主观范围，充分保护原被告双方当事人的权益。

4. 保障程序利益

既判力主观范围扩张至案外人，需要解决的一个重要问题就是对案外人的程序保障问题。基于辩论主义（原则）的要求，法院的裁判基础为当事人所主张的内容，当事人也充分自由地进行了攻击防御，最后理应受到法院裁判的约束。所以，正当程序如果能够充分保障案外人，当然具有扩张至案外人的正当性基础。同时案外人积极参与到诉讼中来，也有利于法院查清事实，作出正当性判决，从根本上解决当事人的纠纷。但需要注意的是，程序利益的保障要求案外人自由选择，只要保障了其选择的机会，就应当视为已经获取了程序保障利益，从而推导出既判力主观范围扩张的正当性。

（三）股东知情权之诉判决既判力主观范围扩张的路径

本书在诉讼当事人章节就母公司股东能否穿越至子公司行使股东知情权进行了讨论，以下将从既判力主观范围的角度对该问题进行描述与分析。

1. 股东知情权之诉判决既判力主观范围扩张与诉讼担当

股东知情权诉讼中，母公司股东作为原告起诉要求向母公司行使知情权,判决的既判力能否扩张到母公司的子公司;或者母公司作为子公司股东向子公司行使知情权,判决的既判力能否扩张到母公司的股东;以及母公司股东穿越母公司向其子公司行使知情权的判决既判力能否扩张到母公司。这可能会涉及诉讼担当的问题。一般来讲,诉讼由实质权利义务主体亲自实施诉讼,但因某些原因需要由形式上的诉讼主体来代替实质权利义务主体行使诉讼实施权。类似于公司法上经营管理权和所有权的分离,诉讼实施权也可以拆分为实质权利义务主体(被担当人)和形式诉讼主体(担当人)。并且可以是法定也可以是意定的不同赋权模式。[①] 在对诉讼担当的理解上,有人认为诉讼担当的目的在于为他人利益所进行的诉讼。而股东知情权诉讼作为股东直接诉讼的一种,股东起诉的初衷是为了自身利益,似乎与诉讼担当的目的南辕北辙。也有学者认为诉讼担当不以出发点为构成要件。[②] 笔者认为,诉讼担当的目的与其理论能够自洽,股东知情权诉讼虽然是股东为自身利益而进行的直接诉讼,但仍然可以构成诉讼担当。

所以,回到前面的问题上,从诉讼担当的层面上来讲,母公司股东向母公司行使股东知情权,判决的既判力可以扩张至子公司,符合保护母公司少数/小股东的利益,否则母公司控股/大股东可能基于经营管理权怠于向子公司行使知情权,并有利于一次性解决纠纷。而母公司向其子公司行使知情权的判决既判力亦可以扩张至母公司股东,避免母公司股东再另行诉讼浪费司法资源。母公司股东穿越母公司向其子公司行使知情权的判决既判力也能够

---

① 参见黄忠顺:《诉讼实施权配置的模式构建》,载《比较法研究》2016 年第 4 期。

② 参见王甲乙:《当事人适格之扩张与界限》,载《法学丛刊》1995 年第 1 期。转引自江伟主编:《民事诉讼法原理》,中国人民大学出版社 1999 年版,第 403 页。

扩张至母公司,避免母公司重复诉讼。

2. 股东知情权之诉判决的既判力主观范围扩张之具体方式

经过前述讨论,可以通过诉讼担当的方式让股东知情权诉讼判决的既判力主观范围进行扩张,但具体扩张方式应当进一步细化。诉讼担当基本分为法定和意定两种方式,不同类型将会对判决既判力主观范围的扩张程度和方向产生不一样的影响。法定诉讼担当源于法律直接规定,并未考虑被担当人的意愿,故担当人和被担当人之间可能存在利益冲突,其既判力扩张程度因基于利益冲突有所折扣。意定诉讼担当则由实质上的权利义务主体按自身意愿授权,二者一般不会存在利益冲突,故既判力可以完整全面扩张。

股东知情权诉讼中,母公司股东如果要穿越母公司直接向子公司行使股东知情权,可能存在前置程序的障碍(如要求查阅公司会计账簿等),在这样的天然障碍或先天不足中,子公司几乎不可能如母公司股东所愿。此时子公司已然被控股股东控制,根本不会像母公司股东所希望的那样进行自救,公司意志已被掣肘。因此,由法律直接规定法定诉讼担当授予母公司股东、母公司等主体行使诉讼实施权。

有学者认为担当人和被担当人不存在利益冲突。[①] 前文讨论了法定诉讼担当判决既判力主观范围扩张的片面性和意定诉讼担当判决既判力主观范围扩张的全面性,也就是说,作为担当人和被担当人之间存在利益冲突可能导致既判力主观范围扩张的程度不同。这也对被担当人必然受到既判力扩张的观点有所冲击,并可

① 新堂幸司教授认为:"具有担当诉讼的权能资格者,作为当事人承受判决时,该判决对于隐匿之当事人——诉讼标的的利益归属主体——也产生同样的效力,就如同他承受自己亲自实施诉讼之结果。"参见[日]新堂幸司:《新民事诉讼法》,林剑锋译,法律出版社 2008 年版,第 489 页。

根据二者的关系冲突模式划分为基于保护被担当人利益的法定诉讼担当、基于维护自己固有利益的法定诉讼担当和基于保护公共利益的法定诉讼担当。[①] 因此,由于不同的利益冲突模式也会产生不同的既判力主观范围扩张方式的差异,且股东知情权诉讼不涉及公共利益,故不讨论该类型。

笔者认为,上述两种类型区分并不明显,界限比较模糊,可能往往只是角度的不同,更多的还是融合性,或者说为了实现一个目的牵连着另一个目的,无法完全剥离清楚。在公司法实践当中,母公司股东(向母公司或子公司)行使股东知情权或母公司作为股东向其子公司行使股东知情权,往往都隐含着母公司股东的切身利益(有时候可能只是间接利益),所以可采有条件的既判力片面扩张的方式。具体来讲,担当人如果是善意地行使诉讼实施权,一般来讲二者利益是趋同的,此时判决既判力全面扩张是正当的;如果担当人善意行使诉讼实施权,但因其他原因导致可能损害被担当人利益,此时应当采片面扩张(胜诉才波及被担当人,败诉则不扩张,同时要考虑败诉原因是否为程序性问题)。区分标准可考量为

---

① 参见黄忠顺:《法定诉讼担当的基本范畴研究》,载《法治研究》2012 年第 2 期。此外日本学者三月章根据担当人与被担当人之间利益关系,将法定诉讼担当分为"利益吸收型诉讼担当"和"对立抗衡型诉讼担当"。他认为在吸收型诉讼担当情形下,既判力主观范围全面扩张至被担当人;在对立型诉讼担当情形下,既判力主观范围片面扩张至被担当人。参见[日]三月章:《日本民事诉讼法》,汪一凡译,台北,五南图书出版股份有限公司 1985 年版,第 227 ~ 228 页。德国理论界有将诉讼实施权作"排他性诉讼实施权"和"竞合性诉讼实施权"的区分,前者是指在法律赋予第三人诉讼实施权的同时,替代固有诉讼实施权人成为适格当事人。排他性诉讼实施权也被称为既判力延伸诉讼实施权,即对诉讼实施权人做出的裁判对权利人产生拘束力,后者是指赋予新设诉讼实施权的同时,并不必然导致权利人固有诉讼实施权的丧失,可能仅是限制,但新设与固有诉讼实施权可共存。参见[德]罗森贝克、施瓦布、戈特瓦尔德:《德国民事诉讼法》,李大雪译,中国法制出版社 2007 年版,第 295 ~ 296 页。

母公司股东或作为股东的母公司的主观状态即是否恶意。但主观上是否恶意界限模糊，不易明确，可通过立法的方式列举恶意的表现，但应当由被担当人承担证明责任来平衡。

（四）股东知情权之诉判决既判力主观范围对特殊股东的扩张

1. 母公司其他股东和子公司其他股东

在既判力主观范围对母公司其他股东和子公司其他股东扩张问题上，母公司其他股东和子公司其他股东如果作为可以合并的共同诉讼的原告，假设判决分别确定，可能让各原告或未起诉的股东所受的既判力扩张不一致[①]，以防止矛盾裁判并节约司法资源。

2. 受让股东

受让股东实质上是作为任意诉讼担当的情形。如果在诉讼过程中发生股权转让的情形，德国早期认为原股东即丧失诉讼资格[②]，我国司法解释在规定了例外情形的同时亦持该观点[③]。基于当事人恒定原则，诉讼过程中权利义务的转移，不影响诉讼主体资格和诉讼地位[④]，并且判决既判力也应当向受让股东扩张，所以法

---

① 学者骆永家认为："各共同诉讼人与对造间之判决，如各别确定，则共同诉讼人之一人，所受判决之效力，与其他共同诉讼人所受判决扩张而来之效力间，将发生矛盾冲突，导致难于收拾之结果。"参见骆永家：《民事法研究》，台北，三民书局1999年版，第142页。

② 参见钱玉林：《股东大会决议瑕疵研究》，法律出版社2005年版，第296页；李建伟：《公司诉讼专题研究》，中国政法大学出版社2008年版，第156页。转引自大隅健一郎＝今井宏『商法』(5)（有斐閣，1959年）235頁。

③ 《公司法解释四》第7条规定："股东依据公司法第三十三条、第九十七条或者公司章程的规定，起诉请求查阅或者复制公司特定文件材料的，人民法院应当依法予以受理。公司有证据证明前款规定的原告在起诉时不具有公司股东资格的，人民法院应当驳回起诉，但原告有初步证据证明在持股期间其合法权益受到损害，请求依法查阅或者复制其持股期间的公司特定文件材料的除外。"

④ 《最高人民法院关于适用〈中华人民共和国民事诉讼〉的解释》第249条第1款规定："在诉讼中，争议的民事权利义务转移的，不影响当事人的诉讼主体资格和诉讼地位。人民法院作出的发生法律效力的判决、裁定对受让人具有拘束力。"

院应当准许受让股东作为第三人或代替原股东参加到诉讼中来。

(五)股东知情权之诉示范判决既判力主观范围扩张的探索

示范诉讼(model suit)是对群体性诉讼的有益补充,对群体纠纷批量化解决提供了有效的解决路径。示范判决指的是某个体诉讼的主要纷争事实与其他案件的事实存在大部分重合,该个体诉讼经过法院裁判后的结果就成为对其他类似案件具有拘束力的判决。[①] 股东知情权诉讼就有可能适合示范诉讼的"土壤",因为可能导致多个股东的群体性诉讼,且大部分纷争事实和证据基本相同,为节约司法资源,统一解决纠纷,法院可只审理典型的个体案件,而其裁判结果对其他案件也具有拘束力。[②]

1.股东知情权之诉示范判决既判力主观范围扩张的正当性

示范诉讼是解决群体性纠纷的新型制度,关键在于对群体性纠纷中的同类其他案件及诉讼外当事人产生拘束力,此即示范判决既判力主观范围扩张。示范诉讼常规分类为三种,即契约型示范诉讼[③]、职权型示范诉讼[④]和混合型示范诉讼[⑤]。在契约型示范诉讼中,基于当事人意思自治和契约自由,当事人自愿放弃程序保

---

① 参见沈冠伶:《诉讼权保障与裁判外纷争处理》,台北,元照出版有限公司2006年版,第210页。

② 参见胡军辉:《民事裁判既判力问题新探索》,法律出版社2018年版,第69页。

③ 契约型示范诉讼是指以纠纷当事人之间存在示范契约为前提,通过契约确定示范诉讼的当事人和示范诉讼事件。在示范诉讼作出确定判决前,其他未起诉的当事人暂不起诉,已经起诉的当事人则须停止诉讼活动,待示范判决确定后,以该判决作为其他同类纠纷解决的准据。

④ 职权型示范诉讼是指法院依据职权在多个示范诉讼申请人中指定一人提起示范诉讼,其他诉讼暂时停止审理,待示范判决作出后,依据该判决进行审理的一种示范诉讼。

⑤ 混合型示范诉讼是指由当事人的合意和法院的职权行使共同决定示范诉讼的确定以及示范判决效力扩张的一种示范诉讼。

障利益并接受示范判决拘束且不损害公共利益，完全是当事人自我责任的承担，具备正当性。在职权型示范诉讼中，法院依职权选定具体个案审理，有利于确定最典型的案件，凸显同类案件的共通性，并能强化程序保障，亦具有正当性。而在混合型示范诉讼中，当事人的程序保障利益和法院的程序指挥权相结合，各司其职，具备正当性。具体到股东知情权诉讼中，因具有正当性基础，股东和公司可以通过合意、法院依职权以及二者兼备的方式进行示范诉讼，其他股东应当受到判决结果的约束。

2. 股东知情权之诉示范判决既判力主观范围扩张的对象范围

示范判决既判力主观范围扩张的对象范围亦和其类型紧密相关。在契约型示范诉讼中，囿于当事人的合意，既判力主观范围的扩张对象当然是契约当事人。而在职权型示范诉讼中，其对象范围更加宽泛，甚至有可能是所有当事人或只进行一定限制。[①] 股东知情权诉讼中，如果股东和公司之间能够达成契约则由合同主体作为扩张对象，如果基于法院职权，则以保障其他股东的程序利益（参考德国的适度限制）为宜。

3. 股东知情权之诉示范判决的效力属性

示范判决的效力性质，到底是参照力还是拘束力应当予以明确。[②] 我国目前的实践操作将其定性为参照力，缺乏强制拘束力。

---

① 英国1999年《民事诉讼规则》及2000年《诉讼指引》将示范诉讼判决拘束对象确定为所有当事人；德国2005年《投资人示范诉讼法》则将职权下的示范诉讼判决主观范围进行一定限制，即确定为“得到法院出庭通知的所有当事人”。

② 广州市中级人民法院《示范性判决机制工作规则（试行）》第15条规定：“上级法院作出的示范性判决后，下级法院应充分利用判决的示范性作用，多做服判息诉工作，妥善处理类型化案件或同批系列性案件，并及时将当事人反应和处理结果向上级法院反馈。人民法院参照示范性判决进行审判的，可以在裁判文书中引用该示范性判决，类比分析案件异同，充分论证说理。”由此可以发现，示范判决具有示范性和参照力。

但究其目的和初衷，示范诉讼是为了统一解决群体性纠纷，着力点在于各同类案件的共同性，以此达到节约司法资源统一裁判的诉讼目的。故可以考量将示范判决的效力定性为具有强制性的拘束力。另外，在拘束力发生作用的效果范围，即事实种类上，虽然示范诉讼的同类案件具有共通性，但毕竟也存在个体差异性，故应当按照股东与公司的合意或区分共通事实与个案事实，共通事实才发生扩张，个案事实不应扩张。

4. 股东知情权之诉示范判决既判力主观范围扩张的具体方式

股东知情权的示范诉讼，其诉讼标的是同类型但并不同一，而诉讼请求则是诉讼标的的外在表现。故示范判决既判力主观范围的扩张也可根据诉讼请求的区别确定扩张路径。如果诉讼请求一致，共通问题可直接扩张（契约型示范诉讼则按契约确定），比如均是要求查阅股东会决议等；如果诉讼请求不一致，则可进一步划分为相同的诉求和不同的诉求，相同的诉求则可直接扩张，不同的诉求则无法扩张，比如示范判决是查阅股东会决议，"后诉"则是查阅股东会决议和公司会计账簿，就查阅股东会决议而言可以直接扩张，但查阅公司会计账簿要求前置程序，则无法直接扩张。但需要说明的是，对于具有普适性的计算方式、标准等内容，则可以直接参照或扩张。

四、股东知情权之诉的重复诉讼之诉讼主体相同

本书主张的是诉的四要素主义，但根据我国民事诉讼法司法解释"从诉"的角度来区分和识别时，通过诉讼当事人、诉讼标的和诉讼请求要素即可完成，从而判断"两诉"是否属于重复诉讼。禁止重复诉讼目的在于诉讼经济和防止矛盾裁判，而诉的要素的最基本和最直接的功能就应当是识别是否属于重复诉讼，重复诉讼

的考量亦可倒推测试诉的要素的科学性与合理性。

重复诉讼的识别与其构成要件密不可分,即不同的构成要件造就了诉的识别的基点。日本中村英郎先生从主体、客体以及诉讼系属的角度进行了划分;[①]高桥宏志先生和中村英郎先生关于诉的主体和客体两个构成要件基本相仿,但把主要争点相通单独列明为另一个要件。[②] 上述构成要件是从主体、客体并结合其他方面所确定,并非遵循诉的要素的设定模式。有学者指出,诉的要素作为区分诉与诉的衡量标准和识别指针,也可适用于重复诉讼的判定,如果诉的要素均相同则当属重复诉讼,只要有一个不同则分属"两诉"。[③] 据此,具体而言,本书主张诉的四要素说,即诉讼主体、诉讼标的、诉讼理由和诉讼请求,重复诉讼的识别也将以诉的要素为分析工具,结合我国民事诉讼法司法解释从以下几个方面论述。

股东知情权诉讼作为直接诉讼的一种,属于共益型诉讼,权利主体(股东)人数较多,有可能产生重复诉讼的情形,必须从程序机制的角度进行明晰。最高人民法院从司法解释的角度对重复诉讼识别进行了构成要件的比对[④],结合股东知情权诉讼中诉的要素来

---

① 中村英郎先生认为重复诉讼的构成要件是:两诉同时系属于法院、两诉当事人相同、后诉与前诉的诉讼对象相同。参见[日]中村英郎:《新民事诉讼法讲义》,陈刚、林剑锋、郭美松译,常怡校,法律出版社 2001 年版,第 141 页。

② 高桥宏志先生认为重复诉讼的构成要件在于:当事人相同、审判对象的相同与近似、主要争点(攻击防御方法)的共通性。参见[日]高桥宏志:《民事诉讼法制度与理论深层分析》,林剑锋译,法律出版社 2003 年版,第 107 ~ 115 页。

③ 参见王锡三:《民事诉讼法研究》,重庆出版社 1996 年版。转引自易夕寒:《诉的要素之理论观照与功能解读》,西南政法大学 2014 年硕士学位论文,第 24 页。

④ 《最高人民法院关于适用〈中华人民共和国民事诉讼法〉的解释》第 247 条第 1 款规定:"当事人就已经提起诉讼的事项在诉讼过程中或者裁判生效后再次起诉,同时符合下列条件的,构成重复起诉:(一)后诉与前诉的当事人相同;(二)后诉与前诉的诉讼标的相同;(三)后诉与前诉的诉讼请求相同,或者后诉的诉讼请求实质上否定前诉裁判结果。"

看,需要从以下几个层面来展开。

诉讼主体在本文涉及的是当事人层面,而不包括法院。诉讼主体的相同有形式上的相同和实质上的相同之分。最典型的就是前诉原告、被告和后诉原告、被告完全同一。第二种情形则是前后两诉的原告、被告诉讼地位调换。比如前诉中甲对乙提起积极确认之诉,后诉中乙对甲提起同样法律关系的消极确认之诉,两诉的当事人地位虽然不同,但所涉法律关系均为同一且事实或诉讼理由同一,已然构成重复诉讼。第三种情形则是涉及既判力主观范围的扩张,也应当视为当事人相同。

就股东知情权诉讼而言,由于全体股东均可自由提起股东知情权之诉,故很可能出现并行或先后提起多个股东知情权诉讼的情形,合并审理的路径只能化解部分矛盾判决,有必要在股东知情权诉讼中设立既判力扩张规范。具体详见上文章节既判力主观范围及其扩张。

第三章　股东知情权之诉的诉讼标的

所谓诉讼标的，也称为诉讼客体，是民事诉讼中进行审理和裁判的对象①，相对于诉讼当事人而言，是诉的要素的重要界别。本章主要从股东知情权之诉的诉讼标的展开讨论，具体就股东知情权项下的子权利的诉讼标的及其识别、诉讼标的的合并与变更、判决主文及其既判力客观范围，以及诉讼标的视域下执行标的等问题进行阐释，并结合法院对股东知情权之诉诉讼标的的审查进行评价。

第一节　诉讼标的与股东知情权之诉

讨论股东知情权之诉的诉讼标的，需要深入分析其特殊性，即属于行为给付，落脚和聚焦到“知情”上。但细分下来，除了股东通过查阅、质询等方式积极地行使知情权以外，还存在公司本应主动置备相关资料的情形，这可以理解为一种消极的知情权。下文主要通过诉讼标的的识别方法，对股东知情权的各项子权利之诉的

---

①　参见张卫平：《民事诉讼法》（第4版），法律出版社2016年版，第191页。

诉讼标的进行明晰确定。

一、诉讼标的的识别

作为民事诉讼法学的基础理论之一的诉讼标的理论,贯穿起诉至判决的整个过程,其重要性不言而喻。日本法学家井上治典曾这样描述诉讼标的:"诉讼标的的概念对于学习和研究民事诉讼法的学者来讲,像是一座必须经过的桥。"[①]在诉讼法学之父赫尔维希(Hellwig)将诉讼标的从实体法中解放出来并赋予其诉讼法上的独立性之后,形成了三大学说为主的诉讼标的识别的若干理论,这些理论各有优劣利弊,始终无法形成统一的具有基准性质的学说理论。

(一)几种识别理论

1. 旧实体法学说

又称为"传统诉讼标的理论"[②],赫尔维希虽然将诉讼标的从实体法中独立出诉讼法上的概念,但仍然受到实体法上的牵绊,即实体法上的请求权映射出诉讼标的,并呈现正相关。该说的优点在于厘清了实体法上的请求权即可迅速方便地识别诉讼标的,但在请求权竞合的时候却因其自身缺陷无法自洽而丧失了合理性,但遵循其自身逻辑因一个违法事实导致加害人两次给付,却没有任何问题。

2. 诉讼法学说

也称为"新诉讼标的理论",20 世纪 30 年代德国诉讼法学家罗

---

① 陈荣宗:《民事程序法与诉讼标的理论》,台北,台湾大学出版社 1977 年版,第 331 ~ 332 页。

② 三月章『民事诉讼法』(第二版)(弘文堂,1985 年)103 頁。

森贝克(Rosenberg)等人针对旧实体法学说的短板,即实体请求权对应诉讼标的的矛盾,摒弃实体请求权作为识别依据,而引入诉的声明和案件事实作为二分肢说。在请求权竞合的情况下,只要诉的声明和案件事实只有一个,无论实体请求权的数量,诉讼标的均只有一个。该说解决了旧实体法学说中请求权竞合的逻辑矛盾问题,尤其是完美解决了旧实体法学说的天敌"电车事件"的重复给付问题。但如果一个诉的声明涉及不同的案件事实,比如基础合同关系和票据关系,则又重回请求权竞合的窠臼。为解决请求权竞合问题,又产生了一分肢说,即诉的声明说。但同样又产生了另外的问题,即不易区分尤其在金钱或种类物给付中诉讼标的的同一性,以及判决既判力扩张过大等问题。该理论实质放弃了实体法上的请求权,而从诉讼法的场域来探询诉讼标的的识别方法和标准。

3. 新实体法学说

由于请求权是实体法上的概念,在经历了单纯从诉讼法的地基上构建识别诉讼标的大厦的失败之后,学者们再次将目光投射回了实体法领域。但此次的回归不仅仅是新旧实体法学说的简单重逢,而是通过重新界定请求权竞合的概念来疏导请求权竞合的"逆流",顺应请求权基础的竞合。德国学者尼克逊(Nikisch)认为在同一事实框架下产生了多个实体请求权时,因为作为请求权载体的事实是同一的,所以只有一个请求权,而不是像旧实体法学说认为的多个请求权,这样的竞合不是请求权竞合,而只是请求权基础的竞合。而在上述诉讼法学说无法解决的基础合同关系和票据关系的情形下,虽然给付目的相同,但仍然是两个事实关系,此时才会产生请求权竞合问题。这是对旧实体法学说和诉讼法学说的调和,虽然另辟蹊径重新定义请求权竞合,但请求权竞合与请求权基础竞合没有统一的区隔标准,而且更加需要和民法以及民事诉讼法二者的协同和契合,所以在实际适用中难免形成“屠龙之术”。

4. 其他学说

作为诉讼标的识别理论的三大基本学说,在现代社会仍然扮演着重要角色,但学者一直在努力调和多种学说,抽离出适合国情的本土化相对的诉讼标的理论。这种相对论,和原有的体系化或一体化相对应,而将诉讼标的划分出不同模块。[①] 这样的新范式有时候可能也实属无奈,因为诉讼标的理论的内部协调统一及识别标准的难以把控,必须在一定程度上放弃理论体系的协调和自洽,成为“头痛医头,脚痛医脚”的治标方法,但作为传统民事诉讼基石之一的诉讼标的理论却不得不面临被拆分和杂糅之后的颠覆性危险。

(二)不同类型诉讼标的的识别标准

根据前述的讨论,要想形成统一垄断的识别标准缺乏适宜的土壤和完美的标准本身。识别标准的多样化本就蕴含着无法协调的差异和特性,在该问题上的反复纠缠似无意义,重要的是解决问题的实用性。按日本学者三月章教授所言,诉讼标的的识别标准应当根据诉的不同类型来划分,因为各种诉讼类型的纠纷解决机能存在差异,这种差异将造成不同诉讼类型的诉讼标的之巨大鸿沟。

1. 给付之诉的识别标准

前述学说理论各有优劣,均无法统领不同领域中的诉讼标的,所以在给付之诉中,相对能够协调一致的可以考虑二分肢说。有

---

① 参见陈杭平:《诉讼标的理论的新范式——“相对化”与我国民事审判实务》,载《法学研究》2016 年第 4 期。

学者对该学说给予了高度评价："诉讼上二分肢之诉讼标的概念，自其功能上为观察，不外实体法上请求权概念之对照，是为配合诉讼法的需要所对照。若将此种功能上之关系经常置于眼前，则实体法与诉讼法之间对于诉讼标的之讨论所招致之鸿沟得以克服。"①据此，给付之诉的诉讼标的的识别标准和方法可以划定为诉的声明和案件事实。但这二者并非一直等值，在给付特定物、作为或不作为的行为时，仅需根据诉的声明即可确定诉讼标的并特定化，尚无须介入案件事实再行评判。但如果是给付金钱或种类物，诉的声明无法界定，还需案件事实进行特定化方可确定诉讼标的。另外，需要说明的是，二分肢说仍然存在不可调和的短板，如果诉的声明一样，但案件事实不同，将会产生请求权竞合的悖论。

2. 确认之诉的识别标准

确认之诉不存在给付之诉的请求权竞合的难题，而是对某种民事法律关系请求法院判定存在或不存在。此处的法律关系与实体法上的权利或法律关系紧密相连，所以旧实体法学说能够介入发挥作用。② 此时诉讼标的和法律关系可以画等号，当然根据主张的方向即肯定或否定法律关系可以分为积极确认之诉和消极确认之诉。

3. 形成之诉的识别标准

形成之诉源于实体法上的形成权，与确认之诉相异的是形成之诉目的不在于确认，所以形成权的主张不能直接成为诉讼标的。③ 形成之诉的诉讼标的为变更某种法律关系，而形成权本身及相关事实

---

① 陈荣宗：《民事程序法与诉讼标的理论》，台北，台湾大学出版社 1977 年版，第 449 页。转引自田平安主编：《民事诉讼法原理》（第 6 版），厦门大学出版社 2015 年版，第 48 页。

② 三月章『民事訴訟法』（第二版）（弘文堂，1985 年）126 頁。

③ 参见邵明：《诉讼标的论》，载《法学家》2001 年第 6 期。

仅仅是一种攻击防御的方法,形成效果才是原告所要追求的最终目标,不能套用旧实体法说中实体法上的形成权使其成为诉讼标的。[①]其识别标准和方法更加简洁明显,从原告的诉的声明即可探明。

二、我国诉讼标的理论的思路和框架

诉讼标的理论经过上百年的争论和发展,虽仍没有最终的定论,但理论已然越发精细和复杂。如果经过合理移植和引进,想要在我国建立一套诉讼标的理论,包括通过立法的方式明确固定相关民诉规范,操作起来均不是问题。但这样的理论和规范却可能被束之高阁,难接地气,不易泛起与其他理论相契合的浪花,可能成为司法实践中的"屠龙之术"。[②] 所以架构我国本土化的诉讼标的理论体系乃至制度安排,应当注意理论基础,形成基本框架和思路,并强化其与其他理论实践的协调演进。

(一)应当考虑的立论基础

1. 应当与诉讼模式相契合

诉讼模式是一个复杂的概念,包含内部构造和外部关系,同时与诉讼目的和价值以及功能等问题也存在密切联系。民事诉讼模式的基本划分为当事人主义和职权主义,但学术界仍然存在争议。[③] 通说所认

---

① 参见张卫平:《论诉讼标的及识别标准》,载《法学研究》1997 年第 4 期。

② 理论的内卷化也把诉讼标的理论逐渐塑造成了"屠龙之术",因其理论的深奥复杂和自相矛盾而无法付诸操作层面,与司法实践的具体需求渐行渐远,其实用价值除了供学者费九牛二虎之力把千层饼般的理论层层剥开后产生沾沾自喜的满足感外,并不为判例所青睐。参见吴英姿:《诉讼标的理论"内卷化"批判》,载《中国法学》2011 年第 2 期。

③ 参见肖建国:《民事诉讼程序价值论》,中国人民大学出版社 2000 年版,第 112 页;田平安:《我国诉讼模式初探》,载《中外法学》1995 年第 5 期;张卫平:《当事人主义与职权主义》,载《外国法学研究》1993 年第 1 期;常怡主编:《民事诉讼法学》,中国政法大学出版社 2002 年版,第 60 页。

为的这两种诉讼模式划分的主要依据为当事人的处分权和法院的职权谁处于核心和主导地位，但这二者也有沟通的桥梁，不能简单地评价优劣，它们和背后的法律文化紧密相连。就诉讼标的而言，一般应当由当事人自主决定并任意处分，法官不能超越当事人提出的诉讼标的，或者依职权变更或扩张诉讼标的的范围。所以在诉讼标的的问题上，应当充分尊重当事人的处分权，法官只能进行恰当的释明。

2. 应当与民诉目的相契合

民事诉讼目的论是民事诉讼的基本理论问题，有利于拓展民事诉讼理论研究的深度，指导民事诉讼实践发展，它仿佛站在一个制高点观照终极问题。民事诉讼目的对诉讼模式、原则与制度有所钳制，所以诉讼标的等理论体系问题必须围绕民事诉讼目的发挥作用。我国基本形成了民事诉讼目的论的几种重要观点，包括程序保障说、纠纷解决说、利益保障说、双重目的说和多元目的说等。笔者认为民事诉讼的目的不应当仅仅是一个单一的、纯粹的观点，尤其在现代型诉讼的框架之下，应当尊重民事诉讼目的的多元化和集合性。但同时应当认识到我国目前处在初步阶段和转型阶段，需要以纠纷的解决为最直接的目的，嗣后才能够考虑逐渐延伸到权利的保护。因此，回到诉讼标的的问题上来，民事诉讼的目的在于通过解决纠纷来保护权利的实现，需要秉持纠纷一次性解决的目标，所以产生请求权竞合的旧实体法学说因纠纷可能被反复提起而无法满足这一诉讼目的。

3. 应当与本土文化相契合

我国没有经历像德国、日本等大陆法系国家一样的诉讼标的百年争论，没有形成本土化的诉讼标的理论，只能通过对几大诉讼标的理论的移植和磨合架构，从而产生适宜本土化生长的诉讼标的理论，并积极指导实践。我国虽然和大陆法系国家的传统较为相近，但法治建设毕竟才起步不久、启程不远。当下的重心不在于照搬抄袭、邯郸学步，而是将自身的本土文化和诉讼文化相衔接，让诉讼标的的理念融入我国民事诉讼法治体系并发挥有效作用。①

（二）基本框架

诉讼标的理论的争议久无定论，但我国民事诉讼仍然需要进一步的发展和完善。我国在民事诉讼中关于诉讼标的的本土化选择和适用应当遵循一定的思路并建立大致框架。

1. 我国民事诉讼中诉讼标的的价值取向

关于诉讼标的的理论争议百家争鸣、几多碰撞。从价值取向上来判断，在于诉讼对象或法院审判对象的具体化，这一点旧实体法学说通过实体法律关系或权利彰显得较为明确。同时该对象的范围扩张也是重要的价值判断标准，扩张亦为了纠纷的一次性解决，提高诉讼效率。目前的法治环境持续优化，民众的权利意识不断觉醒，全国各级各地法院几乎都存在案多人少的窘境，效率和公正并非一组悖论，而应在保障公正的同时促进效率。纠纷的一次性解决将大大有利于民事诉讼目的的初步实现。

2. 我国民事诉讼中诉讼标的的司法习惯

大陆法系通说认为司法实践采旧实体法说②，不过实务中没有充分证据。③ 这也凸显出了这样一种图景：诉讼标的的理论研究热

---

① 我国现行民事诉讼法和司法解释在法条中直接引入了“诉讼标的”“诉讼标的物”“诉讼标的额”等概念，但没有进行相应的解释和明确，让人感觉似是而非。实务中一般认为“诉讼标的”指的是当事人主张的法律关系或权利，也可以认为是法院的审理裁判对象。这样的理解涵摄了旧实体法说的影子。

② 参见江伟主编：《民事诉讼法》，高等教育出版社 2004 年版，第 11 页。

③ 笔者曾担任西部地区基层法院法官，在本书撰写时也调研过部分其他法院，绝大部分法官对诉讼标的并不关心甚至不甚了解，少数法官（法学科班出身或 80、90 后或出身法院研究室等）知晓诉讼标的并能基本适用。参见段厚省：《民事诉讼标的论》，中国人民公安大学出版社 2004 年版，第 273 页。

火朝天,但司法实务门可罗雀。比如现行立案登记制下,立案阶段不应审查诉讼标的,且诉讼标的不属于起诉条件。① 这种现实却并未因为诉讼标的的垄断性地位而导致民事审判的混乱和不可控,因为法官自发摸索出了一套诉讼标的的识别方法,通过办案经验形成了朴素的诉讼标的确定方式。

3. 我国民事诉讼中诉讼标的的可能进路

根据前述几种诉讼标的理论学说的比较,本书认为应采新诉讼标的理论中的二分肢说,并进行适当修正。二分肢说以诉的声明和案件事实作为诉讼标的,防止一分肢说的遮断范围过宽,也避免了旧实体法说请求权竞合的重复给付问题。二分肢说中的两个要素相结合确立了诉讼标的的识别标准,只要有一方是单数诉讼标的即为单数,二者皆为多数时方构成多个诉讼标的。②

根据诉讼类型的划分,将二分肢说投入不同类型中均有恰当回应。给付之诉中,给付特定物或行为时,二分肢说中的诉的声明即可彰显诉讼标的;但在金钱或种类物的给付中,必须结合原因事实一并考虑才能框定诉讼标的。确认之诉中,诉的声明也可以明

---

① 参见曹志勋:《民事立案程序中诉讼标的的审查反思》,载《中国法学》2020 年第 1 期。

② 二分肢说在事实关系为多数而给付目的单一时将遭遇识别标准的困难。比如对于基于票据原因事实和票据签发事实而产生的同一个给付请求,二分肢说因认为是两个诉讼标的而遭到攻击。票据的原因事实和票据的签发事实,是两个性质不同的法律事实,但不能离开具体的时间、空间抽象地谈论这两种事实。二者的发生是有先后继起之分的,一般是票据的原因事实在前、签发事实在后。这引起实体法上的问题,即票据签发后,持票人基于原因关系的债权就转变为票据上的权利。这时不应当允许当事人同时主张两种权利,并且除非票据权利因票据失效而被驳回,当事人不能主张基于票据原因事实的利益偿还请求权。因此,基于票据原因事实和签发事实而主张一个给付时,一般不应准许。如果必须假定当事人可以这么做,按照修正后的识别方法,诉讼标的也应认为是单一的,而不存在多个诉讼标的。参见江伟、韩英波:《论诉讼标的》,载《法学家》1997 年第 2 期。

确表明诉讼标的即原告所主张的法律关系存在或不存在。形成之诉中,同样可以通过诉的声明具体化诉讼标的,即形成的法律效果。由此,诉讼标的若考虑二分肢说不仅可以精确区分此诉与彼诉,更便于一次性解决纠纷,避免当事人讼累和浪费司法资源。

(三)与其他理论和实践的协调

民事诉讼就像一台结构复杂、构造精密的庞大机器,诉讼标的理论作为其中的一个零件本身也非常复杂、精细。诉讼标的理论除发挥自身作用外尚需与其他理论和实践相融合、相协调。此处撷取一二,适当描绘。

1. 与民事诉讼法律关系理论的协调

(1)诉讼标的与民事诉讼法律关系几种学说的协调

民事诉讼法律关系最终落脚到社会关系,这种社会关系是在民事诉讼法律关系主体之间发生并由民事诉讼法律所调整。在德国法学家比洛夫(Biilowoskar)首次提出民事诉讼法律关系之后,出现了几种学说的争论,这些学说的性质与诉讼标的紧密相连。

一面关系说认为民事诉讼法律关系仅仅是"两造"当事人之间的关系,法院居中调停,并不陷入当事人之间纠纷当中。相应地,诉讼标的也由当事人任意主张,这折射出旧实体法学说的实体权利或法律关系的主张由当事人自由处分。

两面关系说认为原告和法院之间形成一种起诉的关系,被告和法院之间也会形成一种应诉的关系,但原被告之间没有直接的关系,而因法院的居中被消解。此时诉讼标的似乎对应于新诉讼标的理论,即当事人直面法院提出诉的声明和/或事实理由来识别诉讼标的。

三面关系说实际上融合了一面关系说和两面关系说,即把双方当事人和法院三方主体串联起来,任意两类主体之间都存在一定联系。但就诉讼标的而言，仍属于按新诉讼标的理论由当事人向法院提出诉的声明、事实理由等要素来识别诉讼标的。

多面系列关系说由苏联法学家克列曼提出，他认为，区别于上述一面、两面和三面，民事诉讼法律关系应当是一种多面系列关系。① 该说将以法院为核心的各方主体如当事人、代理人、检察院及其他诉讼参与人相互之间构筑了多面法律关系，这些多面的法律关系均由民事诉讼法律规范所调整。②

审判和争讼的二重法律关系说③，该说一部分将以法院为主体与其他诉讼参与人形成的关系剥离出来，该法律关系由民事诉讼法和法院组织法等公法调整。另一部分为当事人和除法院之外的其他诉讼参与人之间形成的关系，主要由民事诉讼法和律师法等公法调整。

(2)与民事诉讼法律关系客体的协调

民事诉讼法律关系的客体是该法律关系的主体的权利义务所共同指向的对象，此处的对象根据性质不同可以分为物(有体物或无形物)、行为、人格利益和智力成果等。民事诉讼法律关系的客体的理论表述不尽一致，根据主体的不同所指向的客体也存在差异，但一般认为民事诉讼法律关系的客体指民事案件。④ 按旧实体法说，诉讼标的是实体法律关系或权利，诉讼标的一般被认为是诉

---

① 参见[苏]克列曼：《苏维埃民事诉讼》，王之相、王增润译，法律出版社 1957 年版，第 20 页。

② 参见[苏]阿·阿·多勃罗沃里斯基等：《苏维埃民事诉讼》，李衍译，常怡校，法律出版社 1985 年版，第 42 页。

③ 参见刘荣军：《民事诉讼法律关系理论的再构筑》，载梁慧星主编：《民商法论丛》第 9 卷，法律出版社 1998 年版，第 271 ~272 页。

④ 参见田平安主编：《民事诉讼法原理》(第 6 版)，厦门大学出版社 2015 年版，第 63 页。

讼客体。但如前所述，民事诉讼法律关系的客体指民事案件（诉讼类型仅仅是案件内容的差别），与诉讼客体即诉讼标的所指代的实体法律关系或权利并无交集。若按新诉讼法说，诉讼标的是诉的声明和事实理由，更没有从案件本身的角度进行评价。所以，诉讼标的可以和诉讼客体画等号，但民事诉讼法律关系客体与诉讼标的和诉讼客体存在鸿沟，三者需要进一步调适。

2. 与诉的理论的协调

诉的要素涉及的内容或范围一直是一个存在争议的问题。本书从诉的要素的角度研究股东知情权诉讼，也是从其几个要素分别展开。研究诉的要素主要在于使某个诉特定化具体化，其实也在于对诉讼标的的识别。本书认为，诉的要素包含诉讼当事人、诉讼客体、诉讼理由以及诉讼请求，诉讼客体即指诉讼标的。实际上，这样的四要素说能够区分和特定某一个具体的诉，即特定当事人之间因某个诉讼理由所提起的暗含某个诉讼标的的诉讼，只要具备这四个要素，诉将会特定，且有助于明晰衍生的诉的变更与合并、识别重复诉讼以及判决既判力等问题。

3. 与民事案由的协调

民事案由是当事人与法院诉判关系的提炼和概况，并将诉讼标的在判决中进行描绘，与诉讼标的的识别密不可分。一般来讲，诉的声明可以作为诉讼标的的主要识别标准，可以充分体现出诉讼类型，避免定性混乱，同时明确原告想要获得的实体法上的地位或效果的请求，并对证明责任的分配划定初步框架。

三、股东知情权之诉的诉讼标的及其识别

股东知情权属于集合性的权利，抑或称为权利群，由若干项子权利构成股东知情权的内容。本书认为，股东知情权涵盖查阅权

(复制权)、质询权、调查人选任权和强制信息披露权这四项子权利。这些权利的性质和内容有一定差异,相应地,具体到某种权利的诉讼标的也有区别。同时应当结合前述的诉讼标的理论学说及其识别方法,科学地对这四项子权利的诉讼标的进行明确和识别。

(一)查阅权之诉的诉讼标的

股东知情权诉讼中的查阅权之诉,实际是一种行为给付,而这样的给付也是就特定载体上的特定信息的行为给付。根据前述二分肢说的界定,给付之诉中就特定物(此处的特定物也可以理解为特定物上的特定信息)而言,直接通过诉的声明即可识别,所以股东的诉讼请求将会是查阅权之诉的重点。

(二)质询权之诉的诉讼标的

质询权之诉,同样也是一种行为给付,只不过此处的行为给付具体到了明确的董事、监事或高管人员某一或某些自然人身上。与查阅权不同的是,前者的特定信息源于有实际载体的有形物,后者的质询内容源于自然人,且不一定像前者那样客观清楚,需要经过自然人的思考、表述等活动后才能展现出来。但从诉讼标的的识别来看,同样可以通过二分肢说诉的声明和原因事实来具体识别。

(三)选任调查人之诉的诉讼标的

选任调查人诉讼目前在我国并不存在,在国外有行政和司法等不同性质与路径。如果从司法途径的诉讼类型而言,也是通过法院对相关事项的审查,最终选定调查人开展对公司的调查活动。实际上同样属于一种给付,但这样的给付应当分阶段,选定了调查人之后,其后续活动则由调查人自行独立开展,不受股东掣肘。因此,借用二分肢说能够妥善识别诉讼标的。

（四）强制信息披露权之诉的诉讼标的

强制信息披露权是本文界定的股东应当享有的一种股东知情权的子权利，实际上是基于公司对相关文件资料履行置备义务的情况下股东的信息接收权。这种权利和查阅权也有异曲同工之处，只不过查阅权是一种积极的行权方式，而强制信息披露权则是被动的信息接收，应当由公司主动履行置备义务。虽有主动被动之异，但仍属行为给付，通过二分肢说可以明确识别。

第二节 股东知情权之诉的诉讼标的的合并与变更

在股东知情权之诉中，股东除了本诉之外往往还会提出其他的诉，这将会导致诉的合并。诉的合并本身是民事诉讼理论中的重要问题，且有自身的要件需求，同时结合股东知情权之诉的特殊性才能确定合并的相关问题。而在股东知情权之诉的变更中，也同样存在类似的变更对象、变更要件和变更程序等问题需要探究，在民事诉讼基本理论的基础上结合股东知情权诉讼进行精准划定。

一、股东知情权之诉的诉讼标的的合并

一般认为诉讼标的的合并是诉的客观合并，其本身应当具备一定的构成要件，必须满足该要件才能够合并诉讼标的，否则随意合并不仅无法起到提高诉讼效率的作用，反而有可能导致法院审理的混乱和诉讼迟延。

（一）诉讼标的合并的构成要件

1. 原告和被告的特定化。诉讼标的要发生合并，必须是在同

一的原告和被告之间产生,包括反诉的情况。

2. 受理法院的管辖权。诉讼标的合并前,受理法院必须对其中之一具有管辖权,才能对与该诉讼标的有牵连的其他诉讼有管辖权,但专属管辖除外。

3. 拟合并的诉之间适用同一诉讼程序,这是从当事人的程序利益上进行统一的保障。

4. 法律对拟合并的诉未加禁止。①

在此需要说明的是,如果是在诉讼开始之后因追加其他诉讼标的而进行的合并,还要考虑被告诉讼防御权的正常行使和诉讼程序的及时推进。所以,在诉状已经送达被告之后,如果要合并新的诉讼标的,有的国家规定需要被告同意。除了保障被告的诉讼利益,从整体诉讼程序进程来看,法院也可以依职权确定是否允许诉讼标的的合并或追加。

(二)诉讼标的合并的适用范围

在股东知情权诉讼中,股东有可能会提出多个诉讼请求(并不必然导致多个诉讼标的),在此情形下,应当根据诉的合并的构成要件本身和公司诉讼的特性审慎处理。

1. 股东知情权之诉与针对公司的其他诉讼不能合并

有的时候,股东为了便于一次性解决纠纷,在提出股东知情权诉讼时,同时主张针对公司的其他诉讼。这些诉讼的共同特征都是公司为被告,比如请求公司收购股份诉讼、公司解散诉讼、公司盈余分配诉讼等。这些诉讼都有明确的请求权基础支撑,也和股东知情权诉讼有着较为密切的牵连关系,并且不违背诉的合并

---

① 德国《民事诉讼法》第610条第2款规定:"他种诉讼不得与这些诉讼(同居之诉、离婚之诉和撤销婚姻之诉,而这些诉讼之间可以合并)合并,特别是不得提起反诉。"

的构成要件。笔者认为，在这种情况下，需要聚焦考虑以下两个层面的问题：一是公司诉讼诉讼标的合并的特殊性。前述所言，一般的诉的合并之构成要件是从民事诉讼解决私权纠纷的角度来建构，暂且放下民事诉讼和公司诉讼理念、制度和实践的差异不表，股东知情权诉讼是一种工具性的基础权利，股东提起知情权诉讼往往并不是终级目标，而只是一种手段。实践中通过手段工具的运作达到的不仅是中途、半程的目的，有可能把终级问题一并解决。从纠纷性质来看，股东知情权这一手段性诉讼和公司盈余分配这一终局性诉讼泾渭分明，二者无论从前置程序、证明责任还是从执行方式等方面均表现出巨大鸿沟。只看共性不讲个性机械套用诉讼效率只会导致诉讼标的合并无法耦合。二是法院考量依职权合并诉讼标的的必要性。根据手段与目的的逻辑，在同一诉讼程序和裁判中，不宜同时回答手段和目的两个问题，比如股东通过行使知情权想要要求公司分配盈余，前诉相当于后诉的一个基础或证据，如果将二者合并，就无法体现出其逻辑的先后顺序，同时如果前诉未被支持，后诉也可能没有意义。所以，诉的任意合并完全由法院依职权决定（一般基于当事人申请），因为诉讼程序的展开和推进是由法院依职权进行，而决定是否准许诉的合并也就当属法院的职权，表现出职权主义和当事人主义的缠绕和交叉。

2. 股东知情权之诉与公司的反诉应合并

反诉是相对于本诉而言，当事人双方的诉讼地位对调，本诉诉讼请求与反诉的反请求之间存在抵销、吞并或排斥的情形，法院在审理本诉时一并处理反诉。[①] 本诉与反诉也是一种诉的合并。本

① 参见田平安主编：《民事诉讼法学》，中国政法大学出版社 1999 年版，第 151 页。

诉与反诉的交融有时候也会使法院审理变得疑难复杂和诉讼进程迟滞。在股东知情权诉讼中,公司提出反诉一般是股东恶意诉讼或因原告的起诉行为导致被告公司的损失,这与股东知情权是否应当保障及如何保障具有牵连性。从另一个角度来看,这实际上也可以理解为公司的抗辩理由。所以股东知情权诉讼的本诉和反诉的合并,将有利于一次性解决纠纷,并充分保障股东和公司的合法权益。

(三)诉讼标的合并的程序

诉讼标的合并目的在于法院集中审理,有利于提高诉讼效率并避免矛盾判决,其与不同的诉讼标的分别审理没有本质上的区别。但是,因为诉讼标的合并之后,诉讼程序的内容必然增多,各个诉讼标的之间又具有事实或法律上的牵连性,故诉讼标的合并之后其审理程序仍应有专门程序规则指引。

1. 审前程序规则

诉讼标的合并之后需要开庭进行集中审理,但合并并非在开庭时才形成,而是在审前。当事人提出的几个诉讼标的有可能在立案时一并提出,也有可能在诉讼开始后追加,但为提高开庭审理的效率,应当限定当事人拟提出合并之诉的期限。我国现行民事诉讼法没有规定诉的合并提出期限,民事诉讼法司法解释规定的是法庭辩论结束前,而《最高人民法院关于民事诉讼证据的若干规定》(2002 年实施,以下简称旧《证据规定》)限于举证期限届满前。《最高人民法院关于民事诉讼证据的若干规定》(2020 年实施,以下简称《证据规定》)对此没有规定,仅是对增加、变更诉讼请求的情形规定了可以重新确定举证期限。[①] 但无论是将当事人提出诉的合并的期限限定于法庭辩论结束前还是举证期限届满前均有其偏颇之处。限于前者，则法庭辩论结束前当事人可以在庭审过程中提出诉的合并，事实上让庭审又回到了审前程序，导致诉讼迟延。如果限定于后者举证期限届满前，则加大了当事人的举证难度。《证据规定》将一审普通程序的举证期限统一确定为15天，这本是一诉的举证期限，倘若还要进行诉的合并，期限上对当事人实属严苛。实践中举证期限届满日和实际开庭日可能尚有一段时间，诉的合并在于经过审前阶段评价后开庭集中审理，所以将提出诉的合并期限定于开庭日前有其合理性。当然，特殊情况下，比如在开庭审理中才发现有必要提出诉的合并的情形，经过法庭准许（亦可考虑是否需要对方当事人同意），可以限定于法庭辩论结束前。

2. 开庭审理规则

诉讼标的合并之后只是便于集中审理，仍存有多个独立的诉，其开庭审理比起一诉来讲当然更复杂，因此需要特殊的开庭审理规则。一是明确对各诉审理的先后顺序，所合并的不同的诉讼标

---

① 《民事诉讼法》第143条规定："原告增加诉讼请求，被告提出反诉，第三人提出与本案有关的诉讼请求，可以合并审理。"旧《证据规定》第34条规定："当事人应当在举证期限内向人民法院提交证据材料，当事人在举证期限内不提交的，视为放弃举证权利。对于当事人逾期提交的证据材料，人民法院审理时不组织质证。但对方当事人同意质证的除外。当事人增加、变更诉讼请求或者提起反诉的，应当在举证期限届满前提出。"第35条规定："诉讼过程中，当事人主张的法律关系的性质或者民事行为的效力与人民法院根据案件事实作出的认定不一致的，不受本规定第三十四条规定的限制，人民法院应当告知当事人可以变更诉讼请求。当事人变更诉讼请求的，人民法院应当重新指定举证期限。"《证据规定》第55条规定："存在下列情形的，举证期限按照如下方式确定：……（四）当事人增加、变更诉讼请求或者提出反诉的，人民法院应当根据案件具体情况重新确定举证期限……"

的构成要件、逻辑关系、难度均可能不尽相同,科学的审理顺序尤为重要。比如对没有牵连性的诉讼标的,可先易后难,避免简单案件被复杂案件拖延。在有关联性的几个诉讼标的之间,则按逻辑顺序区分,比如某诉是另诉的前提条件。二是准确把握合并与分离的限度,合并是为了诉讼经济和避免矛盾判决,但若影响了诉讼效率则应当从合并再走向分离。这在大陆法系和英美法系都有印证。①

3. 裁判规则

因诉的合并种类较多,因此会导致审前程序和开庭审理的规则不同,同样,也会导致裁判规则具有特殊性。一是合一判决。法院对合并之后的诉经过审理后一并在同一判决书中进行统一裁判,与各诉分别判决相对。一般适用于本诉与反诉这种具有排斥性的请求,以及本诉和反诉之间有因果关系和原因事实,避免二审改判导致基础法律关系站不住脚从而影响另一个诉。另外,离婚

---

① 德国《民事诉讼法》第145条规定,法院可以命令把一个诉讼中提出的几个请求,分别在不同的诉讼程序中辩论;反诉中的请求与本诉中的请求在法律上没有牵连关系的也分开辩论。参见《德意志联邦共和国民事诉讼法》,谢怀栻译,中国法制出版社2001年版,第35页。在法国,诉的合并与分离属于法院的司法行政行为,法官有权利依当事人的申请或者依职权决定诉的合并与分离,无须经当事人的同意且不允许就该决定提起上诉。参见《法国新民事诉讼法典》,罗结珍译,中国法制出版社1999年版,第76页。根据美国《联邦地区法院民事诉讼规则》第20条、第21条的规定,法院可以命令将可能导致诉讼拖延或扩大损失的诉分离,且法院任何时候均可分离当事人不合法的合并。参见白绿铉:《美国民事诉讼法》,经济日报出版社1998年版,第195~196页。在美国的集团诉讼中,如果主集团的各个部分之间出现对立或某种利益冲突,或者审判过程中出现了无法处理的情况,或者同一诉讼过程中的各个原告的责任问题出现分歧,原告集团被拆分成若干个子集团,就允许对主集团进行拆分。参见张平、陈亮:《集团诉讼中的利益冲突与被代表人利益保护机制研究》,载《暨南学报(哲学社会科学版)》2010年第2期。转引自张晋红:《诉的合并之程序规则研究》,载《暨南学报(哲学社会科学版)》2012年第8期。

诉讼中的离婚诉讼标的、财产分割债务分担诉讼标的和子女抚养诉讼标的属于强制性合并。二是中间判决。在所合并之诉有牵连性尤其是关涉基础原因事实的因果关系时，有必要对作为基础原因事实的诉先行固定，作为所合并的后诉的裁判理由。这是在合并之诉中再行提高诉讼效率，中间判决在大陆法系国家获得了相当的认可。[①] 中间判决有助于提高诉讼效率并一次性解决纠纷。三是一部判决。合并之诉中如果部分的诉讼标的已经成熟达到可以裁判的程度，法院率先对该诉进行终级裁判，这实际上是诉讼经济与诉讼迟延之间的权衡。在作出部分判决时，该部分与审级剥离[②]，与中间判决相比，部分判决具有独立性，是终级的并且可以单独就其上诉。

在股东知情权诉讼的本诉中，如果公司提出了股东恶意诉讼并要求损害赔偿的反诉，这两个不同的诉讼标的是可以合并的，也便于统一开庭集中审理，因两诉的请求相互排斥，最终应当合一判决。

二、股东知情权之诉的诉讼标的的变更

股东知情权诉讼过程中，诉的构成要素有可能因某些原因发生

---

① 日本新《民事诉讼法》第 245 条规定中间判决适用于三类事项：(1)独立的攻击或防御方法；(2)中间争执；(3)原因判决。参见白绿铉编译：《日本新民事诉讼法》，中国法制出版社 1998 年版，第 93 页。德国的中间判决也是对中间各争点作出的裁判，中间争点既可能是程序问题，也可能是权利请求之原因等实体问题。我国《民事诉讼法》未规定中间判决，但旧《证据规定》隐含了类似内容，其第 35 条第 1 款规定："在诉讼过程中，当事人主张的法律关系的性质或者民事行为的效力与人民法院根据事实作出的认定不一致的，不受本规定第三十四条规定的限制，人民法院应当告知当事人可以变更诉讼请求。"转引自张晋红：《诉的合并之程序规则研究》，载《暨南学报（哲学社会科学版）》2012 年第 8 期。

② 参见［日］中村英郎：《新民事诉讼法讲义》，陈刚、林剑锋、郭美松译，常怡校，法律出版社 2001 年版，第 220 页。

变更,比如诉讼当事人、诉讼客体、诉讼理由或诉讼请求等。这些变更应当符合一定的构成要件,并且遵循特定的变更程序及对诉的变更的限制,同时结合股东知情权各子权利的内容,妥善处理变更。

诉讼标的的变更是诉的变更的典型之义,即将新诉讼标的取代原诉讼标的。[①] 这是一种整体的替代,而这样的交换型变更可以分为以下几类:一是当事人对诉讼标的的错误选择而导致的变更。如在让与担保的纠纷中,原告、被告有借贷关系,并签订了房屋买卖合同作为借贷的担保,后原告以民间借贷纠纷诉之,法官释明其应以商品房预售合同纠纷起诉。[②] 二是请求权竞合之下的诉讼标的变更。如原告乘坐被告驾驶的营运车辆受伤,其可以基于运输合同关系提起违约之诉,亦可以基于侵权关系提起侵权之诉。原告提起违约之诉后,因被告态度不佳意欲主张精神损害赔偿,故只能变更为侵权之诉。三是权利保护形式导致的诉讼标的变更,这涉及诉的类型的变更。比如由确认之诉变更为给付之诉,有利于诉讼经济和纠纷以此解决,应当准许。

在股东知情权诉讼中,诉讼标的变更主要涉及几种子权利之间的转换,具体来讲,表现为诉讼请求的变更、法官释明的影响、变更的程序和限制等。

(一)变更诉讼请求与诉讼标的变更

各个国家和地区对诉讼请求有不同的称谓[③],我国一般认为诉

---

① 参见陈荣宗、林庆苗:《民事诉讼法》,台北,三民书局1996年版,第363页。

② 该案件原告的诉讼策略为基于事实和证据,但法官认为基于商品房预售合同等表面证据更符合买卖合同关系,但最终法官仍以民间借贷之案由判决,并支持原告诉求,后被告上诉,二审期间双方达成调解结案。参见四川省内江市东兴区人民法院民事判决书,(2018)川1011民初3809号;内江市中级人民法院民事调解书,(2019)川10民终515号。

③ 美国称为"请求",日本称为"诉讼趣旨"。

讼请求是一种具体权利,系由原告向被告主张,法院居中判断。[①]也有学者从狭义和广义角度来区分,狭义的诉讼请求和诉讼标的对应。[②] 诉讼请求相当于诉讼标的的明确外化和具体表现,诉讼标的变更必然导致诉讼请求变更,而变更诉讼请求并不必然引发诉讼标的变更。股东知情权之诉中,原告股东先提起的诉讼请求为要求查阅公司财务报告等,后又变更为要求质询执行董事。此时变更诉讼请求引发了诉讼标的的变更,即由查阅相关资料的行为给付变成了质询执行董事并要求答复的行为给付。

变更诉讼请求可能导致诉讼标的变更也可能不会,具体可作下述分类:一是诉讼请求所涉金额的变更,如具体金额的增加或减少,这只是一种量变,此时诉讼标的并未变更。二是诉讼请求引发诉讼标的协同变更。如原告诉讼请求为要求被告偿还民间借贷本金 10 万元,后变更为要求被告返还不当得利 10 万元,此时具体金额虽一致,但所涉诉讼标的已经发生了根本性的变更。[③] 三是情势变更所致变更诉讼请求。如因特定物灭失导致原交付特定物的诉讼请求变更为赔偿损失。此时诉讼请求虽不得不变更,但不属于诉讼标的的变更。[④] 股东知情权诉讼中股东诉讼请求的变更可能

① 参见常怡主编:《民事诉讼法学》,中国政法大学出版社 1999 年版,第 135 页。

② 参见张卫平:《程序公正实现中的冲突与衡平——外国民事诉讼研究引论》,成都出版社 1993 年版,第 85 页。

③ 这是笔者曾代理的一起案件,原告曾以民间借贷案由起诉笔者所代理的被告,后因借贷证据不足(无借条等),变更为不当得利之诉。参见四川省隆昌县人民法院民事判决书,(2017)川 1028 民初 771 号;内江市中级人民法院民事判决书,(2017)川 10 民终 751 号。

④ 参见王甲乙、杨建华、郑健才:《民事诉讼法新论》,台北,三民书局 1998 年版,第 302 页;[德]奥特马·尧厄尼希:《民事诉讼法》(第 27 版),周翠译,法律出版社 2003 年版,第 225 页。

导致诉讼标的变更也可能仅仅是纯粹的诉讼请求的调整,如原请求为查阅财务报告,后变更为查阅会计账簿等。

(二)法官释明义务与诉讼标的变更

释明指的是针对事实和法律,法官通过发问或告知等方式向当事人明确诉讼关系。① 我国立法关于诉的变更的规定几乎没有,仅是从诉讼请求的角度来阐明。② 因此我国并未形成诉的变更的理论制度架构,看似宽待诉之变更,实则缺失明确指引而无所适从。相配套的其他司法解释主要从变更诉讼请求的期限进行调整,也明确了二审、再审变更诉讼请求的情形。③

① 参见[日]三月章:《日本民事诉讼法》,汪一凡译,台北,五南图书出版股份有限公司1997年版,第192页。

② 我国《民事诉讼法》第54条规定:"原告可以放弃或者变更诉讼请求。被告可以承认或者反驳诉讼请求,有权提起反诉。"《民事诉讼法》第143条规定:"原告增加诉讼请求,被告提出反诉,第三人提出与本案有关的诉讼请求,可以合并审理。"

③ 1992年《最高人民法院关于适用〈中华人民共和国民事诉讼法〉若干问题的意见》(已失效)第156条规定:"在案件受理后,法庭辩论结束前,原告增加诉讼请求,被告提出反诉,第三人提出与本案有关的诉讼请求,可以合并审理的,人民法院应当合并审理。"1999年《最高人民法院关于适用〈中华人民共和国合同法〉若干问题的解释(一)》(已失效)第30条规定债权人可以在起诉后、一审开庭前变更诉讼请求。旧《证据规定》第34条第3款规定:"当事人增加、变更诉讼请求……应当在举证期限届满前提出。"《证据规定》第55条规定:"存在下列情形的,举证期限按照如下方式确定:……(四)当事人增加、变更诉讼请求或者提出反诉的,人民法院应当根据案件具体情况重新确定举证期限……" 2015年《最高人民法院关于适用〈中华人民共和国民事诉讼法〉的解释》(已修改)第232条规定:"在案件受理后,法庭辩论结束前,原告增加诉讼请求,被告提出反诉,第三人提出与本案有关的诉讼请求,可以合并审理的,人民法院应当合并审理。"第215条规定:"二审裁定撤销一审判决发回重审的案件,当事人申请变更、增加诉讼请求或者提出反诉,第三人提出与本案有关的诉讼请求的,依照民事诉讼法第一百四十条规定处理。"第252条规定:"再审裁定撤销原判决、裁定发回重审的案件,当事人申请变更、增加诉讼请求或者提出反诉,符合下列情形之一的,人民法院应当准许:……(四)当事人申请变更、增加的诉讼请求或者提出的反诉,无法通过另诉解决的。"

法官释明与诉之变更的问题，主要体现在旧《证据规定》中①，但《证据规定》对此已经进行了调整。②《证据规定》弱化了法官对法律关系性质或民事行为效力的释明义务，而只是着重强调了应将其作为焦点问题审理，这实际上是对法官的保护，避免二审甚至再审法官与一审法官认识上的不一致而导致一审法官陷入尴尬境地。

(三)诉讼标的变更的要件及程序

1. 诉讼标的变更的要件

第一，变更前后存在法律或事实上的牵连。如均基于同一法律关系或同一事实，即请求基础应当同一才允许变更，从而使得变更前后的两诉可以利用同样的诉讼资料和证据资料，避免对被告产生诉讼突袭。③ 第二，法院对变更后的诉讼标的享有管辖权。即使诉讼标的允许变更，也不能违反级别管辖和专属管辖。第三，法院对变更后的诉讼标的应适用同一程序。为充分保护当事人的程序利益，变更前后的诉讼标的所适用的程序应当一致。第四，不应对被告造成诉讼突袭并延缓诉讼进程。法院是否准许诉讼标的变更，重点要考虑诉讼经济和纠纷一次性解决的可能性，否则可能适

① 旧《证据规定》第 35 条第 1 款规定："当事人主张的法律关系的性质或者民事行为的效力与人民法院根据案件事实作出的认定不一致的……人民法院应当告知当事人可以变更诉讼请求。"

② 《证据规定》第 53 条规定："诉讼过程中，当事人主张的法律关系性质或者民事行为效力与人民法院根据案件事实作出的认定不一致的，人民法院应当将法律关系性质或者民事行为效力作为焦点问题进行审理。但法律关系性质对裁判理由及结果没有影响，或者有关问题已经当事人充分辩论的除外。存在前款情形，当事人根据法庭审理情况变更诉讼请求的，人民法院应当准许并可以根据案件的具体情况重新指定举证期限。"

③ 参见[日]中村英郎：《新民事诉讼法讲义》，陈刚、林剑锋、郭美松译，常怡校，法律出版社 2001 年版，第 131～132 页。

得其反。[①]

关于被告是否同意究竟是不是诉讼标的变更的一个要件，一直存有争议。德国有学者认为被告同意是诉讼标的变更的一个要件，[②]日本则没有此要求。我国学者对此亦争论颇大。[③] 笔者认为，这要从诉讼标的变更的目的入手，之所以允许诉讼标的变更，是因为其能够尽量一次性解决纠纷，防止浪费司法资源。一般来讲，作为对立面的被告几乎不可能同意原告变更诉讼标的，所以相当于该要件会造成"一票否决"的情况，让诉讼标的变更成为"纸面上的权利"。其实，摒弃被告同意作为诉讼标的变更的要件并不会影响被告防御，甚至通过变更之后，可以一次性解决纠纷，避免被告产生更多诉累。

2. 诉讼标的变更的程序

诉讼标的变更应当遵循一定的程序，如变更形式一般应当是书面，涉及对原诉讼标的（和/或诉讼请求）的调整，并依法另行向被告送达，简易程序中可简化为口头方式，但法院应当记入笔录。且变更次数也应当有所限制，否则与诉讼经济并不契合。

3. 二审、发回重审和再审中的诉讼标的变更

据前所述，二审、发回重审和再审中可以对诉讼请求进行变

---

① 日本《民事诉讼法》第 143 条规定，在口头辩论终结之前，原告可以变更请求或者请求的原因，但造成诉讼程序显著迟延的不在此限。

② 参见[德]奥特马·尧厄尼希：《民事诉讼法》（第 27 版），周翠译，法律出版社 2003 年版，第 225 页。

③ 参见毕玉谦：《民诉法有关诉的变更存在的问题的审视与建议》，载《人民法院报》2008 年 2 月 19 日，第 6 版；王国征：《论诉的变更》，载《中国人民大学学报》1999 年第 6 期；廖中洪、相庆梅：《当事人变更诉讼请求的法理思考》，载《西南政法大学学报》2000 年第 5 期；江伟主编：《民事诉讼法学》，复旦大学出版社 2010 年版，第 204 ~ 208 页；汤维建主编：《民事诉讼法学原理与案例教程》，中国人民大学出版社 2006 年版，第 319 ~ 321 页。

更，虽然没有明确诉讼标的之变更，但有的时候变更诉讼请求将会导致诉讼标的变更。一般来讲，在这种特殊的程序处理中，诉讼标的变更可能损害当事人的审级利益。但审级利益属于程序性利益，由当事人自由处分，如果双方均同意放弃该利益，法院应当一并审理之，这也是法院对当事人处分权和程序选择权的充分尊重和保障。而再审中，应针对的是已经生效的判决裁定，诉讼标的无法变更，否则其与原生效判决或裁定将没有关联性，确有必要的也只能另诉处理。

第三节　股东知情权之诉的判决主文

《公司法解释四》明确了在股东胜诉的判决中，需要确定三要素，即查阅或复制的时间、地点和对象，同时规定了辅助查阅的人员和情形。作为给付之诉的股东知情权之诉，判决主文内容的完整性关联到执行的顺利进行，以及股权知情权与公司商业秘密的平衡。

一、股东知情权之诉判决主文内容的三要素

查阅或复制的时间、地点和对象应当作为股东知情权之诉判决主文的三要素。时间即指股东查阅或复制的具体时间或合理期间，地点通常指的是公司住所地或原告股东与公司协商确定的地点（如公司资料储存地等），对象即查阅或复制的公司特定文件。

在关于股东质询权的股东知情权之诉中，本身公司法规定的是董事、监事、高管人员接受股东的质询，但在诉讼中，为了体现出执行的效果，往往通过要求被告董事、监事、高管人员在一定期限

内进行书面答复，但需要注意的是此处的质询义务人是董事、监事、高管人员而非公司。①

判决主文除包括上述三个要素之外，还赋予股东有一定的委托专业人士查阅的权利，即受限制的委托查阅。尤其作为自然人的股东，往往不具备财务和法律方面的专业知识，即使判决主文明确了时间、地点和对象，但股东在查阅中可能无法提取有效信息，对股东知情权的保护亦停留在纸面上。但同时公司的商业秘密也需要保护，所以股东应当在场才可以委托专业人士查阅。

二、股东知情权之诉判决主文内容载明三要素的原因

根据前述可知股东知情权之诉的胜诉判决主文需要写清楚三要素，作为固定的表达方式，主要基于以下几个方面的考虑。

第一，三要素结构表明了股东知情权之诉胜诉判决主文的应然处理。前文已知，股东知情权之诉属于行为给付之诉，这种行为的履行必须借助一定的条件和方式，如果明确了时间、地点和对象三要素，判决主文才能赋予股东行使知情权的具体方式。对于时间和地点来讲，明确之后能够防止公司为股东行使知情权设置障碍和难度。当然在地点的选择上，一方面可以使股东和公司通过意思自治的方式确定，另一方面如果无法达成一致，将明确公司住所地或查阅资料所在地等地点，避免无谓争议。

第二，通过三要素避免既判力的不当遮断。既判力客观范围限于判决主文，如果在股东知情权之诉胜诉判决中没有载明三要素，股东和公司可能再次发生股东知情权争议，可能遭受之前判决

---

① 参见广州市天河区人民法院民事判决书，(2016)粤0106民初20124号；广州市中级人民法院民事判决书，(2018)粤01粤民终358号。

既判力的遮断，让股东知情权没有得到真正的实现。

第三，有利于判决顺利执行。因为行为给付，需要公司保证判决的可执行性，且属于不可替代的行为。法院在执行措施上只能以督促性的措施为主，如罚款、迟延履行金和纳入失信被执行人名单等间接执行方式。此时三要素将保障执行的可操作性，避免公司配合不当却没有相应的制裁措施。

三、股东知情权之诉判决主文内容三要素的确定方式

前文已经列明股东知情权之诉判决主文内容关涉的三要素，即时间、地点和对象，现将该三要素确定方式阐明如下。

（一）时间

上文已经说明了时间作为一个必要要素的原因，但需要设定多长的期间则没有明确依据，由法官根据个案具体行使自由裁量权。一般来说应当根据查阅（复制）的对象多寡，查阅（复制）人数等参数考量并确定相对合理的期间。在需要明确依据的同时，也应当避免过分机械，可以根据查阅对象的界分进行适度调整。根据对象所涉内容和复杂程度的不同，股东查阅（复制）的公司信息可分为：一是基本信息如相关工商登记信息、公司章程和股东名册等获取相对容易的资料；二是公司经营管理过程资料，如公司经营管理过程中所涉的股东会会议记录、董事会会议决议、重要交易合同等有一定商业秘密属性的资料；三是公司财务资料，如财务会计报告、报表、会计账簿和原始记账凭证等相当重要的基础资料。因此，在混合有上述查阅（复制）对象的情况下，法院应当综合评判和平衡不同资料提供的难度和耗费时间，从而合理确定查阅（复制）期间。在股东行使质询权时，法院则需要进一步考虑股东会、董事会召开情形，达到股东知情权司法保护和公司自主经营之间的相

对契合。

(二)地点

与时间类似,地点的确定上也和股东知情权行使对象密切相关。就股东查阅权而言,根据其性质和外化载体的不同可以分为绝对查阅权和相对查阅权。绝对查阅权指的是内容相对简单固定,通过常规化的查阅即可行使知情权,主要针对的是公司工商信息登记、股东名册、股东会会议记录、董事会会议决议等具有明确结论的信息资料,此类资料往往存放于公司的经营地或主要办公场所;相对查阅权则是如会计账簿、原始会计凭证等保有量大、专业化程度高、查阅人员特定、查阅时间较长的对象,甚至往往还要通过股东委托相关专业人员如律师、会计师等完成。该类资料可能集中存储于某些特定地点,或者说在某些专属场所才能够开展查阅。一方面可以降低因股东知情权行使可能带来的对公司正常经营管理的影响,另一方面也可以保证相对查阅权的落地践行。因此,在确定具体地点的时候,可以借助股东和公司之间合意确定,如果未遂,则应针对对象性质和载体等因素,由法院合理确定股东知情权的行使地点,避免公司通过场所甚至地域的转化恶意阻挠股东行使知情权,这也是对司法权威的亵渎。在股东质询权的行使中,也同样需要考虑股东会、董事会等的召开地点等。

(三)对象

股东知情权行使的对象即涉及股东知情权子权利对应的具体载体,这些载体的区别包括文件名称、范围(期间和内容)以及允许股东行权的权限等。有法院在判决主文中载明公司在10个工作日中的正常营业时间内为股东查阅某年某月某日至某年某月某日的会计账簿提供必要的条件。[①] 笔者认为，该主文反向从公司义务的层面，要求公司为股东行使查阅权提供必要条件，但必要条件的具体标准、范围不明晰，而且该主文的重点应当是股东可以在什么时间段内查阅什么文件（点明时间跨度和内容范围），如果有权限的限制也应一并说明。因此，不宜考虑从公司义务的角度提供必要条件，否则容易造成混淆和公司不当拖延履行。当然在股东质询权的实现当中，判决主文则似乎无法明确质询的客体对象，或者说即使能够通过类似问题的方式明确质询的客体对象，但对质询主体的答复没有规制或已然无法规制。

第四节　股东知情权之诉判决的既判力客观范围

股东知情权之诉是针对股东本身权利的救济方式，在公司治理中，这种方式与公司决议瑕疵理应联系密切。公司决议瑕疵可考量股东知情权瑕疵，作为公司决议瑕疵的一种事由，而与股东知情权诉讼并行，为股东维权提供充分的救济渠道。下文将对股东知情权瑕疵纳入公司决议瑕疵诉讼的法理基础进行分析，并在股东知情权诉讼和股东知情权瑕疵纳入公司决议瑕疵诉讼的判决既判力客观范围中，从不同的诉讼形态进行定向比较。

股东知情权诉讼于 2005 年《公司法》修订后确定，迄今已十余年，而公司决议诉讼在我国也同样发端于此，但二者缺乏联系点。在现行制度框架下，无法就公司决议诉讼为股东知情权保障提供救济路径。股东知情权在我国可以分为三个层面，即查阅权、质询

---

① 参见湖南省常德市中级人民法院民事判决书，（2013）常民二初字第 2 号。

权和强制信息披露权，为契合这几种子权利，有必要通过公司决议瑕疵诉讼来实现。

一、股东知情权瑕疵纳入公司决议瑕疵诉讼的可行性

在我国，公司决议瑕疵诉讼的事由包括程序和实体两个方面，公司法对此分别赋予了股东不同的请求内容，如决议可撤销、确认决议无效和不成立等。就股东知情权中的质询权来看，股东要求董事、监事、高管人员在股东会上就某些问题的质询作出答复，这种行为董事、监事、高管人员答复或不答复的内容显然不属于公司决议的内容，而只是解释说明或依据。因此，股东知情权瑕疵不能构成决议的内容瑕疵，所以仅剩余程序瑕疵层面可供比对。程序瑕疵对应的处理方式为决议可撤销，或者为确认决议不成立。① 以下分别从公司决议可撤销和确认决议不成立两种方式分析股东知情权瑕疵纳入公司决议瑕疵诉讼的可行性。

---

① 我国《民法典》第85条规定："营利法人的权力机构、执行机构作出决议的会议召集程序、表决方式违反法律、行政法规、法人章程，或者决议内容违反法人章程的，营利法人的出资人可以请求人民法院撤销该决议。但是，营利法人依据该决议与善意相对人形成的民事法律关系不受影响。"我国《公司法》第22条第1、2款规定："公司股东会或者股东大会、董事会的决议内容违反法律、行政法规的无效。股东会或者股东大会、董事会的会议召集程序、表决方式违反法律、行政法规或者公司章程，或者决议内容违反公司章程的，股东可以自决议作出之日起六十日内，请求人民法院撤销。"《公司法解释四》第4条规定："股东请求撤销股东会或者股东大会、董事会决议，符合民法典第八十五条、公司法第二十二条第二款规定的，人民法院应当予以支持，但会议召集程序或者表决方式仅有轻微瑕疵，且对决议未产生实质影响的，人民法院不予支持。"第5条规定："股东会或者股东大会、董事会决议存在下列情形之一，当事人主张决议不成立的，人民法院应当予以支持：（一）公司未召开会议的，但依据公司法第三十七条第二款或者公司章程规定可以不召开股东会或者股东大会而直接作出决定，并由全体股东在决定文件上签名、盖章的除外；（二）会议未对决议事项进行表决的；（三）出席会议的人数或者股东所持表决权不符合公司法或者公司章程规定的；（四）会议的表决结果未达到公司法或者公司章程规定的通过比例的；（五）导致决议不成立的其他情形。"

（一）股东知情权瑕疵基于公司决议可撤销纳入公司决议瑕疵诉讼

公司决议的作出，需要履行严格的法定程序或章程规定程序，具体到股东会或董事会来讲，决议作出只是最终的结果和表现，而其过程包含会议召集、开会过程、表决作出及决议确定等全流程。从《公司法》的规定来看，决议可撤销在程序上集中于会议召集和表决方式，但不知基于何种考虑，立法上没有将决议形成的开会进行作为可撤销的范围。也许考虑到开会过程和内容属于公司治理范畴，法律不宜过多介入股东或董事对具体内容的决策。股东知情权中的质询权行使，往往就是在股东会或董事会开会进行中，既是股东知情权实现的重要节点，也是依法合规合理作出公司决议的充分依据。

（二）股东知情权瑕疵基于公司决议确认不成立纳入公司决议瑕疵诉讼

公司决议不成立的理论基础为法律行为，法律行为可以区分为成立和生效，相应地，公司决议在此也应相匹配。与合同一样，公司决议的成立应当是生效的前提。① 以法律行为要件理论作为分析工具，可对法律行为进行控制和评价效力，一般来讲，法律行为包括成立要件和生效要件。成立要件是一种事实上的状态，生效要件则是效力评判，是一种价值判断，后者还可细分为一般要件

---

① 参见李建伟：《公司决议效力瑕疵类型及其救济体系再构造——以股东大会决议可撤销为中心》，载王保树主编：《商事法论集》2008 年第 2 卷（总第 15 卷），法律出版社 2009 年版，第 53～94 页；钱玉林：《股东大会决议瑕疵研究》，法律出版社 2005 年版，第 276 页。王雷：《公司决议行为瑕疵制度的解释与完善——兼评公司法司法解释四（征求意见稿）第 4～9 条规定》，载《清华法学》2016 年第 5 期。

和特殊要件。[①] 近来又有学者对生效要件进行了反向理解,从与成立要件这一积极方式相反的消极角度将生效要件界定为“效力瑕疵”[②]或“效力阻却事由”[③]。

从程序法的角度来看,法律行为成立和生效的区分还可落脚到证明责任分配的层面。法律要件分类说作为大陆法系证明责任分配领域的通说,实体法上可分类为“权利发生规范”和“对立规范”。[④] 前者指权利发生应当符合的条件,类似法律行为中的成立要件,后者属于权利排除、妨碍和消灭,类似生效要件。法律要件事实也在这两分四类中被区分,因此在证明责任的分配上,主张权利发生的当事人应当就权利发生的要件事实承担证明责任,主张权利排除、妨碍和消灭的当事人则应对该类要件事实承担证明责任。对应在法律行为上,主张法律行为有效的当事人须对成立要件承担证明责任,而主张法律行为无效的当事人则应当对生效要件承担证明责任。

从《公司法解释四》来看,最高人民法院对公司决议的成立要件并未完全统一,甚至基于最后的兜底条款仿佛是开放式的答案。在司法实践中,公司决议不成立还包括会议召集人不适格、未履行通知义务和伪造签名等情形。在股东知情权中,存在股东并不知晓召集人身份,甚至没有接到股东会开会通知(也许尽管属于对会议人数或决议表决权比例不产生实质性影响的小股东),抑或伪造了股东签名。从形式上而言,股东有权查阅公司决议,但上述召集

---

① 参见王泽鉴:《民法总则》,北京大学出版社 2009 年版,第 235 页。

② 参见朱庆育:《民法总论》,北京大学出版社 2016 年版,第 233 ~ 238 页。

③ 参见陈自强:《契约之成立与生效》,台北,元照出版有限公司 2018 年版,第 429 页。

④ 参见易军:《法律行为生效要件体系的重构》,载《中国法学》2012 年第 3 期。

人身份不适格、未履行通知义务和伪造签名等事项并非股东在能够直接从查阅权中确定，比如未被通知参加股东会的股东的利益在公司决议中遭受损害。因此，看似保护实际侵犯了股东知情权，可以将该股东知情权瑕疵纳入确认公司决议不成立的诉讼当中。

二、股东知情权瑕疵纳入公司决议瑕疵诉讼的正当性

股东知情权瑕疵或者被侵害，与公司决议瑕疵之间的契合点在哪里，这是将股东知情权瑕疵纳入公司决议瑕疵诉讼的正当性要求。股东知情权诉讼属于直接诉讼，即权利主体是股东个体，个体的价值判断何以能够大于公司整体将集体决议否定，其实是有相应超越的功能性意义。

公司决议原则是资本多数决，但资本多数决的内核是充分保障每一个股东（包括小股东）的充分参与和决策，这也是公司决议正确性的保障。因此，对股东个体知情权的侵犯，实际上就是对股东民主权利的侵犯。虽然基于资本多数决形成了所谓的公司意思，但其过程是违法的，形成了形式意义上的“多数人的暴政”。对个体的损害其实也就挖空了公司决议合法形成的基础，更遑论在质询权上对其他股东可能存在的意义。

大股东和中小股东权利的平衡一直也是公司治理的重要内容，但就股东知情权来讲，虽然对大小股东没有区分，但在实践中往往都是中小股东通过行使知情权保护自身权益，并且属于法定权利，不得约定放弃。基于资本多数决原则，虽然中小股东往往无法阻止大股东通过公司决议，但通过参加到股东会中，可以让中小股东了解到是否被大股东损害权益以及如何维权，如提起公司决议瑕疵诉讼、损害赔偿诉讼、代表公司进行股东派生诉讼等。这是中小股东对大股东及管理人员限定权力边界并进行监督。如此，

将股东知情权瑕疵纳入公司决议瑕疵诉讼，能够加强股东知情权保护，平衡股东权利，而不是仅限于公司决议瑕疵诉讼本身。

三、股东知情权瑕疵程度与决议瑕疵事由的衔接

据前所述，公司决议瑕疵在程序问题上分为可撤销事由与确认不成立事由，股东知情权瑕疵究竟应当达到何种程度才得以构成决议瑕疵事由，这是一个值得思考的问题。笔者认为，根据前述讨论，资本多数决的合法性基础在于充分保障任何一个股东的民主参与（当然也是股东在公司中成员权的反映），如果打破这一合法性基础，则决议应当构成瑕疵。另一个问题则是，股东知情权所涉的相关信息构成股东全面合理判断公司决议事项的依据，如果股东未能知晓相关信息，公司决议的作出也成为了空中楼阁，从而应当被否定。

四、两种诉讼判决的既判力客观范围

此处所言的两种诉讼，其实包括三种诉讼形态，并且公司决议确认之诉中还包括确认决议无效和决议不成立。股东知情权诉讼属于股东直接诉讼，是对股东个体权益的保护，属于给付之诉，所涉判决的既判力客观范围基于查阅权、质询权等子权利有轻微差别。公司决议瑕疵诉讼则不是直接满足股东知情权，而是因为知情权的瑕疵导致已经作出的公司决议被撤销或不成立。因为股东知情权始终是一种手段和工具性权利，在公司决议作出后即使满足了知情权但也可能没有实益。撤销公司决议或确认决议不成立的效力范围不限于个体股东，而是对所有股东一并生效，属于形成之诉或确认之诉。

在公司决议确认不成立诉讼中，也出现了一些程序法障碍。

一般来讲,确认之诉请求法院确认的是某种法律关系或者权利存在还是不存在[1],即某种事实状态是不能成为确认对象的。[2] 但从前述内容分析,法律行为的成立要件是一种事实判断,生效要件才是价值判断。因此,对决议确认不成立属于对事实的确认,同时与我国现行民事案件案由相悖。另外,公司决议确认无效和确认不成立两种确认之诉因为不存在撤销之诉60 日的除斥期间,可能还存在重复诉讼的可能,二者诉讼标的及既判力客观范围如何划定,也是迫切需要解决的问题。

公司决议撤销诉讼属于形成之诉,其诉讼标的即为诉的声明,至于支撑诉的声明的具体原因则在所不问,只是攻击防御方法而已。形成之诉的诉讼标的不是主张实体法上的形成权,而是一种形成效果,通过当事人的诉的声明经法院裁判即可产生既判力。

第五节 诉讼标的视域下股东知情权之诉的执行标的

股东知情权之诉的执行,是切实保障股东实现知情权的强力手段。囿于股东知情权工具性、基础性等的权利属性,其执行也有自身的特殊性,加之知情权下属的各子权利也各有特质,股东知情权之诉的执行程序较之一般的民事执行程序有显著的区别。需要通过对执行标的的准确界定,对执行的内容和方式,对执行不力的

---

① 参见张卫平:《民事诉讼法》(第 4 版),法律出版社 2016 年版,第 186 页。

② 参见姜世明:《民事诉讼法》(上册),台北,新学林出版股份有限公司 2016 年版,第 412 页。

救济,对调解书和裁定书的特殊执行,以及各子权利的差异化执行展开研究。

一、股东知情权之诉的诉讼标的与执行标的

审判程序中的诉讼标的与执行标的有千丝万缕的联系。执行标的作为执行行为的对象,可以从行为和财产两个方面进行区分。就股东知情权之诉的执行而言,执行标的属于行为。进一步剖析股东知情权的具体权利,本书认为可分为:查阅权、质询权、检查人选任权和强制信息披露权。要实现查阅权和强制信息披露权,公司负有协助配合义务,这种行为属于可替代行为。而质询权具有董事、监事或高管人员甚至控股股东的人身专属性,该行为不可替代,只能间接强制执行。检查人选任权系法院或行政机关选任检查人,检查人履行职责时公司应当履行配合义务,具体又可再细分为由检查人行使的类似上述查阅权和质询权的情形。

二、股东知情权之诉的执行内容

股东知情权之诉的执行内容,也即执行对象,或者所涉权利的行使范围。虽然公司法及其司法解释有所规定,但边界尚存模糊。另外,虽然具体的执行方式在司法解释中进行了规定,但仍然存在尚未明确的空白。

(一)股东知情权之诉的执行内容及其展开

1. 股东行使知情权可以执行的查阅、复制、置备或质询的文件范围

《公司法》第 33 条规定了有限责任公司股东查阅或复制的公司文件资料范围,第 97 条规定了股份有限公司股东查阅的范围,结合第 32 条股东名册、第 96 条重要资料的置备、第 165 条规定的

财务会计报告的送交、置备或公示，梳理后见表3－1。

表3－1　股东知情权查阅、复制、置备或质询的范围

范围	有限责任公司	股份有限公司
查阅范围	公司章程、股东会会议记录、董事会会议决议、监事会会议决议和财务会计报告、会计账簿	公司章程、股东名册、公司债券存根、股东大会会议记录、董事会会议决议、监事会会议决议、财务会计报告
复制范围	公司章程、股东会会议记录、董事会会议决议、监事会会议决议和财务会计报告	—
置备范围	股东名册、财务会计报告(送交)	公司章程、股东名册、公司债券存根、股东大会会议记录、董事会会议记录、监事会会议记录、财务会计报告
质询范围	—	对公司的经营提出建议或质询

表3－1范围内的文件资料基本比较明确，但未将会计账簿和财务会计报告具体化，在执行过程中容易出现内容不明或由法官自由裁量的情况。司法实践中，在长沙蓄能工贸有限责任公司与黄某股东知情权纠纷再审案中①，法院认为股东查阅权行使的范围中会计账簿包括总账、明细账、日记账和其他辅助性账簿。在浙江顶顺生物科技有限公司与杨某康股东知情权纠纷上诉案中②，法院对公司财务会计报告划定了较为全面的范围，根据《企业财务会计报告条例》③的规定，财务会计报告分为年度、半年度、季度和月度

① 参见湖南省高级人民法院民事判决书，(2016)湘民再2号。

② 参见浙江省高级人民法院民事判决书，(2012)浙商外终字第49号。

③ 参见《企业财务会计报告条例》(国务院令第287号)第6条规定："财务会计报告分为年度、半年度、季度和月度财务会计报告。"第7条规定："年度、半年度财务会计报告应当包括：(一)会计报表；(二)会计报表附注；(三)财务情况说明书。会计报表应当包括资产负债表、利润表、现金流量表及相关附表。"

财务会计报告，其中年度、半年度财务会计报告包括会计报表、会计报表附注、财务情况说明书，会计报告应包括资产负债表、利润表、现金流量表及相关附表。同时，根据《会计法》[①]，会计账簿也包括总账、明细账、日记账和其他辅助性账簿，股东有权查阅。

2. 原始凭证、记账凭证是否为执行内容

《公司法》明确规定了股东可以查阅公司会计账簿，但对能否查阅会计账簿的支撑材料即原始凭证、记账凭证没有作出明确规定。[②] 据此，司法实践中也不甚统一，肯定否定皆有，需要根据个案来进行判断。

(1)肯定的判例

在吴某贵与益阳嘉好房地产开发有限公司股东知情权纠纷二审案中[③]，法院认为：会计账簿的制作依据为会计凭证，股东只查阅会计账簿而不查阅会计凭证可能无法了解公司真正的经营状况。在长沙蓄能工贸有限责任公司与黄某股东知情权纠纷再审案中[④]，法院支持了股东查阅会计账簿及原始凭证的诉求，但因涉及商业秘密和重要经营信息以及于法无据、于公司章程无据的情况，法院没有支持股东要求复制会计账簿及原始凭证的诉求。在烟台市三维饲料有限公司与烟台农标普瑞纳饲料有限公司股东知情权纠纷

---

① 参见《会计法》(主席令第 81 号)第 15 条第 1 款规定："……会计账簿包括总账、明细账、日记账和其他辅助性账簿……"

② 《公司法解释四(征求意见稿)》第 16 条规定："有限责任公司的股东起诉请求查阅公司会计账簿及与会计账簿记载内容有关的记账凭证或者原始凭证等材料的，应当依法受理。公司提供证据证明股东查阅记账凭证或者原始凭证等有不正当目的，可能损害公司合法利益的，应当驳回诉讼请求。"征求意见稿明确了有限责任公司股东有权查阅原始凭证、记账凭证，但该规定最终未纳入《公司法解释四》。

③ 参见湖南省高级人民法院民事判决书，(2017)湘民终 542 号。

④ 参见湖南省高级人民法院民事判决书，(2016)湘民再 2 号。

再审案中[①]，法院认为虽然法律没有明确规定查阅原始凭证和记账凭证，但为维护股东和公司之间的利益平衡，不宜苛求股东知情权的边界范围，股东为了解公司真实经营信息，只有查阅原始凭证才能实质性地保护股东知情权。在吴江东方大王保险箱有限公司与蔡某郎股东知情权纠纷上诉案中[②]，法院认为法律并未禁止股东查阅会计凭证，会计凭证作为原始依据，能够帮助股东判断会计账簿的真实性，充分保障股东的知情权。在莱现特电子科技（上海）有限公司与澳敏信有限公司股东知情权纠纷上诉案中[③]，法院认为会计凭证作为记账依据的原始凭证能够与会计账簿相互印证和制约，没有原始凭证的介入，会计账簿的真实性就无法保证。在北京安通博瑞铁路器材有限公司与李某博股东知情权纠纷案中[④]，法院认为会计账簿以会计凭证为依据，会计凭证包括原始凭证和记账凭证，所以公司法规定股东可以查阅会计账簿即可查阅会计凭证即原始凭证和记账凭证。[⑤] 在乐视影业（北京）有限公司与北京思伟股权投资管理中心（有限合伙）故知情权纠纷上诉案中[⑥]，法院一方面以《公司法》并未限制股东查阅会计凭证为由支持股东查阅，另一方面还根据会计准则扩张了会计凭证的范围，即包含记账凭证、相关原始凭证以及作为原始凭证附件入账备查的有关资料，因

① 参见山东省高级人民法院民事判决书，(2015)鲁民提字第437号。

② 参见江苏省高级人民法院民事判决书，(2011)苏商外终字第0064号。

③ 参见上海市高级人民法院民事判决书，(2010)沪高民二(商)终字第86号。

④ 参见北京市丰台区人民法院民事判决书，(2017)京0106民初18325号。

⑤ 《会计法》第14条第1款规定："会计凭证包括原始凭证和记账凭证。"第15条第1款规定："会计账簿登记，必须以经过审核的会计凭证为依据，并符合有关法律、行政法规和国家统一的会计制度的规定。会计账簿包括总账、明细账、日记账和其他辅助性账簿。"

⑥ 参见北京市第三中级人民法院民事判决书，(2018)京03民终1465号。

为这些资料都是编制记账凭证的依据。在上海明夏联运服务有限公司与方某兰股东知情权纠纷上诉案中[①],法院认为虽然会计凭证和会计账簿在《公司法》中有所区分[②],但因公司经营状况不好且存在向股东隐瞒实际经营地址等不诚信行为,只有对会计凭证的查阅才能真正地保护股东知情权。

(2)否定的判例

在何某辉、广州市惠宇贸易有限公司与广州市精都实业有限公司股东知情权纠纷再审案中[③],法院认为我国《会计法》对财务会计报告、会计账簿和会计凭证分属不同性质的会计资料作了区分,因此查阅会计凭证等于法无据。在上海开蒙企业管理咨询有限公司与胡某某股东知情权纠纷上诉案中[④],一审法院认为会计凭证和会计账簿、财务会计报告三者之间既有联系更有区别,并非隶属关系而是相互独立,也没有法定和章程规定的理由,仅因股东怀疑会计账簿的真实性不足以成为查阅会计凭证的合理理由。二审法院经审查,认为原审认定事实清楚,判决并无不当。

(3)根据个案判断

在吴某敏与金龙控股集团有限公司股东知情权纠纷再审案中[⑤],法院认为会计账簿和会计凭证是两个独立的互不包容的概念,虽然会计凭证是会计账簿的基础,但不能因此掩盖其各自的自主作用。在法无规定的情况下,法院应当根据股东和公司利益的

---

① 参见上海市第二中级人民法院民事判决书,(2017)沪02民终2979号。

② 我国《公司法》第170条规定:"公司应当向聘用的会计师事务所提供真实、完整的会计凭证、会计账簿、财务会计报告及其他会计资料,不得拒绝、隐匿、谎报。"

③ 参见广东省高级人民法院民事裁定书,(2016)粤民申6596号。

④ 参见上海市第二中级人民法院民事判决书,(2013)沪二中民四(商)终字第596号。

⑤ 参见浙江省高级人民法院民事裁定书,(2015)浙民申字第2091号。

平衡来认定是否应当查阅会计凭证。

综上,上述三种情况各有其判定的依据和理由,笔者认为,在具体执行过程中,应当按照裁判文书主文的明确指引,即裁判文书如果判定查阅会计凭证(包括原始凭证和记账凭证等),则可依法执行。若裁判文书未判令查阅会计凭证,则仅能查阅会计账簿、财务会计报告等。

3. 复制或记录会计账簿是否为执行内容

《公司法》及其司法解释仅规定了股东有权查阅会计账簿,但未规定或限制股东复制或记录会计账簿,在司法实践中有一定争议,但基于股东和公司利益平衡的原则,多数法院并不支持。

在范某与北京一得阁墨业有限责任公司股东知情权纠纷再审案中①,法院认为因法律对复制或记录公司会计账簿没有明确规定,超出了许可的范围。在帅某文诉上海爱柏生物科技有限公司股东知情权纠纷上诉案中②,法院认为根据法律文义解释,未赋予股东对会计账簿的复制权。在王某与济南民特数控机床有限公司等股东知情权纠纷二审案中③,法院认为股东知情权和公司及其他股东的权利是一个动态的平衡,公司原始财务资料对公司而言意义重大,应当谨慎待之,如果没有法定或章程规定的情况则不宜复制会计账簿及原始凭证。而在沁阳沁澳铝业有限公司与甘肃冶金兰澳进出口有限公司知情权纠纷上诉案中④,法院笼统认为股东有权行使知情权并查阅复制公司财务会计账簿等资料。

一般来讲,在具体执行时,如果裁判文书明确了复制会计账簿,

---

① 参见北京市高级人民法院民事裁定书,(2015)高民(商)申字第03595号。

② 参见上海市第一中级人民法院民事判决书,(2017)沪01民终2549号。

③ 参见济南市中级人民法院民事判决书,(2017)鲁01民终8501号。

④ 参见河南省高级人民法院民事判决书,(2011)豫法民一终字第26号。

当然应当执行,如果仅认定了查阅会计账簿,则不能复制或记录。

4. 查阅或复制经营合同、预算审核、项目资料等文件是否属于执行内容

目前法律和司法解释没有直接规定股东是否可以查阅复制经营合同、预算审核、项目资料等文件。在司法实践中多数法院认为如果没有法定或章程规定的要求下不予支持。

在鲁尼有限公司(ROONEYLIMITED)与常州雍康置业有限公司股东知情权纠纷上诉案中①,法院认为公司章程具有公司类似宪法的地位,是股东意思自治的表示,只要章程没有突破法律规定的底线,则股东可以按照章程规定查阅除法律明确规定以外的公司资料。在益业有限公司诉北京中海海洋花园房地产开发有限公司公司知情权纠纷案中②,法院认为股东有权依法行使知情权查阅公司的相关资料,从而掌握公司经营和财务状况,但并非公司所有资料文件均属于知情权的范畴。在北京丰隆温室科技有限公司与杨某股东知情权纠纷上诉案中③,就公司相关合同来说,法院认为《公司法》并未明确规定股东有权查阅公司合同,且司法解释赋予股东的是依据《公司法》条文或公司章程起诉行使知情权,股东的诉求应当是具体明确的,而相关合同并非如此,故股东无权查阅公司合同。在覃某等与柳州市利丰纸业有限责任公司股东知情权纠纷上诉案中④,法院认为股东知情权的范围应集中于对股东利益有重大影响的公司信息,这部分信息在现行《公司法》中已经得到了保障。股东若有权查阅公司所有信息(包括无关紧要的信息)对公司正常

① 参见江苏省高级人民法院民事判决书,(2015)苏商外终字第00035号。
② 参见北京市第一中级人民法院民事判决书,(2006)一中民初字第12369号。
③ 参见北京市第三中级人民法院民事判决书,(2017)京03民终12720号。
④ 参见柳州市中级人民法院民事判决书,(2012)柳市民二终字第295号。

经营和管理将会产生不当影响,亦可能泄露公司商业秘密,最终损害公司和股东的利益。

因此,在执行中,公司相关合同等资料一般无法作为执行内容。

5. 执行中对公司文件期限有无限制

关于股东查阅的公司文件的期限尚存在空白,司法实践中对此则比较宽容。在鲁尼有限公司与常州雍康置业有限公司股东知情权纠纷上诉案中①,法院认为股东知情权的范围并未有时间障碍,宜以满足股东查阅的合理目的为标准,最长能够达到公司存续的整个期间。在乐视影业(北京)有限公司与北京思伟股权投资管理中心(有限合伙)股东知情权纠纷上诉案中②,法院认为登记成为股东的时间点对知情权的行使没有影响,股东仍可查阅其成为股东之前的公司资料,便于监督公司经营管理层,维护股东权益。在南京文兴商贸有限公司与张某股东知情权纠纷上诉案中③,法院认为股东在向公司提交书面查阅申请之后,可根据实际情况合理调整查阅的期限范围。

所以,在执行中,公司股东有查阅相关资料期限的限制。

(二)执行方式

1. 执行中的时间、地点

我国司法解释目前已经对股东查阅或复制公司资料的时间、地点等内容进行了明确。④ 在深圳市金色蓝湾房地产开发有限公

---

① 参见江苏省高级人民法院民事判决书,(2015)苏商外终字第00035号。

② 参见北京市第三中级人民法院民事判决书,(2018)京03民终1465号。

③ 参见江苏省南京市中级人民法院民事判决书,(2013)宁商终字第732号。

④ 我国《公司法解释四》第10条第1款规定:"人民法院审理股东请求查阅或者复制公司特定文件材料的案件,对原告诉讼请求予以支持的,应当在判决中明确查阅或者复制公司特定文件材料的时间、地点和特定文件材料的名录。"

司与姚某荣股东知情权纠纷再审案中[①],一审、二审法院判决公司于判决生效之日起10日内为股东提供资料供其查阅。在南京南连光华液化气有限公司与詹某威知情权纠纷上诉案中[②],法院认为股东可在公司营业时间内行使查阅权,而没有具体的时间限制和要求。这两个案例都是在《公司法解释四》颁布前的判例,当时由法院对查阅的时间、地点行使自由裁量权。不过,为统筹平衡公司和股东的利益,应当指定明确的时间和地点。时间为正常营业时间,但周期不宜过长,可根据情况设定为1周内或1月内等;地点为公司资料存放地,便于股东查阅和公司资料的保密。

2. 执行中的委托代理

股东是否可以委托代理人查阅公司相关文件材料,法律和司法解释并未直接规定,但《公司法解释四》明确了辅助人员参与的内容[③],可以认为股东有权委托具有特定自治的人员行使知情权。但在司法实践中,在该司法解释颁布前,各地法院裁判规则并不统一。[④]

在真功夫餐饮管理有限公司与蔡某标股东知情权纠纷再审案中[⑤],法院认为法律并未禁止股东委托他人行使知情权,只要符合《民法通则》(已废止)中关于委托代理人实施民事法律行为的要

---

① 参见广东省高级人民法院民事裁定书,(2013)粤高法民二申字第998号。

② 参见江苏省高级人民法院民事判决书,(2003)苏民三终字第029号。

③ 我国《公司法解释四》第10条第2款规定:"股东依据人民法院生效判决查阅公司文件材料的,在该股东在场的情况下,可以由会计师、律师等依法或者依据执业行为规范负有保密义务的中介机构执业人员辅助进行。"

④ 虽然现行司法解释已经明确股东可以委托相关人员查阅公司文件材料,但对之前的判例进行分析有助于了解法院在该问题上的裁判规则和方向,并明确执行中受托人员的行权过程和责任承担。

⑤ 参见广东省高级人民法院民事裁定书,(2015)粤高法民二申字第202号。

求，即可自由委托。在杭州众慧浙华机电设备设计事务所有限公司与周某股东知情权纠纷上诉案中[①]，法院认为法律并未要求股东知情权只能由股东行使，委托行使亦符合法律规定，再加之财务的专业度，由具有相应资质的会计师受托行使更有利于实现知情权。在泰兴市饮食服务有限责任公司与沈某明等股东知情权纠纷上诉案中[②]，法院认为法无禁止皆可为，委托专业人士辅助查阅才能真正保证知情权。在葛某政与常州市天宁城市建设开发有限公司股东知情权纠纷上诉案中[③]，法院认为公司财务数据和资料专业化程度较高，股东难以驾驭，法律没有禁止股东委托他人或只允许股东亲自行使，另外，会计师等专业人员自身缚有职业道德和纪律的约束，公司商业秘密受损的可能性较小，故允许该类人员辅助查阅具有正当性基础。在夏某峰与广西桂平帝恒管道燃气投资有限公司股东知情权纠纷再审案中[④]，法院认为股东委托他人专业人士查阅公司资料没有法律依据，同时民法上的代理并不包括可以代理所有民事法律行为。在洪某环与峡江县华丰投资有限公司股东知情权纠纷再审案中[⑤]，法院认为此时法律对股东是否可以委托专业人员行使知情权没有规定，基于公司自治的要求，公司有权决定是否允许股东委托。在孙某植与沈阳汉旦城房地产开发有限公司股东知情权纠纷上诉案中[⑥]，法院认为因为此时法律对此的缺失，为更好地保护公司商业秘密，不宜由司法权强制确定能否委托，而应由

---

① 参见杭州市中级人民法院民事判决书，(2016)浙01民终7207号。

② 参见江苏省泰州市中级人民法院民事判决书，(2013)泰中商终字第0310号。

③ 参见江苏省常州市中级人民法院民事判决书，(2012)常商终字第229号。

④ 参见广西壮族自治区高级人民法院民事裁定书，(2016)桂民申1516号。

⑤ 参见江西省高级人民法院民事裁定书，(2016)赣民申208号。

⑥ 参见辽宁省沈阳市中级人民法院民事判决书，(2011)沈中民四终字第3号。

公司自行决定。在香港味千食品有限公司诉福州味千餐饮有限公司股东知情权纠纷案中①,公司同意股东委托专业人员查阅资料,法院并不干预。

由此探知,《公司法解释四》施行前股东是否可以委托他人查阅公司资料各地法院并无统一规则。该司法解释施行后已经明确规定股东可以委托相关人员查阅,但必须有股东在场,同时对该相关人员因受托行使知情权损害公司利益的情形规定了赔偿责任。②在执行中,准许委托已经没有异议,但受托对象的资质、行权方式及保密责任等仍然是需要重点关注的内容。

3. 查阅现场公证

股东现场查阅公司相关文件材料是实现股东知情权的重要方式,既包括通过诉讼之后的执行,也包括股东申请被公司许可。一方面在缺乏监督配合的情况下,股东申请后的查阅可能无法落实或受到公司种种限制,往往只是表面的许可,让股东既无法行使查阅权又因无法满足前置程序而不能提起知情权诉讼。而在诉讼之后的执行中,需要有赖法院的主导和推进,法院承担了较重的司法负担。因此,有必要引进公证机构进行现场查阅的监督公证,避免公司对股东不当的干预和阻挠。另一方面也有助于节省司法资源。从正当性来讲,《公证法》也进行了相关规定。③ 公证处根据法律规定和当事人的申请本就拥有现场监督类公证的职能,目的在

---

① 参见福州市中级人民法院民事判决书,(2008)榕民初字第669号。

② 我国《公司法解释四》第11条第2款规定:"根据本规定第十条辅助股东查阅公司文件材料的会计师、律师等泄露公司商业秘密导致公司合法利益受到损害,公司请求其赔偿相关损失的,人民法院应当予以支持。"

③ 我国《公证法》第11条第1款规定:"根据自然人、法人或者其他组织的申请,公证机构办理下列公证事项……(五)招标投标、拍卖……(十一)自然人、法人或者其他组织自愿申请办理的其他公证事项。"

于对现场活动进行监督和见证，确认其真实合法性。股东现场查阅活动完全符合《公证法》的规定，可作为法律未明确规定的“其他公证事项”纳入现场监督类的公证。公证员在现场监督见证股东依法查阅，避免公司不当干预，查阅结束后公证员当场宣布公证结果。① 如此，也同样保护了公司权益，避免股东以查阅存有瑕疵为由反复纠缠，影响公司正常经营管理活动。

（三）无法执行的救济

如果公司未依法制作和保存《公司法》规定的股东可查阅、复制的相关资料，即导致股东知情权的执行没有对象，此时可以通过另案起诉的方式对造成此种困境的直接责任人进行追责②，如此也可以倒逼直接责任人员积极合法履行制作和保存公司相关资料的义务。在黄某与甲公司股东知情权纠纷二审案中③，股东不负责公司财务管理，公司作为合法设立的企业应当按法律法规的要求设置公司会计账簿等财务资料，公司辩称不存在股东请求查阅的相关资料导致股东无法查阅，责任在公司。

（四）调解书和裁定书的执行

1. 调解书的执行

调解书是双方当事人合意的体现，只要不违反法律的规定，调解内容应当有效，即股东和公司关于资料查阅的地点、范围、时间等内容应遵循双方合意确定。在大连澳薪木业有限公司与林克航

---

① 参见王龙玉：《股东知情权行使中的公证问题》，载《中国公证》2012 年第 3 期。

② 我国《公司法解释四》第 12 条规定：“公司董事、高级管理人员等未依法履行职责，导致公司未依法制作或者保存公司法第三十三条、第九十七条规定的公司文件材料，给股东造成损失，股东依法请求负有相应责任的公司董事、高级管理人员承担民事赔偿责任的，人民法院应当予以支持。”

③ 参见上海市第一中级人民法院民事判决书，（2013）沪一中民四（商）终字第 1007 号。

运有限公司股东知情权纠纷上诉案中[①],法院准许双方通过调解书约定查阅的具体时间、地点和查阅范围。在上海安力登汽车空调压缩机有限公司与甘森利控股有限公司股东知情权纠纷上诉案中[②],法院准许双方约定查阅时间和范围。笔者认为调解内容仍应符合实际操作,如查阅时间长短问题、查阅人员的具体资格和委托证明等。若公司不履行生效调解书载明的义务,在执行中,则直接根据双方约定的相关内容执行。如果出现某些内容约定不明的情况,则应当采取有利于实现股东知情权的方式或由原审判机构解释明晰。

2. 保全裁定书的执行

我国的保全裁定采取执行名义[③],具有执行力。保全的方法和措施与执行程序一致。[④] 具体来讲,根据保全所指向的对象,可以分为直接执行和间接执行。对股东知情权的强制执行,是一种对行为的执行,而对行为执行又可分为该行为是否可以被替代。可以替代的行为可以由义务人以外的其他单位或个人完成,发生的相关费用由被执行人承担;不可替代的行为[⑤]只能由义务人履行,但因不可替代的行为具有人身性无法直接强制执行,只能通过对

---

① 参见辽宁省高级人民法院民事调解书,(2009)辽民三终字第199号。

② 参见上海市高级人民法院民事调解书,(2007)沪高民四(商)终字第15号。

③ 我国《民事诉讼法》第103条第3款规定:"人民法院接受申请后,对情况紧急的,必须在四十八小时内作出裁定;裁定采取保全措施的,应当立即开始执行。"

④ 《民诉法解释》第156条规定:"人民法院采取财产保全的方法和措施,依照执行程序相关规定办理。"

⑤ 针对不可替代行为的执行,德国使用强制罚金或强制拘禁的概念(德国《民事诉讼法》第888条)。相反,针对不作为行为的执行,德国通过违警罚款或者违警拘留的方式为之。强制罚金与违警罚款的区别在于,前者并非违反命令后的惩罚措施,而是属于强迫当事人实施被命行为的强制措施。参见周翠:《行为保全问题研究——对〈民事诉讼法〉第100-105条的解释》,载《法律科学(西北政法大学学报)》2015年第4期。

妨害执行行为的处罚来救济[①],若义务人不履行可通过间接强制执行如对公司罚款或拘留相关人员的方式来推进。基于股东知情权各子权利的特性,在保全执行中,只有查阅权可采取保全措施,如将公司资料查封、扣押等,其他子权利如质询权等因没有保全利益无法采取保全措施。在股东知情权诉讼进入执行程序后,应当由义务人公司提供相应资料以备查阅或指派相关人员接受质询并回应。

三、股东知情权子权利的执行

股东知情权是一种集合性的权利,其下还包含不同性质的子权利。针对不同的特性,对具体子权利的执行也需要以不同的方式展开。

(一)对查阅权的执行

查阅权可以通过强制执行的方式完成。[②] 前述已经分析,此处不赘。

(二)对质询权的执行

对质询权的执行有其特殊性。表面上看公司是质询义务人,但因为公司作为组织无法直接进行意思表示,实际上是由相关人员如董事、监事或高管人员等针对股东的质询进行回应。因此,质

---

① 我国《民事诉讼法》第259条规定:"对判决、裁定和其他法律文书指定的行为,被执行人未按执行通知履行的,人民法院可以强制执行或者委托有关单位或者其他人完成,费用由被执行人承担。"

② 有的国家明确规定关于查阅权的裁判可以强制执行。如德国《有限责任公司法》第51b条(法院对知情权和查阅权的裁判)规定,德国《股份公司法》第132条第4项关于裁判可依照《民事诉讼法》强制执行的规定在查阅权案件中同样适用。参见孙加瑞:《公司股东权诉讼研究》,中国社会科学院研究生院2000年博士学位论文,第103页。

询权的执行转变为了对公司董事、监事或高管人员甚至是控股股东的回应质询的执行。就执行的时间来讲,有的国家也并未硬性要求必须是在股东会召开期间。[①] 显然,质询权的执行应当属于不可被替代的行为,即通过间接强制执行的方式完成。

(三)强制信息披露权

本书讨论的强制信息披露权是关于公司法上的信息披露而非证券法上的信息披露。公司本有文件置备、送交股东相关文件材料的义务,这是无须股东申请公司就应当主动履行的义务。此类义务属于可被替代履行的义务,若产生费用由公司承担。但如公司不配合向法院提交相关材料以供置备或送交,法院可采用搜查等强制方式找寻相关资料并置备或送交。如在法院将相关资料置备后,公司故意阻挠、取走或破坏,应当视为妨害执行的行为而受到处罚。

第六节　股东知情权之诉诉讼标的的审查

一、股东知情权之诉的诉的利益

诉的利益集合了保障当事人诉权和防止诉权滥用的平衡利益,亦是一种私益和公益交汇的产物。作为民事诉讼的重要传统理论,诉的利益指的是以具体诉讼请求为载体,对作出本案判决是否有必要和产生何种实际上的效果进行评判,即本案判决的两个

① 如德国《股份公司法》第132条第4款规定:“如果同意一项申请,即使在股东大会以外也要对询问给予答复。根据裁判,依照《民事诉讼法》可以进行强制执行。”

维度——必要性和实效性。[①] 诉的利益的定位和判断以及对应的裁判方式一直是争议的重要问题，在股东知情权之诉中，作为一种给付之诉，在司法实践中也出现了大量囿于诉的利益产生的问题。尤其是在我国现行《民事诉讼法》没有修改，但司法解释和相关文件进行立案登记制改革的场景下，诉的利益如何妥善定位、如何确立判断标准和完善裁判方式，并回应立案登记制改革红利，适当平衡诉权保障与避免滥诉将是重要课题。

（一）诉的利益之应然定位

诉的利益之定位指的是其应当属于起诉要件、诉讼要件抑或本案判决要件（权利保护要件），其实质就是诉的利益的审查环节应当是立案阶段还是审判阶段，如果缺失该要件，法院应当作出何种对应的裁判。基于大陆法系民事诉讼传统理论和诉的利益之内在运行逻辑，本书将诉的利益定位为诉讼要件。

1. 起诉要件：违反诉讼位阶理论和导致起诉条件高阶化

民事诉讼可以分成三个递进环节，诉讼成立、诉讼合法和诉讼有理，在不同环节即葆有不一样的要件。[②] 一般来讲，起诉要件主要是形式要求并伴以形式审查，落脚到诉状和诉讼费交纳等程序性的问题上。从逻辑上讲，此时诉讼并未系属，如果不满足起诉要件或未补正则应当驳回起诉。我国民事诉讼法并未涉及诉的利益，在司法实践中将其定位为起诉要件。[③] 但因诉的利益的审查和

---

① 参见［日］新堂幸司：《新民事诉讼法》，林剑锋译，法律出版社2008年版，第187页。

② 参见［日］中村英郎：《新民事诉讼法讲义》，陈刚、林剑锋、郭美松译，常怡校，法律出版社2001年版，第152页。

③ 参见李凌：《立案登记制下诉的利益判断》，载《国家检察官学院学报》2017年第4期。

实体法内容具有莫大关系，如果作为起诉要件在立案时进行前置审理则无疑抬高了起诉门槛，不利于充分保障当事人诉权，并且无端耗费司法资源对诉的利益进行前置审查，无益于立案登记制改革的顺利推行。

2. 本案判决要件：无法自圆的逻辑悖论和预防滥诉的搁浅

诉的利益本身缠绕了许多实体法的要素，将其作为本案实体审理的具体内容似乎也是应有之义，如果缺乏这一要件则以诉无理由判决驳回。诉的利益指的是针对具体诉讼请求就本案判决作出前考量必要性和实效性，由此可见，对诉的利益之审查理应放在本案判决之前，否则已经不再具有意义。诉的利益虽然纠缠于实体法内容，对其的判断也需要结合具体的诉，但仍然处于一个前置判断，即到底有没有必要和实效对本案作出判决。

前述已言，诉的利益考量将保障当事人诉权和防止滥诉如何平衡的问题，如果定位于本案判决要件，也存在类似的逻辑无法自洽之困境。既然是防止滥诉，则必然在作出本案判决之前，如果放置于本案判决要件之中进行判断，即使发现没有诉的利益这一要件，但此时已经推进到了本案判决这一最后阶段，已然无法预防性地规制滥诉，因为滥诉事实上已经发生且不可逆转。

3. 诉讼要件：平衡多方主体利益和发挥积极功用

诉的利益关涉多方主体如原被告以及法院所代表的国家等，诉权保障与滥诉预防的衡平也是该多方主体的博弈。诉的利益不仅是当事人的利益（包括原被告），也和国家利益密切相关，这是当事人私益与民事诉讼所涉的国家公益之间的纠葛。当事人在利用民事诉讼程序这一国家设立的纠纷解决方式时，需要对当事人赋予充分的程序保障。将诉的利益定位于诉讼要件符合程序性保障的要求。

传统大陆法系国家中的日本将诉的利益定位为诉讼要件，诉的利益虽与实体法相关，但自身包含国家公法的性质，如果缺乏该要件，应当以诉讼判决驳回之，而不能以本案判决评价有无理由。德国则丰富了诉的利益的内涵，即在实体法规定的权利之外还需要权利保护利益，因权利保护利益属于诉讼要件，故诉的利益也属于此，若缺失则导致诉不合法将被驳回。[①]

从功能发挥上讲，诉的利益具有过滤案件预防滥诉的消极作用，在现代型诉讼中也具有创设或确认新型权利的积极作用。基于大陆法系规范出发型的民事诉讼构造，实体法往往作为权利设定的来源，没有实体法依据则没有法定的权利。法律具有滞后性，不能朝令夕改，但现代生活是高速发展的，纷繁复杂的。为妥善应对和解决复杂的社会生活和相对固化的法律规范，可以借助诉的利益这一通道让某些没有法定的新型权利进入诉讼，维护民众权利。[②] 英美法系采用事实出发型的民事诉讼构造，与大陆法系规范的制定法不同，在程序法和实体法之外专设并列的部门法——救济法作为中间地带。这里的救济法与大陆法系的诉的利益异曲同工。所以在这样的维度之下，诉的利益应当定位于程序层面，与实体法涉及的有无理由分属不同层面，故应当具有诉讼法性质。

（二）诉的利益之审查及裁判

根据前述行文，本书已经明确诉的利益属于诉讼要件，法院对诉的利益之审查与裁判需要衡量保障诉权与预防滥诉的尺度，尤其在立案登记制的框架下，妥善应对诉的利益之审查与裁判。

---

① 参见［德］奥特马·尧厄尼希：《民事诉讼法》（第27版），周翠译，法律出版社2003年版，第190页。

② 参见［日］谷口安平：《程序的正义与诉讼》，王亚新、刘荣军译，中国政法大学出版社1996年版，第191～194页。

1. 诉的利益之审查

第一,诉的利益应由法院依职权调查。诉的利益背后含有国家公益,无论是保障当事人诉权还是防止滥诉,应当由代表国家审判权的人民法院主动对此行使审查职权。

第二,诉的利益用于审查的诉讼资料应由当事人依辩论主义查明。诉的利益也含有私益,应由当事人就诉的利益有关的事实和证据进行收集并承担证明责任,而不是由法院采职权探知主义。

第三,诉的利益的后置审查。诉的利益定位于诉讼要件,但与实体法牵连甚密。法院在审查诉的利益这一诉讼要件时,应当赋予当事人足够的辩论权利,以保障程序正义。因此,在审查顺序上当然相应后置,毕竟只有进入实体审理后才能判断有无诉的利益。

2. 诉的利益之裁判

法院对诉的利益进行审查之后,必然会涉及如何裁判的问题。不同类型的诉以及同一类型的具体案件,需要考量的特定内容不一而足。

第一,诉的利益要件与本案判决要件的裁判顺序。本案判决要件关涉诉的有理性,其判断对象针对的是本体,诉的利益要件则是本案判决的前提。基于此,应当分类型明确不同情形下二者的裁判顺序。一是诉的利益并不明确,但双方无争执。诉的利益与国家公益和当事人私益均有关联,应由法院依职权调查,但其依托的诉讼资料适用辩论主义。有学者认为此时法院可径行就诉有无理由作出本案判决。[①] 二是诉的利益有争执,但本案请求无理由。诉的利益所具有的消极作用就在于筛查过滤、防止滥诉,如果诉已

---

① 参见吕太郎:《民事诉讼之基本理论(一)》,中国政法大学出版社 2003 年版,第 207 ~ 208 页。

经无理由，还要先行审查诉的利益，则无实益，并增加无意义的诉累。三是诉的利益欠缺，本案请求有无理由不明确。此种情形则体现了诉讼位阶效力，不必再作出本案判决。四是诉的利益欠缺，本案请求无理由，即诉讼要件和本案判决要件双双缺失，根据诉讼位阶效力，实际上法院仅需要作出驳回诉讼请求的判决即可，无须作出本案判决。

第二，缺乏诉的利益要件的裁判形式。欠缺诉的利益的裁判形式与其定位相关，我国目前将其定位于起诉要件，但产生了逻辑矛盾，即案件诉讼系属后，如果发现不具备诉的利益，法院会裁定驳回起诉，发生诉讼系属后与驳回起诉相矛盾。本书将诉的利益定位于诉讼要件，根据德日的方式则可以作出诉讼判决驳回诉讼。[①] 相应地，作为诉讼要件之一的诉的利益，当然应当在诉讼系属之后法院才会进行审查，同时当事人依据辩论主义进行主张举证。如果从程序性事项来看，在我国可以用裁定进行驳回，但为避免逻辑尴尬，应当是驳回诉讼请求而非起诉。如果从诉的利益与实体性事项千丝万缕的关系而言，则又宜用判决驳回诉讼请求。

（三）股东知情权之诉的诉的利益之判断

1. 股东知情权之诉的诉的利益之判断依据

前文将诉的利益从诉讼要件的定位及其审查和裁判进行了一般性的梳理，股东知情权之诉作为三大诉讼类型之一的给付之诉，对其诉的利益之判断，标准和依据与确认之诉和形成之诉迥异。给付之诉指的是原告基于给付请求权向被告主张，并请求法院作出支持的给付判决，给付的对象包括种类物如金钱，也包括特定物

---

① 诉讼判决为德、日民事诉讼中的裁判形式，多适用于经过言辞辩论程序的事项。参见傅郁林：《先决问题与中间裁判》，载《中国法学》2008 年第 6 期。

实物和行为(作为或不作为)。[①] 对给付之诉的判断依据主要是原被告之间的民事法律关系中,被告负有给付义务,原告依据实体法的规定依法享有给付请求权。

股东知情权之诉作为一种行为给付之诉,实体法上明确赋予了股东的知情权,即股东直接享有诉的利益。但如果股东请求查阅公司会计账簿,则需要前置程序,即股东需先向公司提出书面申请并说明目的,如若公司认为股东有不正当目的可以拒绝股东查阅,并在15日内书面答复且附理由。股东履行该前置程序后才能够向人民法院提起股东知情权之诉。[②]

2. 股东知情权之诉的司法实践

在司法实践当中,股东知情权之诉关于诉的利益部分裁判口径不尽相同,甚至各有特点。有基于股东身份,认为没有股东资格就没有诉的利益,但股东身份实际上应当属于当事人适格的范畴。有基于是否存在争议,没有争议就没有诉的利益。有就不正当目的进行考量,如果认定存有不正当目的则不具有诉的利益等。

(1)基于股东身份的诉的利益

在肥城市燃气公司与肥城华益晨燃气有限公司股东知情权纠

---

① 参见张卫平:《诉的利益:内涵、功用与制度设计》,载《法学评论》2017年第4期。

② 参见我国《公司法》第33条规定:"股东有权查阅、复制公司章程、股东会会议记录、董事会会议决议、监事会会议决议和财务会计报告。股东可以要求查阅公司会计账簿。股东要求查阅公司会计账簿的,应当向公司提出书面请求,说明目的。公司有合理根据认为股东查阅会计账簿有不正当目的,可能损害公司合法利益的,可以拒绝提供查阅,并应当自股东提出书面请求之日起十五日内书面答复股东并说明理由。公司拒绝提供查阅的,股东可以请求人民法院要求公司提供查阅。"第97条规定:"股东有权查阅公司章程、股东名册、公司债券存根、股东大会会议记录、董事会会议决议、监事会会议决议、财务会计报告,对公司的经营提出建议或者质询。"

纷上诉案[①]中,法院认为燃气公司的股东资格已经被股东会决议作出除名处理,已失去股东资格,燃气公司虽不认可该股东会决议,但尚未通过合法程序认定该决议无效或不成立或撤销该决议。故燃气公司因无股东身份,没有诉的利益,不能行使股东知情权。

在广州市启诚五金工艺有限公司、广州市启诚建筑装饰实业有限公司、刘某与黄某锋股东知情权纠纷案中[②],法院认为黄某锋请求确认其股东身份,但公司的工商登记和公司章程等均已明确其股东身份,且其他人并未否定其股东身份,故该请求没有诉的利益。

在济源世纪酒店有限公司与崔某股东知情权纠纷上诉案中[③],法院将诉的利益和原告适格捆绑在一起,认为没有股东资格则既没有诉的利益,也不是适格原告。

在深圳惠星源实业发展有限公司与天诚控股(深圳)有限公司股东知情权纠纷上诉案中[④],天诚公司本是惠星源公司工商登记上载明的股东,在本案股东知情权中具有诉权。二审中天诚公司因惠星源公司减资导致失去股东资格。惠星源公司另行提起股东资格确认纠纷请求否认天诚公司股东资格,此时,天诚公司已经不再具有股东资格,该案没有必要继续进行审理。但减资前的天诚公司作为股东可以享有股东知情权。

在王某健与贵州贵安消防工程有限公司股东知情权纠纷上诉案中[⑤],一审法院认为王某廷不具有股东资格则无诉的利益,且诉

---

① 参见山东省泰安市中级人民法院民事判决书,(2020)鲁09民终3083号。
② 参见广东省高级人民法院民事裁定书,(2017)粤民申6404号。
③ 参见河南省济源市中级人民法院民事判决书,(2018)豫96民终1046号。
④ 参见广东省深圳市中级人民法院民事判决书,(2017)粤03民终15352号。
⑤ 参见贵州省高级人民法院民事裁定书,(2019)黔民终588号。

讼中王某廷去世，缺失主体；二审法院认为原股东王某廷在诉讼中去世，其继承人并不应当享有股东资格，故无权提起股东知情权诉讼，只有待继承人依法定或章程规定成为公司股东后，其有权另行提起股东知情权之诉。

（2）基于有无争议的诉的利益

在北京昌融信投资基金管理有限公司与李某清股东知情权纠纷上诉案中①，公司认为李某清已掌握了公司财务状况并参加了股东会和董事会，故没有必要通过诉讼来救济股东知情权，即没有实质争议，法院认为于法无据，但也没有从诉的利益角度进行审查。

在大连闻达化工服务有限公司诉溧阳德维透平机械有限公司股东知情权纠纷案中②，被告认为已经同意原告提出的查阅公司相关资料的要求，双方对此不存在争议，就没有诉的利益，不属于民事诉讼的调整范围。法院对此并未评判，而是认为原告、被告已经就此达成了一致，同意原告撤回该项诉讼请求。

在林某章与漳州升德水产冷冻有限公司股东知情权纠纷案中③，被告公司认为没有侵害原告股东的知情权，双方没有实质争议，更不需要通过诉讼处理，因此原告没有诉的利益。不过法院认为原告享有股东知情权，双方存在实质争议，因而支持了原告诉求。

在邱某林、王某辉与湖州中成粮油有限公司股东知情权纠纷案中④，法院通过原告股东已经查阅会计账簿、复制财务会计报告等资料认为原告股东的诉求已经实现，双方不存在争议，因此原告

---

① 参见北京市第一中级人民法院民事判决书，(2020)京01民终7625号。
② 参见江苏省溧阳市人民法院民事判决书，(2020)苏0481民初5138号。
③ 参见福建省漳州市芗城区人民法院民事判决书，(2019)闽0602民初221号。
④ 参见浙江省湖州市南浔区人民法院民事判决书，(2016)浙0503民初1944号。

没有诉的利益，故驳回原告的诉讼请求。

在唐某芳与上海力德企业管理咨询有限公司股东知情权纠纷上诉案中[①]，公司股东已和公司达成调解协议并由法院制作调解书，调解书的内容为公司向股东提供股东会记录等相关资料在特定的时间地点查阅。但在调解书履行过程中，股东委托了代理人查阅被公司拒绝，于是股东再次起诉请求确认股东有权委托代理人行使股东知情权。一审法院驳回股东起诉。二审法院认为股东委托代理人行使股东知情权仅关涉某个法条的个人理解问题，并非有争议的纠纷，故不具有诉的利益，故驳回股东上诉，维持原裁定。[②]

在如东县潮桥供销社有限责任公司与王某斌、曹某、张某涛股东知情权纠纷上诉案中[③]，公司抗辩在股东提出查阅财务会计报告的要求后，已经同意查阅，双方不存在争议，即本案不具有诉的利益。法院认为虽然股东在起诉之前已经向公司发出查阅相关资料的书面函件，但股东并未明确所涉资料的覆盖时间且也未明确查阅的具体内容，法院需要保障股东的诉权并需要明确双方的权利义务。另外，股东对所要求查阅的资料即使曾经接触过，也不能否认股东知情权诉讼的诉的利益。

---

① 参见上海市第一中级人民法院民事裁定书，(2016)沪01民终6465号。

② 本案裁判时《公司法解释四》尚未出台，没有明确股东可以委托代理人行使股东知情权的情形。股东依据的是届时尚有效的《民法通则》第63条即"公民、法人可以通过代理人实施民事法律行为。代理人在代理权限内，以被代理人的名义实施民事法律行为。被代理人对代理人的代理行为，承担民事责任。依照法律规定或者按照双方当事人约定，应当由本人实施的民事法律行为，不得代理"。但法院认为股东只是涉及具体法条的理解与适用，而非指向具体的纠纷事件。民事诉讼制度系为解决生活上纷争而设立之制度，并非单纯解决法律上之见解问题。因此上诉人的起诉不具诉的利益……参见上海市第一中级人民法院民事裁定书，(2016)沪01民终6465号。

③ 参见江苏省南通市中级人民法院民事判决书，(2018)苏06民终2173号。

(3)基于监事身份的诉的利益

在李某强与兴峰物流(镇江)有限公司股东知情权纠纷案中①,原告李某强作为公司监事,为实现监事对公司财务检查的职权而提起了股东知情权诉讼,法院认为监事不属于股东知情权之诉的适格主体,也无诉的利益。一方面《公司法》等实体法并未赋予监事此种权利,另一方面监事行使检查公司财务的权力可以通过召集股东会的方式而非诉讼方式。

(4)基于是否具有正当目的的诉的利益

在邵某银、郭某、刘某勤、郑某发与云南佳鸿宇合实业有限公司、赵某飞股东知情权纠纷上诉案中②,公司认为股东为了向他人通报公司会计账簿的不正当目的而请求查阅,可能会损害公司利益,且股东为多人的共同诉讼,股东具有共同的诉的利益,但只要有一个股东有该不正当目的,则共同诉讼的所有股东均不具有诉的利益。共同诉讼的股东名下的其他公司与本案被告公司的经营范围有一定重叠,一审法院推断出股东具有不正当目的。二审法院认为经营范围部分重叠但并不完全一致,且经营范围的重叠与是否存在实质性竞争没有必然的因果关系,故改判支持了股东行使知情权。

(5)基于股东和法定代表人双重身份的诉的利益

在张某东诉上海振群物业有限公司股东知情权纠纷案中③,原告作为公司股东和法定代表人,一般情况法定代表人即代表公司,包括代表公司保管关涉股东知情权的相关资料,但该股东(法定代表人)主张相关资料已实际被他人占有,故主张股东知情权。法院

---

① 参见江苏省句容市人民法院民事裁定书,(2019)苏1183民初7460号。
② 参见云南省昆明市中级人民法院民事判决书,(2019)云01民终6793号。
③ 参见上海市浦东新区人民法院民事裁定书,(2019)沪0115民初77776号。

认为法定代表人即公司，其作为股东虽然有权行使知情权，但本案等同于同一主体（股东）向同一主体（法定代表人）所代表的公司主体主张权利，没有诉的利益。如果法定代表人所主张的公司相关资料被他人占有，则法定代表人可代表公司依法请求侵权人返还原物。

（6）基于诉的类型的诉的利益

在李某佳与宁波一格国际物流有限公司股东知情权纠纷案中①，原告股东在股东知情权诉讼过程中增加诉讼请求，请求法院委托审计机构对公司财务进行审计，法院认为该请求不属于三大诉的类型之一，不属于诉的范围，故没有诉的利益。

综上所述，司法实践中法院关于诉的利益的判断标准多样，如是否具备股东资格，是否产生实质争议，包括股东和公司就实现股东知情权达成一致没有争议的情况下但没有明确权利义务时也具有诉的利益；另外否定了监事身份不具有诉的利益。股东是否具有正当目的也称为知情权之诉诉的利益的重要评判标准。同时有股东和法定代表人双重身份不存在诉的利益的例外，并从诉的类型的角度对诉的利益进行判断。归集起来，法院对股东知情权之诉的诉的利益的概念认识并不统一，评判标准也呈多元趋势，甚至超越了诉的利益的范畴，扩张到当事人适格的内容，司法实践中还比较混乱。

二、股东知情权之诉的重复诉讼之诉讼标的相同

作为诉的要素的重要组成部分，诉讼标的起到了诉的识别的重要作用。根据我国重复诉讼的司法解释，诉讼标的是其中一项

① 参见浙江省宁波市江东区人民法院民事判决书，（2016）浙0204民初1323号。

识别标准,并且是基于旧实体法说的视角下进行观察,即指一种实体法上的权利或法律关系。[①] 等量代换,实体法上的权利或法律关系在我国也被列为了重复诉讼的识别标准。在股东知情权诉讼中,查阅不同的资料就可能形成不同的法律关系,也就会有不一样的诉讼标的。

① 参见最高人民法院修改后民事诉讼法贯彻实施工作领导小组编著:《最高人民法院民事诉讼法司法解释理解与适用》(上),人民法院出版社 2015 年版,第 635 页。

第四章　股东知情权之诉的诉讼理由

本章主要从股东知情权之诉的诉讼理由展开讨论，具体就股东知情权项下的子权利的诉讼理由及相互之间的协同、诉讼理由与要件事实以及主张责任和证明责任、诉讼理由的合并与变更等问题进行阐释，同时结合法院对股东知情权之诉的诉讼理由审查进行论述。

第一节　诉讼理由与股东知情权之诉

诉讼理由是本书认为的诉的要素之一，和诉讼标的这一诉的要素应当是相互独立但也有一定联系的两个要素。分析股东知情权之诉的诉讼理由，尚需结合诉讼请求、诉讼标的、裁判理由和请求权基础等内容，并就股东知情权之诉的各项子权利的诉讼理由进行分化和明晰。

一、诉讼理由与裁判理由

诉讼理由作为诉的其中一个要素，关涉民事诉讼法的许多重要理论和实践问题。但我国民事诉讼相关法律法规对此规定得比较概括和简略，让诉讼理由无法应对理论和实践中出现的挑战。[①]尤其是出现当事人的诉讼理由和法院的裁判理由发生冲突时的模式选择问题，也存在一定的争议。有人认为，事实层面由当事人主张，判决理由层面则是法院独立判断，可以和诉讼理由有异但并不受其限制，如是才能达到诉讼经济和公平正义。[②] 也有人认为，诉讼理由和裁判理由相左时，为避免法官给当事人找"胜诉理由"，并尊重当事人的主张，不应由法院主动依职权变更诉讼理由，否则将破坏法官的中立性和消极性，损害司法公正。[③]

（一）诉讼理由的含义

根据传统经典的定义，诉讼理由包含事实根据和法律依据，即诉讼当事人通过实体法规范这一法律依据对所争执的事实进行法律上的评价。如果是当事人进行的法律上的评价则为诉讼理由，若是法院进行的判断则为裁判理由。[④] 诉讼理由是一种通过法律对事实进行的评价，但也有学者认为是未经评价的客观事件，仅仅是一种攻击防御的方法。[⑤] 根据诉讼理由的传统概念，当事人除提

---

① 根据现行《民事诉讼法》，起诉条件、起诉状记明内容、判决书认定的事实和理由、适用的法律和理由、裁定书的理由、上诉状的理由、再审理由等内容均涉及理由的问题。

② 参见刘言浩：《宾馆对住客的保护义务——王利毅、张丽霞诉上海银河宾馆损害赔偿上诉案评析》，载《法学研究》2001 年第 3 期。

③ 施付阳、张翔：《民事诉讼理由与裁判理由的冲突及其模式选择》，载《法律适用》2009 年第 8 期。

④ 参见柴发邦主编：《中国民事诉讼法学》，中国人民公安大学出版社 1992 年版；常怡主编：《民事诉讼法学》，中国政法大学出版社 1999 年版；江伟主编：《中国民事诉讼法专论》，中国政法大学出版社 1998 年版。

⑤ 张卫平教授在介绍德国诉讼的二分肢理论时指出："原告将以不法侵权行为提出的损害赔偿请求权，更改为以合同不履行的损害赔偿请求权，仅仅是原告攻击方法的变更。"参见张卫平：《程序公正实现中的冲突与衡平——外国民事诉讼研究引论》，成都人民出版社 1993 年版，第 90 页。

出事实根据以外，还需要自身对争议事实进行一个初步的法律评价（即使可能与裁判理由不一致）。同时自然事实也需要经过实体法规范的衡量而成为法律事实。原告起诉通常是为了某种法律效果，这样的法律效果是否能够如愿实现则由法律直接规定了若干构成要件。原告为了实现这种法律效果必须提出与该法律效果相对应的事实作为自身请求的理由，诉讼理由就支撑着这样的要件事实。①

具体来讲，诉讼理由作为一种主要依据，是原告向法院起诉并提出具体诉讼请求的源头。② 民事诉讼法的规定和起诉状的要求即需要载明提出诉讼请求的理由。这里的诉讼理由又囊括了两个方面的内容：一是保护原告的实体法上的规范依据，二是所保护的原告权利是否应当受到保护的原因。这样的范围其实是限缩了诉讼理由的射程，仅限制原告的起诉理由。所以需要按广义和狭义来进一步界分。广义上诉讼理由包括原告的起诉理由，相应地，也应涵盖被告的抗辩理由；如果产生二审又会出现上诉人的上诉理由和被上诉人的抗辩理由；甚至如果还有再审，同样包括申请人的申请再审理由和被申请人的抗辩理由。

如果从狭义上来讲，二审程序的启动基于上诉请求和理由，也涵盖了特定的事实和法律。但需要区别的是，原告作为上诉人的上诉理由针对的是反驳原审裁判和坚持原诉讼理由；被告作为上诉人的上诉理由针对的是反驳原裁判和原诉讼理由。从法院的角度来看，二审法院审查的则是原审的诉讼理由

① 参见王亚新、陈杭平、刘君博：《中国民事诉讼法重点讲义》，高等教育出版社2017年版，第17页。

② 参见王怀安主编：《中国民事诉讼法教程》（修订本），中国政法大学出版社1996年版，第250页。

能否成立。①

所以,本书认为诉讼理由目的在于支持诉讼请求,而支持的方向分为事实根据和法律依据。

(二)诉讼理由与裁判理由的冲突及模式选择

诉讼理由从狭义层面上讲指的是当事人提出的支持其诉讼请求的事实和法律,裁判理由则是法院支持其判决主文结论的依据。具体来讲又可以分为不同状态。从动态上来说,法官通过审理衡平原告、被告的诉和辩,通过事实和法律推导出最后结果。② 从静态上来讲,又是一种支撑判决结果的基础,裁判理由实际上就是让事实和判决结果能够相通的桥梁。③ 前述已经论及诉讼理由包括事实和法律,而裁判理由同样包括事实认定和法律适用这两方面的内容。事实认定指的是通过当事人的证据认定或不认定事实以及证据和事实之间的相互关系。④ 事实的认定是法院通过当事人陈述的事实对争议事实进行的查明和确认,法院所认定的事实属于符合一定的构成要件即要件事实。所以,裁判理由是"法官对案件事实所披露的法律问题,说明应适用的法律规则"⑤。

1. 诉讼理由与裁判理由协调的必要性

裁判理由和诉讼理由客观上不一定能做到完全对应(通常都是不对应的),但二者毕竟作为诉判关系的表现,也不能差得太远。当事人在诉讼理由中涵盖了事实和法律的选择,法院经过审理将

① 参见刘翔光:《诉及其要素新解》,载《律师世界》2003 年第 9 期。

② 参见叶自强:《民事诉讼制度的变革》,法律出版社 2001 年版,第 265 页。

③ 参见叶自强:《民事诉讼制度的变革》,法律出版社 2001 年版,第 266 页。

④ 参见王亚新:《对抗与判定:日本民事诉讼的基本结构》,清华大学出版社 2002 年版,第 294 页。

⑤ 沈达明编著:《比较民事诉讼法初论》,中国法制出版社 2002 年版,第 580 页。

会对当事人的诉讼理由进行评判从而作出有利或不利于当事人的判决。第一,法官中立的需要。具体包括法官和本案不相关,且不得偏向或歧视本案当事人任意一方。更严格的是法官不应当对自身的价值取向、好恶等产生"偏异倾向"①。这是一种客观要求,即使法官出于善意和公平正义的价值导向而摒弃中立,也会产生"瓜田李下"的不公正嫌疑。第二,程序保障的要求。当事人既然要受到裁判结果的约束,就应当对其赋予充分的程序保障。一方面当事人对程序的参与出于自愿而未受胁迫,另一方面当事人受到的保障需要达到一定程度或者说能够充分影响程序和结果,避免因裁判理由和诉讼理由的冲突导致突袭裁判。第三,纠纷化解的需要。民事诉讼目的论是一个复杂深厚的问题,也产生了多种形态各异的理论。但化解纠纷的目标始终是一个不得不重视的基本问题。通过程序充分保障了当事人的权利,但若当事人依然无法服判息诉怎么办?所以当事人对裁判理由的接受程度将会是一个必要命题。② 作为裁判权的司法权,有异于其他国家权力,具有阐述理由的自觉性,且司法最终产品——裁判文书,其灵魂就是法官说理。③ 裁判理由,拉丁文是 *ratio decidendi*,英文是 the rationale for the decision 或是 the reason。大陆法系认为裁判理由是一种说理,针对当事人的争议事实作出的法律上的认定和在事实认定基础上

---

① 肖建国:《民事诉讼程序价值论》,中国人民大学出版社 2000 年版,第 178 页。

② 要使法律取得解决利益纠纷,保护公民正当权益,维护法律秩序,实现公平、平等、安全、自由、效益等正义价值,促进社会进步与发展的实际效用,司法判决必须为当事人接受和履行。参见张继成:《可能生活的证成与接受——司法判决可接受性的规范研究》,载《法学研究》2008 年第 5 期。

③ 参见罗灿:《司法改革背景下裁判文书说理繁简分流研究》,法律出版社 2018 年版,第 1 页。

适用法律的说理。[1] 所以,要想解决纠纷,就要通过裁判理由说服当事人,并最终接受裁判结果,达到息诉罢访、案结事了。与此同时,将会凸显裁判理由的主要功能——社会引导性[2],并最终化解纠纷,实现民事诉讼目的。[3]

2. 诉讼理由与裁判理由冲突的化解

前文论及诉讼理由与裁判理由协调统一的必要性,在二者之间发生冲突后如何协调一致将是平衡诉判关系、促进公平正义的重要方式。

(1)提升诉讼技巧

如果允许诉讼理由和裁判理由分道扬镳,有可能陷入一个分离模式,即"你诉你的,我判我的",双方可能没有一个交锋,或者仅依据当事人诉讼理由不当而驳回其诉求。这对当事人尤其是没有委托律师不懂法律甚至不懂诉讼技巧的当事人来说无疑将权利保障裸露在外。随着经济社会的发展,当事人诉讼技巧有一定提高,至少其自身诉求是什么,为什么要/能保护自身诉求他们总是说得清楚。为什么要/能保护自身诉求指的就是诉讼理由,但诉讼理由和裁判理由相悖时并不能够简单地一驳了之。新修正的《最高人民法院关于民事诉讼证据的若干规定》已于 2020 年 5 月 1 日起施行,在诉讼理由和裁判理由冲突时已经改变了原证据规定的法官

---

① 参见王合静:《民事判决理由研究》,法律出版社 2016 年版,第 20 页。

② 参见苏力:《判决书的背后》,载《法学研究》2001 年第 3 期。

③ 《最高人民法院关于加强和规范裁判文书释法说理的指导意见》表明:裁判文书释法说理的目的是通过阐明裁判结论的形成过程和正当性理由,提高裁判的可接受性,实现法律效果和社会效果的有机统一……发挥裁判的定分止争和价值引领作用,弘扬社会主义核心价值观,努力让人民群众在每一个司法案件中感受到公平正义……

释明的内容,而代之以焦点问题审理①,这有助于减轻一审法官的压力,也有助于诉讼理由和裁判理由的协调统一以及提高当事人对裁判结果的接受度。

(2)强化律师代理

法官和律师作为法律共同体,共同担负着推进法治进程的重要任务。二者虽然地位立场不同,但律师与当事人相比和法官的沟通交流会更加畅通,更容易让诉讼理由和裁判理由趋于一致。我国没有规定律师强制代理制度,但有法律援助的制度安排。通过强化律师代理,尽可能让诉判关系融合。②

(3)规范法官释明

法官释明和律师代理是相辅相成的,也是为了让裁判理由和诉讼理由协调一致。为了协调一致,法官的释明应当发挥积极作用。但这种积极作用与法官的中立并不相悖,实践中基于我国目前的诉讼形势,法官不可能完全消极,至少在诉讼进程上需要引导促进,充分行使指挥权。在事实层面为双方当事人提供必要协助,在法律适用层面以法律观点指出义务恰当引导。③ 法官适当释明

---

① 《证据规定》第 53 条第 1 款规定:"诉讼过程中,当事人主张的法律关系性质或者民事行为效力与人民法院根据案件事实作出的认定不一致的,人民法院应当将法律关系性质或者民事行为效力作为焦点问题进行审理。但法律关系性质对裁判理由及结果没有影响,或者有关问题已经当事人充分辩论的除外。"而旧《证据规定》第 35 条第 1 款规定:"诉讼过程中,当事人主张的法律关系的性质或者民事行为的效力与人民法院根据案件事实作出的认定不一致的……人民法院应当告知当事人可以变更诉讼请求。"

② 不可否认,虽然作为法律共同体,律师与法官由于立场、素养和认识等方面的不同可能导致诉讼理由和裁判理由不一致,但这种情形十分正常,即使从法院角度来讲也有可能存在一审、二审法官认识完全相反。但强化律师代理至少可以加速沟通,尽量弥合分歧,裁判理由往往也有转向诉讼理由的可能。

③ 参见熊跃敏:《民事诉讼中法院的法律观点指出义务:法理、规则与判例——以德国民事诉讼为中心的考察》,载《中国法学》2008 年第 4 期。

之后,能够引导当事人积极参与到整个诉讼活动,并让最终的裁判理由建立在当事人的诉讼理由之上。即使因诉讼理由败诉,也便于当事人接受和认同裁判理由。

(4)避免两种倾向

通过防止诉讼理由和裁判理由的冲突及化解,也要注意不能以二者一致性为绝对导向而落入另外的极端。一是形式上重视诉讼理由,放手当事人主义诉讼模式的运行,以法官中立为名,浅尝辄止。二是过分追求实质正义,摒弃中立,主动找寻客观真实。从诉讼法的角度来看,程序公正是独立于实体公正的,并且葆有自身的独特价值,且二者目标并不总是一致。形式主义和实质主义恰似跷跷板的两头,盲目的形式主义应当防止,但专制的实质主义更要剥离。[①]

二、诉讼理由与前置程序

前置程序,是提起股东知情权之诉应当经历的程序,否则法院有可能会因程序问题驳回起诉。诉讼虽然是维护公平正义的最后一道防线,但介入诉讼后时间经济成本无可避免。在商事活动中,效率是商事主体追逐的重要价值目标,前置程序将会为诉讼程序适当引流。

股东行使知情权,往往不会是单纯地行使权利,而是以此作为手段和基础,进一步行使其他股东权利(如公司盈余分配请求权或损害股东、公司利益责任请求权等)。我国公司法对股东通过诉讼

① 参见孙笑侠:《程序的法理》,商务印书馆2005年版,第84页。

行使知情权的前置程序进行了规定①,因公司法对此规定较为具体明晰,《公司法解释四》并未再重复规定。但知情权内容行使对象是否能够扩张、前置程序具体标准、出现瑕疵能否救济等问题仍待进一步明确。

(一)设置前置程序的目的

前置程序的设置主要在于提高商事纠纷的解决效率,甚至尽可能不必通过诉讼就可及时解决,避免浪费司法资源,也防止股东任意提起知情权诉讼影响公司正常经营管理,损害公司和其他股东利益。

我国《公司法》规定的是股东在要求查阅公司会计账簿时存有前置程序,但对查阅其他文件材料是否需要付之阙如。如果单纯从法条的文义解释来看,只规定了股东查阅会计账簿才有此一举,查阅其他文件材料如股东会会议记录等并未限制。"法不禁止皆可为",没有要求前置程序,那么查阅其他资料似可以直接提起诉讼。查阅权的行使,针对查阅对象的差异有所不同,公司章程、股东会会议记录、会计报告等资料相较于会计账簿性质不同。公司章程和股东会会议记录等股东一般知晓甚至有所备份,会计报告本属于本应置备公司或主动由公司送交给股东的资料,向股东提供会计账簿并非公司主动披露的义务。② 而股东会决议一般可能以会计报告为基础,会计报告一般以会计账簿为制作基础,故查阅

---

① 我国《公司法》第33条第2款规定:"股东可以要求查阅公司会计账簿。股东要求查阅公司会计账簿的,应当向公司提出书面请求,说明目的。公司有合理根据认为股东查阅会计账簿有不正当目的,可能损害公司合法利益的,可以拒绝提供查阅,并应当自股东提出书面请求之日起十五日内书面答复股东并说明理由。公司拒绝提供查阅的,股东可以请求人民法院要求公司提供查阅。"

② 参见我国《公司法》第96条。

会计账簿便于股东从根源上知悉审查相关信息。由此看来,查阅除会计账簿之外的资料似乎较为容易,公司配合度也会更高,所以没有设置前置程序的必要。反过来从商事活动所追求的效率来讲,动辄就通过诉讼程序解决最低层级的公司披露义务,一审最长6个月,二审最长3个月,等最终生效裁判文书确定后,股东可能已经没有了行使知情权的必要,甚至贻误了大好商机。另外,也许股东直接和公司沟通就可以顺利查阅,但起诉后可能双方就会变得对立,没有继续投资合作的空间了。但正常来讲,股东一般都会是在最基本的查阅受阻后才会诉诸法律,所以可能就没有设置前置程序的必要。

(二)前置程序瑕疵的争议

前置程序的瑕疵指股东未根据《公司法》的规定,在要求查阅会计账簿时未向公司提出书面申请并附理由,或即使提出但在公司未明确拒绝的情况下未超过15日即向法院提起诉讼。换言之,股东未依法履行前置程序即进入诉讼程序,在该诉讼程序中法院应当如何处理,是否可以补正等问题。对此,有两种观点:第一种观点认为,从前置程序设置目的来看,并不是额外给股东增加负担、降低效率,而是平衡股东和公司之间权利义务。在进入诉讼程序之后,虽然前置程序有瑕疵,但基于诉讼效率和避免浪费司法资源,法院可给予公司15日的回应期,如果公司同意则双方可以直接调解或撤诉;若公司拒绝或超过15日未表态,则视为前置程序已经进行完毕,只不过将前置程序和诉讼程序衔接融合在一起,诉讼继续进行。第二种观点认为,从管理性强制性规范和效力性强制性规范来界分,前置程序不是为了行政管理或秩序管理的需要,而应属于效力性强制性规范。如果股东未能遵守该规范起诉,则法院应当不予受理,即使受理后也应当驳回起诉。如果越过前置程序而在诉讼中向公司表达查阅请求,公司拒绝或不予理会超过15日,都应当属于诉讼程序的行为而不是前置程序的要求。①

(三)司法实践对股东知情权诉讼前置程序的态度

在司法实践中,法院对股东知情权前置程序的进行方式、载体、公司拒绝方式、前置程序瑕疵等内容进行了评判,对股东知情权的前置程序较为宽容。

在重庆蓝姆焊接设备有限公司与广州蓝姆汽车设备有限公司股东知情权纠纷再审案中②,法院认为,重庆蓝姆公司超过15日未予答复,故股东已经履行完前置程序。所以如果公司没有直接拒绝,其置之不理也属于一种默示的拒绝。

在张某兴、陆某斌与上海申日园艺有限公司股东知情权纠纷上诉案中③,股东并未向公司发送书面查阅申请,而是将法院向公司送达的应诉通知视为原告的查阅申请,对此法院并无认可。另外,在邮寄查阅申请时,股东邮寄的是公司注册地而非公司实际经营地址,因股东在公司实际经营地址工作过,法院认为邮寄地址不当,即没有产生股东向公司递交查阅申请的效果。

在上海云清货运有限公司与李某股东知情权纠纷上诉案中④,股东既申请查阅公司会计账簿,又要求查阅其他资料,法院认为公司法对查阅会计账簿规定了前置程序,但对查阅其他资料没有规定。同时,由于云清货运有限公司自认公司没有正常经营,没有实际经营地址,股东如若履行前置程序向公司申请查阅公司会计账

① 参见黄冠猛:《股东知情权前置程序存在的瑕疵不能通过诉讼程序救济》,载《人民司法》2011年第6期。

② 参见重庆市高级人民法院民事裁定书,(2016)渝民申1722号。

③ 参见上海市第二中级人民法院民事判决书,(2018)沪02民终1249号。

④ 参见上海市第一中级人民法院民事判决书,(2017)沪01民终10001号。

簿事实上已经不可能,故股东起诉即可视为其向公司履行前置程序。

在杭州双喆电子科技有限公司与谭某松股东知情权纠纷上诉案中[①],股东通过电子邮件的方式向公司发送查阅公司会计账簿的申请,并经过了公证,法院对此予以认可,即股东已经履行法定前置程序。

在上海开蒙企业管理咨询有限公司与胡某某股东知情权纠纷上诉案中[②],在前置程序的具体履行方式上,股东胡某某以 EMS 邮政特快专递的方式向公司注册地和经营地寄送了查阅公司会计账簿的申请,且在快递封面备注了邮寄内容为查阅账簿等资料的申请书,这种前置程序的进行方式被法院认可。

在上海汇聚实业有限公司与章某某股东知情权纠纷上诉案中[③],法院认为诉前调解中公司已经明确拒绝股东查阅公司会计账簿,本案审理中股东向公司说明了查阅理由但公司仍予以拒绝,因此股东无须另行履行前置程序。本案属于在诉讼程序(包括诉前调解)中解决前置程序的情形,从前置程序的制度目的来看,既保障了股东在知情权受阻时能有救济方式,也防止股东滥用权利损害公司利益,所以前置程序的表现方式可以灵活把握,即使进入诉讼程序,也可以在其中先行解决前置程序。

在某某公司与周某股东知情权纠纷上诉案中[④],关于前置程序

---

① 参见杭州市中级人民法院民事判决书,(2017)浙 01 民终 464 号。

② 参见上海市第二中级人民法院民事判决书,(2013)沪二中民四(商)终字第 596 号。

③ 参见上海市第二中级人民法院民事判决书,(2013)沪二中民四(商)终字第 406 号。

④ 参见重庆市第一中级人民法院民事判决书,(2012)渝一中法民终字第 01442 号。

的具体履行方式，法院认可了股东通过邮寄律师函的方式向公司提出申请，被拒后股东有权提起诉讼。律师函即代表了股东要求查阅会计账簿的意思表示，视为股东以书面并说明理由的方式向公司要求查阅会计账簿。

在杨某军与云南恒裕光电有限公司股东知情权纠纷上诉案中①，法院将股东一审起诉视为向公司申请查阅会计账簿，将公司在答辩中的拒绝视为拒绝股东查阅，故前置程序已经履行完毕，双方仅对查阅目的是否正当产生实体性的争议。

在天津中贸渤海科技发展有限公司与王某山股东知情权纠纷上诉案中②，法院认为股东未遵守《公司法》关于查阅公司会计账簿的前置程序（书面申请并说明理由，待 15 日内公司书面拒绝股东），而直接提起诉讼，越过了法定程序，因而股东要求查阅财务会计报告的诉求予以支持，但要求查阅会计账簿的诉讼请求被驳回。

在雷岩投资有限公司与北京雷岩投资管理顾问有限公司股东知情权纠纷上诉案中③，关于股东向公司申请查阅会计账簿的发送地址，因公司注册地已经没有工作人员办公，也没有其他实际经营地址，所以股东向公司的法定代表人李某国发送书面查阅申请并说明目的，该方式应当视为股东已经合法合理地履行了前置程序。

由上可知，在司法实践中，法院对前置程序的基本持较为宽容的态度，某些法院认可在诉讼中履行前置程序，重心在于对查阅目

① 参见云南省昆明市中级人民法院民事判决书，(2009)昆民五终字第 50 号。
② 参见天津市第一中级人民法院民事判决书，(2007)一中民二终字第 81 号。
③ 参见北京市第二中级人民法院民事判决书，(2018)京 02 民终 1869 号。

的是否正当的审查,不必对程序过于严苛。也有法院根据《公司法》的明确规定,要求在诉讼前必须履行前置程序,否则查阅会计账簿的诉求就会被驳回。

(四)前置程序瑕疵的衡量

根据《公司法》的规定,前置程序包括以下几个条件:一是股东查阅会计账簿要向公司提出书面申请,二是说明查阅目的,三是公司如果认为股东有不正当的目的而拒绝应当在15日内书面答复股东。这几个条件可能会出现一些瑕疵:第一,股东向公司提出书面申请,应当如何提出,是否必须由股东本人直接提出,可否用委托律师出具律师函表达;第二,“书面”形式应当如何理解,电子邮件是否可行,微信、QQ、短信方式是否合法;第三,递交申请送达的方式,必须直接送达还是可以通过邮寄的方式,送达地址必须是公司注册地还是可以是实际经营地,甚至是公司法定代表人住所地;第四,“正当目的”如何说明,认定标准如何,简单一句“为了解公司经营状况”是否合法合理合适;第五,未满15日即起诉是否可以延续到诉讼中届满;第六,诉讼中履行前置程序是否可行等。

笔者认为,从制度目的出发,前置程序的设置是股东权利和公司利益相平衡的产物,股东应当本着诚实信用、善意合理的方式行使权利,公司也应当对应性地保障股东权利和公司利益。书面申请的提出主体应当是股东,但基于合法的代理行为,可以委托律师通过律师函等方式代为行使,否则对股东过分苛求且有违代理制度的初衷。“书面”的形式不宜限缩理解,只要具有特定载体(如纸质就是一种特定载体),并且能够留痕存档,就应当符合要求,所以电子邮件、微信、QQ等方式也是契合现代人生活和工作习惯的。至于送达方式,只是手段和工具,目的在于让公司知晓股东的要求，因此邮寄等方式是可以的，邮寄地址的衡量标准在于推定公司应当能够收到，所以有实际经营地址优先于注册地，如果都不明确则可直接送达法定代表人。“正当目的”的认定标准将在后文阐释，但为了解公司经营状况而要求查阅公司会计账簿也应当是股东行使知情权的正当理由。对于未满15日的期限瑕疵，从减轻讼累的角度来说①，立案后到开庭审理存在答辩和举证期限，完全能够容纳该期限，似可从宽把握。而能够在诉讼程序中履行前置程序，毕竟法律已经单独列出了前置程序，如果放任在诉讼程序中消融，则有损其独立性。

（五）前置程序瑕疵不能通过诉讼程序救济

如果前置程序出现了瑕疵，能否通过正在进行的诉讼程序进行救济，这涉及前置程序的设置目的、履行方式和效果作用。笔者认为，前置程序如果只是进入诉讼之前的细微瑕疵，不宜严格打表，前置程序的行使方式可以适当扩张。但进入诉讼程序后才重拾前置程序则无法救济，应当直接驳回。

首先，维护公司自治，适度介入司法。公司作为独立的法人人格，具有完整的自治权利。公司法属于商法，崇尚私法自治。代表国家公权力的司法应当对私法领域保持一定的尊重，不应过分干预。只有在公司自治失灵或者因自治严重损害股东、公司、债权人等的利益时，司法才应该适度介入调整。就股东知情权来讲，股东自发向公司提出查阅会计账簿的申请，公司审查是否符合正当目的进而同意或拒绝，是公司自治的自治反映。股东在被拒后有权提起诉讼，此时司法才应当顺应介入，否则就提前剥夺了公司自治

① 参见侯军、张禾：《关于股东知情权纠纷审判实务问题的调研》，载《法律适用》2018年第18期。

的权利。

其次,精准利益衡量,穷尽内部救济。从法条解释来说,利益衡量是重要的法律解释方法,在出现多种解释甚至完全对立的解释时,就要考虑各种实质妥当性。[①] 利益衡量的方法对于权利冲突的解决有突出作用,因为权利构成要件是开放的,容易发生冲突,为避免权利冲突,有必要进行利益衡量。[②] 而公司内部救济体系相较于诉讼更利于股东行使知情权,更利于股东和公司今后的持续投资合作。很多时候股东往往一提起行使知情权的要求,基于《公司法》的规定公司可能就会同意,并不需要进入诉讼程序,甚至股东起诉时公司才知晓股东要行使知情权。同时,诉讼作为最后一道防线,应当是谦抑的、审慎的。所以,从权利行使的利益衡量来看,应当设置前置程序来分流。

最后,法律的权威性不容置疑,程序的安定性也应当保障,既然公司法有明确规定,当然应当严格“探求立法者处于今日立法时,所可能表示之意思”[③]。法具有引导性和规范性,前置程序如果能够通过诉讼程序得以救济,实际也在诱使潜在当事股东摒弃看似无用的前置程序(因为公司对是否拒绝具有决定权)而直接起

---

① 日本学者加藤一郎的“中心边缘论”形象地解释了利益衡量的必要性。其将法律条文拟作一个中心浓厚、越边缘越稀薄的图形。中心部分法律语义明确、不致发生分歧,应严格按照条文原意适用;边缘部分由于条文难以完全涵盖,很有可能出现甲、乙两种不同的解释,仅依条文,难以判断孰对孰错,此时当然要考虑各种各样实质的妥当性,即利益衡量。参见[日]加藤一郎:《民法的解释与利益衡量》,梁慧星译,载梁慧星主编:《民商法论丛》第2卷,法律出版社1994年版,第78页。转引自陈洪磊:《有限责任公司股东知情权行使中的利益衡量——基于〈公司法解释四〉实施后的291份裁判文书的整理分析》,载《法律适用》2019年第16期。

② 参见[德]卡尔·拉伦茨:《法学方法论》,陈爱娥译,商务印书馆2003年版,第279页。

③ 杨仁寿:《法学方法论》,中国政法大学出版社1999年版,第175页。

诉,加之股东知情权纠纷诉讼费低廉,大量可能通过前置程序引流的案件将径直灌入法院,加大法院案件压力,浪费司法资源,扰乱公司正常经营管理。如果严格限制前置程序,亦可以反推公司强化自治和股东穷尽救济手段。

第二节 股东知情权之诉的诉讼理由与要件事实

在股东知情权之诉中,股东起诉时必须主张支持其诉讼请求的案件事实,也可称为权利产生事实,或者叫作请求原因或原因事实等。原告起诉通常是为了某种法律效果,这样的法律效果是否能够如愿实现则由法律直接规定了若干构成要件。原告为了实现这种法律效果必须提出与该法律效果相对应的事实作为自身请求的理由,诉讼理由就支撑着这样的要件事实。[①] 本书前述认为诉讼理由包括事实根据和法律依据,经过法律依据评价的事实根据,则可以对应要件事实契合自洽。

一、诉讼理由与要件事实的关系

从诉的要素角度出发,诉讼理由应当对某个诉具象化或特定化,由此才可以作为诉讼标的和诉讼请求的支撑。但诉讼理由在特定诉的时候应当具体化到什么程度,或者说能够特定化的最低限度的诉讼理由,在这种情况下,诉讼理由低于要件事实标准。从合理起诉标准来看,原告所主张的具体事实达到充分且合理的标

---

① 参见王亚新、陈杭平、刘君博:《中国民事诉讼法重点讲义》,高等教育出版社2017年版,第17页。

准,并能够足够支撑其诉讼请求[①],在这种情况下,合理起诉中原告主张的事实与要件事实则可等同,因为都达到了一定的充分性与合理性。

(一)要件事实的定义

要件事实在日本的通说为“能够引起一定法律效果的法律要件的该当具体事实”[②]。我国通说为要件事实系与实体法构成要件相契合的主要事实,这与日本实务界的认识相仿,即要件事实是一种具象化的生活事实,并能够与实体法上规定的构成要件相符,与主要事实、直接事实、要证事实相同。[③] 按照罗森贝克教授的“法律要件分类说”,根据实体法上的构成要件及可产生的法律效果的差异,法律要件可以分为权利发生要件、权利妨碍要件、权利阻止要件和权利消灭要件。相应地,也对应四种主要事实(具体生活事实):权利发生要件事实、权利妨碍要件事实、权利阻止要件事实和权利消灭要件事实。

(二)股东知情权之诉的诉讼理由与抗辩理由

1. 股东知情权之诉的诉讼理由(请求原因)

在股东知情权之诉中,股东和公司之间的攻击防御重在依托恰当的要件事实。从诉讼理由,即请求原因层面来看,原告股东为了支持自己的诉讼请求所应提出的全部事实主张中,基于主张责任和证明责任,应当由股东主张和证明最为基本的事项。[④] 在规范

---

① 参见邵明、周文:《论民事之诉的合法要件》,载《中国人民大学学报》2014 年第 4 期。

② 伊藤滋夫『要件事実の基礎』(有斐閣,2000 年)14 頁。

③ 参见段文波:《规范出发型民事判决构造论》,法律出版社 2012 年版,第 70 ~ 71 页。

④ 参见林屋礼二 = 小野寺规夫『民事訴訟法辞典』(信山社,2000 年)202 頁。

说视域下，诉讼理由（请求原因）应当对应于权利发生的要件事实（或者说最低限度的事实），即只需要主张和证明权利发生的要件事实，而对其他几类权利妨碍、权利阻止和权利消灭的要件事实可不必关注。

在具体的股东知情权之诉的诉讼理由中，主要包括“为确定退股价格”“双方具有其他诉讼纠纷”“继受股东了解公司情况”“其他股东侵权”“公司拒绝披露或置之不理”“公司长期未分红”“公司先前提供文件失实”“文书无信息”等方面。[①] 相应地，这些诉讼理由应当对应不同的要件事实，比如占比最大的“公司拒绝披露或置之不理”，理应由股东承担公司不予披露相关信息或股东主张知情权后公司消极对待的主张及证明责任。

2. 股东知情权之诉的抗辩理由

（1）股东知情权之诉中抗辩理由的类型

基于股东所提出的诉讼理由，公司必然会针对权利发生的要件事实提出权利妨碍、阻止或消灭的对抗性事实，包括妨碍要件事实方面，如股东行使股东知情权的民事行为效力，阻止要件如诉讼时效抗辩，以及消灭要件如公司已经履行债务等。

公司抗辩理由类型主要为目的不正当、前置程序未履行、信息已知情、股东身份缺失或瑕疵等[②]，其中公司认为股东具有不正当目的的抗辩最为普遍。

（2）不正当目的抗辩理由的审查

股东知情权之诉的前置程序中，如果公司认为股东查阅公司

---

① 参见李建伟：《股东知情权研究：理论体系与裁判经验》，法律出版社 2018 年版，第 322 页。

② 参见李建伟：《股东知情权研究：理论体系与裁判经验》，法律出版社 2018 年版，第 346 页。

会计账簿存有不正当之目的,可以拒绝股东查阅,股东则可依法起诉要求查阅。因此,法院审查前置程序的核心其实在于股东要求查阅会计账簿是否存在"正当目的"。而在司法实践中,法官通常会结合具体案情来审查股东查阅的正当性。①

第一,域外经验。域外一些国家对股东查阅公司会计账簿的正当目的进行了列举式或笼统式的规定,美国采用的是概况式立法模式,认为首先股东应当是善意的,不会有其他有损公司或股东的目的,同时该目的应当具有合理性,并且其目的和所映射的资料存在直接关系。② 日本采用的是排除式的立法体例,即除列举情形外公司不得拒绝,主要从股东权利的范围、业务竞争、损害公司利益、泄露公司秘密、股东表现等方面进行了禁止。③ 韩国的体例和美国类似都是概括式的,反向规定为若公司无法证明股东具有不正当目的,则不得拒绝股东查阅。④ 意大利规定股东享有查阅公司

---

① 袁达松、王喜平:《股东查阅权穿越:母公司股东权益保护的利器——相关美国法理论、实践及我国制度的构建》,载《东方法学》2010 年第 4 期。

② 美国《标准公司法》第 16.02 节(C)节规定,只有满足下列情况方可检查、复制相关的记录:(1)该要求的作出是善意的,出于正当目的;(2)就其目的和要求检查的记录作了合理的具体陈述;(3)该记录与其目的有直接联系,公司章程或者内部细则不得取消或者限制本节授予的检查权。参见沈四宝编译:《最新美国标准公司法》,法律出版社 2006 年版,第 237~238 页。

③ 2005 年日本《公司法》第 434 条第 2 款规定,有阅读或誊写会计账簿或与此相关的资料以书面形式做成的请求时,除有可认定其请求符合下列事由的相应理由的情形之外,不得拒绝该请求:(1)基于股东权益本身以外的其他目的;(2)股东损害公司利益或者未妨害公司正常经营活动;(3)经营或工作于与公司具有竞争关系的业务或实业中;(4)查阅的间接目的是向第三人透露而获得不正当利益;(5)股东在过去一个特定时间段具有查阅公司信息的不正常目的表现。参见《日本公司法典》,崔延花译,中国政法大学出版社 2006 年版,第 204 页。参见王保树主编:《最新日本公司法》,于敏、杨东译,法律出版社 2006 年版,第 107~247 页。

④ 韩国《商法》第 466 条第 2 款规定,公司未经证明前款之投资人请求权不当,不得拒绝之。参见《韩国商法》,吴日焕译,中国政法大学出版社 1999 年版,第 112 页。

账簿的权利，还可自费对公司经营情况进行检查，并且这些权利不能被剥夺。[①] 上述这些国家关于股东查阅公司账簿正当目的的判断，对我国具有一定的参考价值。

第二，正当目的的类型。"正当目的"是股东应当持有的意图，但作为一种主观态度，实难判断。通过类型化的归纳，便于总结提炼。首先，股东作为公司的投资人，其最大的价值追求在于投资利益的获得，对此股东怀有期待利益，而实现的第一步就是知情。其次，作为股权持有者，股东有权行使表决权、监督权以及合法转让股权，为此股东应当知悉其作出表决和监督的依据，在转让股权时知悉真实价值。再次，股东虽然是公司所有人，但公司也是独立法人，其同样具有自身属性的权利，如商业秘密等就不应被股东随意知悉。最后，公司作为市场秩序的重要主体，应当承担社会责任（公司法也有明确规定），即公司不仅要向投资人股东负责，还应向公司员工、债权人、合同相对人以及社会公共利益负责，作为股东来说，即存有公司向其承担社会责任的期待。[②]

从司法实践来说，正当目的的考量基准往往是相对量化的竞争关系，导致可能损害公司利益等。《公司法》关于竞业禁止的规

---

① 2004 年意大利《民法典》对账簿查阅权规定为："在公司没有监事机构的情况下，股东个人有权自董事会处了解公司业务的进展并查阅公司账簿。此外，至少占公司资本三分之一的股东有权自费对经营情况进行年度检查。"并且规定，"任何相反的特别约款均无效"。参见雷鑫、吴明明：《论股东查阅会计账簿目的的正当性——以裁判思维为视角》，载《法律适用》2014 年第 5 期。

② 罗伯特·C. 克拉克教授在其著作《公司法则》中，根据激励股东的动机，在总结美国多项判例的基础上，将正当目的划分为以下四类：(1)估量其投资的愿望；(2)与作为投资人的其他股东交易的愿望；(3)获得非与其投资人地位相关的个人利益的愿望；(4)促进有社会责任感的目标的愿望。参见孙宪超：《股东查阅公司会计账簿的正当目的论》，载《财会月刊》2008 年第 4 期。

定针对的是董事和高管人员,没有纳入股东这一主体。[①]

在浙江顶顺生物科技有限公司与杨某康股东知情权纠纷上诉案中[②],法院认为必须要证明股东和公司之间从事相同、相似业务导致的同业竞争这一危害行为确实存在,并且股东和公司之间对此没有豁免约定,否则股东具有正当目的。

在灰石时尚文化发展(北京)有限公司与吴某股东知情权纠纷上诉案中[③],法院认为虽然吴某任股东的创洁公司和灰石公司的经营范围部分重合,但创洁公司营业执照已被吊销无法经营,双方在重合的经营范围内没有实质性的竞争关系。另外,关于灰石公司主张的吴某夫妇存在巨额债务和曾对灰石公司进行敲诈等行为,但因证据不足无法阻却股东行使查阅权。

在上海嘉海置业有限公司与上海乾盛投资管理有限公司股东知情权纠纷上诉案中[④],法院认为仅存在同业经营的情况而没有直接竞争关系和公司利益受损可能的话,应当认为股东具有正当目的,因为法律没有禁止同业公司互相持股,以及同业股东行使知情权。

在江苏稳润光电有限公司与郭某国股东知情权纠纷案再审案中[⑤],公司以股东因涉嫌职务侵占犯罪被司法机关追诉,可能损害

---

① 参见我国《公司法》第148条第1款:“董事、高级管理人员不得有下列行为:……(五)未经股东会或者股东大会同意,利用职务便利为自己或者他人谋取属于公司的商业机会,自营或者为他人经营与所任职公司同类的业务……”而第69条则扩大到禁止国有独资公司高层人员兼职,而不仅是有竞争业务:“国有独资公司的董事长、副董事长、董事、高级管理人员,未经国有资产监督管理机构同意,不得在其他有限责任公司、股份有限公司或者其他经济组织兼职。”

② 参见浙江省高级人民法院民事判决书,(2012)浙商外终字第49号。

③ 参见北京市第二中级人民法院民事判决书,(2018)京02民终1864号。

④ 参见上海市第二中级人民法院民事判决书,(2017)沪02民终9808号。

⑤ 参见江苏省高级人民法院民事裁定书,(2015)苏审三商申字第00359号。

公司利益为由，认为股东持有不正当目的。法院认为股东涉嫌的犯罪与公司无关且尚未作出有罪判决，所以股东的职务侵占行为与股东行使知情权的正当目的没有直接关系。

据上可知，仅仅是同业经营并不必然存在直接竞争关系从而可能有损公司利益，另外，股东自身的行为瑕疵与其行使知情权尚需要连接点，否则应当认为股东具有正当目的。

第三，不正当目的类型。我国公司法及其司法解释对股东行使知情权的"正当目的"采用的是类似日本的排除式立法体例①，即对不正当目的进行列举，除此以外公司不得拒绝股东申请查阅会计账簿。同时规定了"兜底条款"，赋予法官一定的自由裁量权，针对个案进行具体评判。应当说，我国司法解释对此的规定有一定的实务指导和规范作用，但仍存在内容不够全面和操作性不够之虞，尚待进一步明晰。

首先，强化公司章程对股东和公司的约束效力。公司章程是股东意思表示一致的产物，是股东和公司的"宪法"，甚至在某些领域"章定"优先于"法定"。这对股东来讲是一种契约义务，公司章程关于会计账簿查阅的相关约定应当适用于每位股东。但需要注意的是，章程的约定不能实质性剥夺股东知情权，否则将会因为违反法律强制性规定而无效。

其次，考量股东及其近亲属的身份和任职情况。如果股东及

① 我国《公司法解释四》第8条规定："有限责任公司有证据证明股东存在下列情形之一的，人民法院应当认定股东有公司法第三十三条第二款规定的'不正当目的'：(一)股东自营或者为他人经营与公司主营业务有实质性竞争关系业务的，但公司章程另有规定或者全体股东另有约定的除外；(二)股东为了向他人通报有关信息查阅公司会计账簿，可能损害公司合法利益的；(三)股东在向公司提出查阅请求之日前的三年内，曾通过查阅公司会计账簿，向他人通报有关信息损害公司合法利益的；(四)股东有不正当目的的其他情形。"

其近亲属[①]在与行使知情权的对象公司有竞争关系的其他公司任职(包括股东、董事、监事、高级管理人员等)或担任员工,则存在股东行使知情权的不正当目的。因为会计账簿的性质与其他公司资料不同,包含大量公司商业秘密,假设有这样的身份嫌疑,就有可能损害公司利益。

再次,考察股东曾经和本公司有关的经历。比如股东曾经属于公司经营管理层,但因违反公司法或公司章程的行为而卸任,因其曾经的表现问题似可考虑对其进行适当限制。此举仿佛是依据刑法中的"前科劣迹"而在量刑中对被告人酌定从重,这和自然人征信记录一样,也能够倒逼商主体的诚信善意,保护公司的整体利益。

最后,股东查阅会计账簿与其他行权方式的整合。在查阅公司会计账簿时,股东的查阅权和公司的商业秘密及利益存在合法冲突,此时不妨调整思路,适时引入中介机制,通过选任检查人的方式对公司账簿进行查阅,径直向法院出具报告并对他人保密,以平衡二者合法权利的冲突。

在司法实践中,同业竞争仍是一个判断不正当目的的焦点。

在张某贵、马某与宁夏瑞翔工程技术有限公司股东知情权纠纷再审案中[②],法院认为公司之间的经营范围重合,则主营业务存在实质性竞争关系,可能损害公司利益。张某贵、马某在一审后二

① 我国《民法典》第 1045 条规定:"亲属包括配偶、血亲和姻亲。配偶、父母、子女、兄弟姐妹、祖父母、外祖父母、孙子女、外孙子女为近亲属。配偶、父母、子女和其他共同生活的近亲属为家庭成员。"《最高人民法院关于贯彻执行〈中华人民共和国民法通则〉若干问题的意见(试行)》(1998 年实施,现已废止)第 12 条规定:"民法通则中规定的近亲属包括配偶、父母、子女、兄弟姐妹、祖父母、外祖父母、孙子女、外孙子女。"对近亲属范围进行了明确。

② 参见宁夏回族自治区高级人民法院民事裁定书,(2018)宁民申 54 号。

审前转让股权并办理了变更登记,但转让时间不长且不能排除损害公司利益的可能性,仍然不予支持。

在王某与上海仁创机械科技有限公司股东知情权纠纷上诉案中①,股东王某带走了公司几名员工创立一人有限公司,经营范围与该公司同类,并在后续业务往来中存在同业竞争情形,故法院认为公司主张的股东具有不正当目的有合理根据,公司拒绝查阅会计账簿应予支持。

从经营范围的交叉重合到实质性的竞争关系,这将对不正当目的的类型化产生重要影响,也是一个需要兼顾各方利益不易把控的衡平作业,在我国现有认定基准之上,可进一步完善,降低任意裁量的空间。

第四,检验标准。以上从正当目的和不正当目的的类型化的角度,并结合司法实践的情形,对股东查阅会计账簿的正当目的进行了分析,由此可以归纳出正当目的(或不正当目的)的验视标准。笔者将依次分析如下。

首先,同业竞争的标准。市场经济的复杂化和多变性让竞争关系也捉摸不定、难以把握。但基本可以根据两个层面来判断。一是经营范围,一种判断标准是从工商登记直接确认,是否存在交叉重合等情形;另一种判断标准则是从公司之间的产品、服务、收入来源等实际结果来分析两者是否属于业务重合。二是法条规定的"实质性竞争关系",从不正当竞争领域有来讲,商主体之间的产品或服务是否具有替代性,输出范围是否重合,客户群体是否一致,最终利益是否此消彼长等系列因素应当组合起来综合认定。

其次,公司商业秘密的标准。商业秘密涉及公司的生存与发

① 参见上海市第一中级人民法院民事判决书,(2017)沪01民终9268号。

展,我国公司法司法解释扩张了公司商业秘密的保护范围①,对股东和查阅辅助人泄露公司商业秘密课以损害赔偿责任。同时2019年修正的《反不正当竞争法》加大了侵犯公司商业秘密的惩处力度。② 因此,商业秘密应当作为股东正当目的的考量标准。我国相关立法已经对商业秘密进行了较为完整的定义③,商业秘密主要包括技术信息和经营信息,会计账簿作为特殊的载体,对可能涉及商业秘密的信息会有所投射。因此,可以参照侵犯商业秘密的标准来对股东正当目的进行衡量。基于利益平衡,必要时候再行检视股东知情权保护和公司商业秘密保护的利弊得失,试图对其解决设计新的引流方式。

二、股东知情权之诉的主张责任及要件事实

要件事实的左臂右膀分别为主张责任和证明责任,要件事实也是主张责任和证明责任的对象。在股东知情权之诉中,股东理应为其诉讼请求提出相应的要件事实支撑,否则应承担股东知情权的相关请求权无法产生应有法律效果的风险。

---

① 我国《公司法解释四》第11条规定:"股东行使知情权后泄露公司商业秘密导致公司合法利益受到损害,公司请求该股东赔偿相关损失的,人民法院应当予以支持。根据本规定第十条辅助股东查阅公司文件材料的会计师、律师等泄露公司商业秘密导致公司合法利益受到损害,公司请求其赔偿相关损失的,人民法院应当予以支持。"

② 该法第21条规定,侵犯企业商业秘密的,将面临最高500万元的处罚。

③ 我国《反不正当竞争法》第10条第3款规定:"本条所称的商业秘密,是指不为公众所知悉、具有商业价值并经权利人采取相应保密措施的技术信息、经营信息等商业信息。"《最高人民法院关于审理不正当竞争民事案件应用法律若干问题的解释》(已失效)第9条对"不为公众所知悉"、第10条"能为权利人带来经济利益、具有实用性"、第11条对"保密措施"作出了详细规定。1998年原国家工商行政管理总局修订的《关于禁止侵犯商业秘密行为的若干规定》中对商业秘密作出了界定。

(一)主张责任的定义

在辩论主义模式下,当事人如果没有在口头辩论中主张某要件事实,法官无法对其进行事实认定,由此导致该未主张的要件事实无法产生相应的法律效果,该种不利将由该当事人承担。[①] 这是日本主张责任概念的通说。从定位上来讲,主张责任既是当事人攻击防御的层面,也是法官裁判层面。基于辩论主义的要求,当事人如果没有主张的事实,法官不得在裁判中进行认定。此处当事人"没有主张的事实"应当认为属于要件事实,由此可知,主张责任仅涵摄要件事实,其他间接事实、辅助事实等属于主张责任射程之外。主张责任依托要件事实为载体,建立了民事诉讼中的攻击防御体系。[②]

需要注意的是,在通说的框架下,要件事实为主张责任的唯一对象,这有利于诉讼程序的安定性,否则扩张后将会导致如何判断其他事实重要性的标准模糊化之问题,不过这也并不妨碍在要件事实之外当事人为纠纷解决所主张的其他事实。但囿于某些当事人法律素养的缺失,主张责任的适用需要法官诉讼指挥权的充分参与和妥善行使释明权。

目前尚无主张责任分配的原则和依据,主张责任分配可以参考证明责任分配,通过法律要件分类说统一适用,具体内容参见下文关于证明责任的论述。

(二)股东知情权之诉的要件事实

基于股东知情权的相关请求权(如查阅、复制请求权、质询请

---

① 参见伊藤滋夫『要件事実の基礎』(有斐閣,2000 年)62 頁。

② 参见许可:《民事审判方法:要件事实引论》,法律出版社 2009 年版,第 133 ~ 135 页。

求权和强制信息披露请求权等),在要件事实的视域下其相应的诉讼理由(请求原因)应由原告股东对要件事实承担主张责任。因为本书认为的股东知情权又可细分为四种子权利,每种子权利分别对应相应的要件事实。

1. 查阅(复制)请求权的要件事实

在查阅(复制)权的行使中,根据查阅的具体对象和范围,可以划分为股东任意查阅(复制)和公司批准查阅(复制)。这在我国公司法及其司法解释中对会计账簿这种公司文件资料的查阅(复制)要求了正当目的。在美国,股东在查阅(复制)董事会会议记录、会计记录和股东名册等需要提出恰当的理由,即主观上讲应当怀有善意(in good faith and for proper purpose),并对查阅(复制)的内容和目的进行"合理的细节描述"(describe with reasonable particularity),且拟查阅(复制)的内容应当与目的有关联。① 归根结底还是在于查阅(复制)权的行使是否有利于股东权的行使。

2. 质询请求权的要件事实

股东可以向经营管理层提出经营建议和质询,一般是在股东大会召开期间提出。如果被质询人拒绝答复,股东可以以此为由向人民法院提起质询权诉讼,由法院审理后依法判令被质询人向股东予以答复。这里涉及答复与否的问题,但就答复的内容和程度来说,如果被质询人进行了答复,只是让股东不满意,认为答复

---

① 美国《示范公司法》第 16.02 节的规定,即股东查阅第 16.01(e)节开列的任何记录(如公司章程、公司工作细则、关于股票种类与权利的董事会决议、股东会议记录、管理者名单等)时,只要提起给公司通知即可,但要查阅第 16.02(b)节规定的记录(如董事会议记录摘要、会计记录、股东登记簿),则应有正当理由(该正当理由即股东查阅公司账簿的主观要件)。参见孙加瑞:《公司股东权诉讼研究》,中国社会科学院研究生院 2000 年博士学位论文,第 98 页。

内容不详细真实，则不能以此为由提起质询权之诉。因为评价标准不一，到底什么样的答复内容才是具体真实的，什么样的答复内容才能让提出质询的股东满意，这是无法确定的，法院对此也是无奈的。在答复的内容和程度上，如果股东能够证明被质询人所答复的内容不真实、答复义务履行不彻底，可以曲线救国，即要求被质询人赔偿股东因行使质询权而造成的损失，也可以股东身份通过股东大会罢免被质询人董事、监事身份或通过董事会罢免高管身份等。

股东在行使质询权时如果遇到股东大会作出决议豁免被质询人的答复义务，此时股东质询权无法行使，转而股东可以提起公司决议诉讼（如股东会决议违法、无效、不成立或要求撤销），以便维护自身合法权益。

3. 选任调查人请求权的要件事实

我国没有选任调查人之诉，但从要件事实的角度来看，值得研究。股东在提起选任调查人诉讼时，和提起其他诉讼一样，都应当具有符合实体法构成要件的主要事实。例如，股东直接越过股东会决议选任调查人而直接向法院申请选任调查人，股东应当主张的要件事实聚焦在公司经营管理层，正是因为经营管理层有违法或不正当行为产生了通过调查人保护公司和股东的需要。在日本法上，股东如果直接向法院申请启动选任公司调查人诉讼时需要落脚到公司经营管理层自身的要件事实上。①

---

① 日本《商法》第 294 条（公司业务及财产状况的检查权）第 1 项规定："怀疑有关于执行公司业务的不正当行为的，或违反法令或章程的重大事实的理由时，持有相当于已发行股份总数的十分之一以上股份的股东，可为调查公司的业务及财产状况，向法院请求选任检查人。"日本《有限公司法》第 45 条（业务及财产状况的检查）中关于请求选任检查人的理由，与日本《商法》的规定相同。

4. 强制信息披露请求权的要件事实

本书设置的强制信息披露权涉及公司主动向股东提供相关文件资料,而股东有消极地接收信息的权利。根据公司披露的方式,可以分为三种情况:一是公司在相应场所置备文件,以备股东查阅。具体办法上还要对所置备资料的种类、时间和场所进行细化,比如在时间上部分资料是为了股东会的召开,部分资料是具有常态化,在场所上一般都是集中于公司(至于还有分支机构或派出机构的情形则尚未提及)。[①] 二是公司直接向股东送交文件资料,比如财务会计报告等。[②] 三是公司按照一定方式进行公告,尤其针对上市公司课以了许多强制性的公告义务。[③] 在股东的强制信息披露权实现过程中,股东主张的要件事实其实相对简化了,即只要公司没有主动作出置备、送交、公告或没有按要求做出上述行为,股东即可主张该要件事实。因为股东完全是被动消极接受这一类信息,类似于不作为的权利,而公司则应当履行作为的义务。

三、股东知情权之诉要件事实的证明责任

证明责任是民事诉讼的脊梁,其分配标准和依据的科学合理性事关当事人在事实真伪不明时风险承担的问题。股东知情权因

---

① 日本《有限公司法》第 28 条规定:“董事须将公司章程置备于总公司及分公司,将股东名簿置备于总公司。”也对不同的文件规定了不同的置备场所。

② 我国《公司法》第 165 条规定:“有限责任公司应当依照公司章程规定的期限将财务会计报告送交各股东。股份有限公司的财务会计报告应当在召开股东大会年会的二十日前置备于本公司,供股东查阅;公开发行股票的股份有限公司必须公告其财务会计报告。”

③ 参见我国《公司法》和《证券法》相关条文。而在公告方式上,加拿大《商业公司法》第 267 - 1 条规定:“公布的形式。依据本法规定应在公开发行期刊上摘要或者全文发表的住处或者通知可以任何机械或者电子信息处理系统或者其他任何信息储存手段登陆,只要能在合理时间之内以可辨别书面形式复制出来所需任何信息即可。”

其内涵丰富,证明责任也具有多重样态。民事诉讼就像一台精密的机器,按照既定的逻辑严谨运行,一旦出现龃龉将牵一发而动全身。股东和公司的对立引发股东知情权诉讼,在证明责任的分配上因无具体规范,导致实践中的适用混乱。

(一)股东知情权之诉的证明责任分配的困境

1. 适用一般证明责任分配标准之检讨

根据相关法律规范,在民事诉讼中,我国现在已经形成了一般性的证明责任分配标准。所谓一般证明责任分配标准即传统的"谁主张,谁举证",但公司法及司法解释在股东知情权行使的问题上,区分了公司类型、行权对象、前置程序及行权限制等内容,不宜再按统一标准分配证明责任。①

我国主流观点认为民事证明责任既包括行为责任也包括结果责任,即囊括了主观和客观的双重含义。② 英美法系国家有学者认为提出案件主要争执点的一方当事人应承担证明责任,同时考虑到双方当事人与证据远近的问题,可调适分配标准。③ 而在大陆法系国家,日本对主客观证明责任都进行了梳理,如主观证明责任指促使当事人努力找寻证据并开展证明活动,而客观证明责任指如因未提供证据导致败诉后果则由负有证明责任的当事人承担。④德国法则认为证明责任是在事实真伪不明时当事人应当承担的客观责任或结果责任。法国将证明责任从民法中移转到了民事诉讼

---

① 参见李建伟:《公司诉讼专题研究》,中国政法大学出版社2008年版,第315页。

② 参见[德]罗森贝克、施瓦布、戈特瓦尔德:《德国民事诉讼法》,李大雪译,中国法制出版社2007年版,第125页。

③ 参见[美]迈克尔·D.贝勒斯:《法律的原则——一个规范的分析》,张文显等译,中国大百科全书出版社1996年版,第67页。

④ 参见[日]松冈义正:《民事证据法》,熊元襄、李凤鸣译,上海人民出版社2013年版,第49页。

法中，当事人的证明责任指的是对其提出的主张提供证据来证明的责任。显然，这种责任系对主张的当事人赋予的，属于主观证明责任而不是客观证明责任。[①] 大陆法系的德国、日本等均以罗森贝克的法律要件分类说为基准来分配证明责任。[②] 我国的民事诉讼法司法解释[③]在借鉴法律要件分类说的基础上创制了证明责任的分配标准，但作为一般性的分配依据，在股东知情权诉讼的适用上还是会产生"橘生淮南则为橘，生于淮北则为枳"水土不服的现象。

2. 股东知情权诉讼适用一般证明责任分配标准之弊端

大陆法系通常认为证明责任包括主观和客观两个层面，我国也坚持这一分层。实际上，主观和客观证明则是一个问题的两个方面，但有先后的相互依存顺序。当事人应当先行承担主观责任，由一般证明责任分配标准预设一方当事人应当就其主张提出证据；此后，若该一造当事人未能就其主张提供证据或所提证据不足以形成法官的内心确信，则应当承担事实真伪不明的后果，即客观证明责任。具象到股东知情权诉讼，股东的知情权属于商事纠纷，应当主要适用商事领域的法律规范如公司法等，而公司法及其司法解释亦并未有关于此的分配标准，因此，适用民事诉讼中的一般证明责任分配标准。但公司诉讼不同于民事诉讼的一点在于股东和公司是看似平等实则不对等，而民事诉讼则讲究的是两造当事

---

① 参见许士宦：《新民事诉讼法》，北京大学出版社 2013 年版，第 260 ~ 267 页。

② 参见［德］莱奥·罗森贝克：《证明责任论：以德国民法典和民事诉讼法典为基础撰写》，庄敬华译，中国法制出版社 2002 年版，第 104 ~ 105 页。

③ 《民诉法解释》第 91 条规定："人民法院应当依照下列原则确定举证证明责任的承担，但法律另有规定的除外：（一）主张法律关系存在的当事人，应当对产生该法律关系的基本事实承担举证证明责任；（二）主张法律关系变更、消灭或者权利受到妨害的当事人，应当对该法律关系变更、消灭或者权利受到妨害的基本事实承担举证证明责任。"

人诉讼地位的平等。所以，适用民事诉讼中的一般证明责任分配标准，既属一般，则无特质，虽有解决之参考，但无精准之调适，不能深刻厘清股东知情权诉讼的本质，甚至引发消极后果。

(二)股东知情权之诉应当适用特殊证明责任分配标准

因为股东知情权诉讼的特殊性，一般证明责任分配标准无法与其不同类型、行权方式等内容相契合，应当考虑从一般标准中抽离出符合股东知情权诉讼内核的特殊证明责任分配标准。

1. 股东知情权诉讼特殊证明责任分配标准域外概览

(1)质询权的特殊证明责任分配

德国对股东质询权的设计堪称典范，在股东行使质询权的诉讼中，股东应当承担其向公司提出的问题及公司拒绝答复的理由的证明责任。法院仅就公司拒绝答复的理由进行合法性评判，对答复内容不做审查。[①] 英美法系国家没有质询权的明确规定，故无相关证明责任分配的内容。

(2)查阅权的特殊证明责任分配

美国《公司法》对股东查阅会计账簿规定了股东须持有正当目的，但对正当目的的内涵无相应界定。《修正标准商事公司法》对此设定了几项刻度，即股东的善意、理由合理具体，以及通过比对查阅申请和内容观察二者关联性。[②] 这些要点其实就是证明责任所涉及的内容。但这些评判标准都比较模糊，法官对此具有较大的自由裁量权。公司如果认为股东怀有不正当目的而行使查阅权，那么拒绝股东就是正当的防御机制。因此，为平衡关系，美国针对查阅的内容区分了由股东还是公司承担正当目的的

① 参见钱玉林：《论股东的质询权》，载《比较法研究》2005 年第 1 期。

② 参见卞耀武主编：《当代外国公司法》，法律出版社 1995 年版，第 158 页。

证明责任。①

2. 我国股东知情权诉讼特殊证明责任分配标准的考量

据前所述,本书认为股东知情权属于债权请求权,股东知情权诉讼是侵权之诉。承担侵权责任需要满足四个要件:一是侵权行为,二是损害事实,三是侵权人具有过错,四是侵权行为和损害事实之间存在因果关系。以股东知情权诉讼为模型,公司是否侵犯股东知情权也有四个要件:一是公司不履行公司信息的呈递义务或拒绝股东查询、质询或超过合理期限不予回复等侵权行为(包括消极侵权行为);二是股东因无法行使知情权受到了损害,如无法进而提起公司盈余分配纠纷诉讼、损害股东利益责任纠纷诉讼等;三是公司主观上有过错,即明知自身行为会侵害股东知情权;四是侵权行为和损害事实之间存有因果关系,如股东因行使知情权被公司拒绝导致其股权转让遭受损失。这是常规的构成侵权责任的四个要件,在具体的证明责任分配上,还需要进一步细化,即应当推敲股东知情权诉讼特殊证明责任分配的设定标准。

---

① 《示范商业公司法修订本》和特拉华州《普通公司法》对查阅权证明责任分配的规定不同。前者规定,董事会的开会文件、董事会委员会作出的决议、股东大会的开会文件和没有开会讨论而是由股东大会或是董事会作出的决定的信息、公司的账簿与股东名单的申请查询,股东必须开具证明来表明自己的目的是正当的,但是对于除规定外的文件查询没有要求出具证明的规定。后者分别规定了两种文件查询的情形:一是查询股东名单和会计账簿,二是除股东名单和会计账簿之外的信息、数据的查询。若是股东要求查询股东名单与会计账簿,公司将要承担股东不是出于正当目的查询造成后果的责任;若是股东要求查询除股东名单和会计账簿之外的信息,股东必须开具证明来表现其目的是正当的。Rcinicr Kraakman cd., *The Anatomy of Corporate Law: A Comparative and Functional Approach*, Oxford University Press, 2009, p. 48. 转引自韩蕊:《论股东知情权诉讼之举证责任分配问题》,西南政法大学 2018 年硕士学位论文,第 18 页。

(1)股东知情权的行使应当适当限缩

股东知情权平衡的是股东权益与公司利益,股东依其投资人地位依法享有知悉公司相关信息的权利,但公司作为一个独立的法人,其并非依附于股东这一所有权人,其自身利益如商业秘密也应当依法得到保护,而这不仅是纯粹的公司利益,可能和公共利益有关。因此,需要衡量的一个标准即是对股东知情权适当限制。这里的限制应该包括主体(股东身份的限制)和客体(查阅对象的限制)。

(2)一般侵权责任证明责任分配为基础的适当调整

前文已经说明,股东知情权诉讼属于侵权之诉,当然应当符合侵权责任的基本构成要件,但囿于股东知情权内涵的宽泛,且各有一套自洽的逻辑体系,不宜统一适用侵权责任的一般构成要件,需要区分股东知情权不同的子权利来分配证明责任,才能有效平衡股东和公司利益及证明责任。

(3)正当目的的正置与倒置

正当目的本就是一个难以圈定的飘忽概念,正当目的和不正当目的往往都是证明的角度。在证明责任的分配上,对正当目的的判断往往就成为股东能否行使权利和公司能够拒绝义务的重要争议点。正当目的是否应遵循股东正置的规则,还是不正当目的是否应当倒置给公司证明,都需要结合具体子权利来分析。

对此,我国立法规范①和司法实践对正当目的的证明责任分配均为一致,即倒置给公司承担。在赵某善与南京悦昌五金制品有限公司股东知情权纠纷再审案中②,法院明确将股东查阅会计账簿

① 参见我国《公司法》第 33 条第 2 款和《公司法解释四》第 8 条的规定。

② 参见江苏省高级人民法院民事裁定书,(2016)苏民申 4763 号。

具有不正当目的的证明责任分配给了公司。在烟台市三维饲料有限公司与烟台农标普瑞纳饲料有限公司股东知情权纠纷再审案中[①],法院要求公司对拒绝股东查阅公司会计账簿及原始凭证的理由负证明责任,笔者认为理由既包括股东不正当目的,也包括公司拒绝的其他原因,不正当目的不再是唯一的决定性因素。在南通美利昌通宝船务有限公司与陈某清等股东知情权纠纷上诉案中[②],法院认为公司拒绝股东行使知情权需要满足两个要求:一是有证据证明股东查阅会计账簿存有不正当目的;二是股东的查阅行为可能损害公司利益,如此该法院实质是将公司承担的证明责任从股东具有不正当目的增加到了可能损害公司利益,加重了公司的证明责任负担。法院的判例中证明责任的分配十分明确,但如此分配的正当性基础和是否仅针对查阅会计账簿仍尚不清晰。

(三)我国股东知情权之诉证明责任分配的具体设计

股东和公司之间地位不对等,股东相对于公司的举证能力更弱,股东想要行使的知情权对象都在公司的保管范围内。正因为举证能力的不同,股东和公司在证明能力的分配上也从看似偏颇达到了实质上的平等。原告的资格在于证明股东身份,所以股东应当承担证明其具有股东身份的责任。公司如果对股东的身份存疑并承担了其在起诉时不具有股东身份的证明责任后,法院应当驳回股东起诉,除非股东再次承担其持股期间利益受到损害的证明责任。[③] 以下将通过类型化的分析,对股东知情权各子权利所涉的证明责任进行恰当分配。

---

① 参见山东省高级人民法院民事判决书,(2015)鲁民提字第437号。

② 参见江苏省高级人民法院民事判决书,(2012)苏商外终字第0041号。

③ 参见《公司法解释四》第7条第2款的规定。

1. 查阅权、复制权之诉中证明责任分配

(1)查阅并复制公司常规文件材料

有限责任公司股东有权查阅、复制公司章程、股东会会议记录、董事会会议决议、监事会会议决议等公司特定文件材料。[①] 股份有限公司股东有权查阅公司章程、股东名册、公司债券存根、股东大会会议记录、董事会会议决议、监事会会议决议等。[②] 据此，股东应当承担的证明责任为：一是自身的股东身份，二是向公司申请查阅或复制上述文件材料被拒的事实。而公司则应当承担的证明责任为：公司拒绝股东查阅或复制上述资料的原因或合理性。这类材料属于基础类的材料，一般不涉及公司商业秘密，也是公司应当向股东公开的最低限度的材料，理应由限制股东知情权的公司承担更重的证明责任。

(2)查阅公司会计账簿

股东查阅公司会计账簿被公司拒绝后起诉时，应当承担的证明责任为：一是证明自己的股东身份，二是向公司提出了书面请求并说明了查阅目的，三是公司拒绝股东查询或超过股东申请之日起的15日未答复股东。需要说明的是，第二点需要就书面形式及送达股东的事实承担证明责任，如通过邮寄、电子邮件或其他方式；查阅目的仅需股东说明，至于查阅目的是否合法合理似乎并未要求，至少只需形式审查。第三点要证明公司拒绝的事实，比如书面回复或公司干脆就不予理睬，而后者是一种消极事实的证明。公司的证明责任为：股东查阅会计账簿具有不正当的目的，可能损

① 参见我国《公司法》第33条。

② 这些公司材料中的公司章程、公司债券存根、股东大会会议记录既是股份有限公司股东可申请查阅的材料，也是股份有限公司应当置备的材料。参见《公司法》第96条和第97条。

害公司合法利益。关于正当目的的讨论本书已经在前置程序的章节进行了阐释,此处不赘。但“法院当然不会盲目地接受股东所提出的目的,而是会试图寻找股东申请查阅的真实动机”①,这样的真实动机需要由公司通过不正当目的来揭示。这样的分配究其内在原因是公司与股东在资源调配方面的严重不对等,公司更易获取信息。②

(3)查阅公司会计凭证

会计凭证是会计账簿的原始资料,是基础和依据,几乎无法进行篡改和伪造,能够高度还原会计账簿的真实情况,同时可能涉及公司的商业秘密(包括经营和技术秘密),对公司影响甚巨。因此,股东查阅会计凭证在我国目前没有明确依据,相比会计账簿应当筑高查阅门槛。笔者认为,股东的证明责任为:一是自己的股东身份,二是向公司提交书面申请并说明正当理由。这里的“正当理由”,可以理解为包括但不限于股东认为会计账簿存在虚假或伪造情形,但应当由股东举证。由于“我国有限责任公司中小股东遭受大股东折磨的痛苦程度远甚于在上市公司中中小股东所经受的一切”③,如果股东能够证明正当理由为真时,法院应当准许股东查阅。而公司的证明责任为公司拒绝股东查阅的合理性。

2. 质询权之诉中证明责任分配

质询权作为查阅权的有益补充,能够丰富和深化股东知情权的行使,实现行权目标。股东的证明责任为:一是自己的股东身份,二是向公司行使质询权的事实,三是公司拒绝或不予回应。公

① [美]史蒂文·L. 伊曼纽尔:《公司法》,中信出版社2003年版,第96页。

② 参见周永坤:《诉权法理研究论纲》,载《中国法学》2004年第5期。

③ 王保树主编:《全球竞争体制下的公司法改革》,社会科学文献出版社2003年版,第557页。

司的证明责任为：股东质询的内容、范围与股东会无关，质询目的不正当等。

3. 检查人选任权之诉中证明责任分配

检查人选任按照选任方式来讲，可以分为股东会选任、法院选任和行政机关选任。具体到检查人选任权之诉，又可分为股东直接向法院申请选任检查人和股东基于对股东会选任的检查人存有异议而向法院申请选任检查人。股东的证明责任为：一是自己的股东身份；二是公司董事、监事或高管人员违反忠实勤勉义务有不正当行为，或针对股东会选任的检查人存在业务能力、选任程序或回避情形等方面的问题；三是因公司董事、监事、高管人员的不当行为损害了公司和股东的利益。公司的证明责任为：一是公司董事、监事、高管人员的行为的正当性或正当理由，二是股东会选任的检查人业务能力符合要求、选任程序合法、不存在回避情形。

4. 强制信息披露权之诉中证明责任分配

因主体所限，本书不讨论证券法方面的强制信息披露，而局限于公司法上的强制信息披露。此处的信息披露义务实际上是公司最低限度也是最低成本的义务，通过置备或送达公司相关资料等呈递方式完成。具体对象包括股东名册①、公司章程、公司债券存根、股东大会会议记录、董事会会议记录、监事会会议记录、财务会计报告②。这类资料股东的证明责任为：一是自己的股东身份；二是公司未按公司章程规定的期限将财务会计报告送交给股东（有

① 股东名册既是公司应当置备的资料，也是股份有限公司股东可直接申请查阅的资料。参见《公司法》第32条和第96条。

② 财务会计报告既是股份有限公司股东可申请查阅的资料，也是股份有限公司应当置备的资料。而有限责任公司则应按公司章程规定的期限将财务会计报告送交各股东。参见《公司法》第96条和第165条。

限责任公司),或股东大会年会前20日未置备财务会计报告于公司(股份有限公司),抑或未置备股东名册、公司章程、公司债券存根、股东大会会议记录、董事会会议记录、监事会会议记录于公司。因为涉及消极事实的证明,故除上述公司章程规定的送交财务会计报告的期限是积极事实外,其余消极事实可考虑推定的方式证明。公司的证明责任为:已经按公司章程规定的期限向股东送交了财会会计报告,或已经置备了财务会计报告、股东名册、公司章程、公司债券存根和三会会议记录于公司。

第三节　股东知情权之诉的诉讼理由的合并与变更

股东知情权之诉的合并牵涉诉讼当事人、诉讼标的和诉讼理由等方面的合并,一般化的诉的合并的构成要件,股东知情权之诉中合并审理的适用范围、合并审理的程序等。

一、股东知情权之诉的诉讼理由的合并

股东知情权之诉中,诉讼理由的合并主要是针对其各项子权利在主张时的各种诉讼理由的结合。虽然查阅权、质询权、检查人选任权和强制信息披露权几种权利均有其各自不同的理由或原因事实,但在合并时实际可以统称为股东无法行使知情权(无论是主动行使还是被动接收)。当然具体表现仍然是各子权利之间的诉讼标的不同、诉讼请求不同。

二、股东知情权之诉的诉讼理由的变更

诉讼理由作为一种事实上和法律上的依据,是本书认为的诉的要素。有学者认为诉讼理由作为一种攻击防御方法,具有自身的独立变更属性,与诉讼标的和诉讼请求的变更不同。[①] 在股东知情权诉讼当中,诉讼理由的变更是否被允许,其有几种形态和诉讼请求、诉讼标的变更的区隔将是诉讼理由变更的重要问题。

(一)诉讼理由能否变更的争议

诉的变更将会导致诉的要素的变更,作为诉的要素之一,诉讼理由的变更也会造成诉的变更。比如股东知情权诉讼中,股东要求查阅公司会计账簿,所提出的正当目的在主张过程中进行了变更。诉讼理由作为事实和法律上的一种依据,可能因其基础事实产生颠覆性的变化导致原诉讼中的诉讼资料不再适用。变更的价值目标在于诉讼经济和纠纷的一次性解决,如果因为诉讼理由变更导致原诉讼资料的浪费,与变更的目的将会背道而驰,让变更的实益荡然无存。基于此,有些国家禁止诉讼理由的变更,诉的变更需要遵循请求基础同一才有变更的利益。从诉的变更要件考察,德国法要求被告的同意或法官的判断来确定是否准许;日本则把请求基础同一作为根本性的要求,即基础事实或诉讼资料一致视为请求基础同一。[②]

笔者认为,诉讼理由能否变更并非绝对,需要厘清其变更的范围或对象。某些事实上的或者证据上的争点问题在原诉中经过了

---

① 参见廖中洪、相庆梅:《当事人变更诉讼请求的法理思考》,载《西南政法大学学报》2000 年第 5 期。

② 参见[日]中村英郎:《新民事诉讼法讲义》,陈刚、林剑锋、郭美松译,常怡校,法律出版社 2001 年版,第 131 页。

充分的争执，如若此时再允许变更该诉讼理由，将导致先前进行的程序归零，有违诉讼经济，也让当事人经受不意突袭。但如果是作为一种攻击防御方法或量上的调整，其变更将不会产生质的影响，也有利于实现诉之变更的最终价值目标。

（二）诉讼理由变更的几种样态

诉讼理由的变更有可能导致诉的变更，具体可分为诉讼理由量上的变更和质上的变更，同时尚需结合诉的类型分别确定。在确认及形成之诉中，其诉讼标的仅需诉之声明即可确定，诉讼理由通常被认为只是攻击防御的方法不同，并不构成诉在质上的变更，而是量上的区别。而在给付之诉中，则较为复杂，可能构成量上的变更，也可能导致质上的变更。

1. 积极确认之诉中诉讼理由的变更

比如在股东资格确认之诉中，原告曾经以股权转让为诉讼理由请求法院确认股东资格，但因举证不能转而变更为隐名股东由名义股东代持股的诉讼理由请求确认股东资格。这实际上只是一种攻击防御方法的变更，其诉之声明所代表的诉讼标的并未改变，则只是量上的变更，不是诉在质上的变更。

2. 消极确认之诉中诉讼理由的变更

比如公司决议纠纷中的确认公司决议无效之诉和确认决议不成立之诉，公司的股东和董事、监事等请求确认股东会（大会）或董事会决议无效，或确认决议不成立。原告曾经以决议违反法律、行政法规的强制性规定为诉讼理由，后又变更为会议程序方面存在瑕疵，如出席会议的人数不符合法定或章程规定的要求。这种情况与上述相仿，仅是原告攻击防御方法的变更，不会影响诉讼标的，故并不会导致诉讼理由产生质上的变更。

3. 形成之诉中诉讼理由的变更

在公司诉讼中，比较典型的形成之诉就是公司决议撤销之诉，股东作为原告可以请求法院撤销该决议。比如原告曾以股东会（大会）或董事会表决方式违反法定或章程规定要求而请求法院撤销，后又变更为决议内容违反章程规定内容。与确认之诉类似，该形成之诉诉讼理由的变更仍然属于量上的变更，未能改变其诉讼标的。但需要注意的是，确认决议无效和撤销决议在某些情形下可能相互变更，比如在李某强、张某琳与厦门永福贵投资有限公司、林某其、叶某君公司决议效力确认纠纷案中①，原告主张股东会召集程序存在瑕疵且股东会股东构成存在虚假股东，法院认为该诉讼理由属于撤销决议的法定理由，并非确认决议无效的诉讼理由，故经释明后，在原告不变更诉讼请求的情况下驳回其诉讼请求。此时诉之声明已经变更，诉讼标的随之改变，诉讼理由亦从之，由此便是诉讼理由在质上的变更。

4. 金钱给付之诉中诉讼理由的变更

金钱作为种类物，在给付之诉中，诉讼理由可能发生变更，主要表现在对自然事实以何种法律观点进行评价。例如，公司租用股东所有车辆并搭载股东出行（公司驾驶员驾驶）发生车祸，导致股东受伤、车辆受损。股东基于合同纠纷诉至法院，后又变更为侵权损害。诉讼理由也随之相应变更，这样的诉讼理由就是一种攻击方法，因为诉讼理由本质上没有变更，仅仅是所依据的法律规范的调整。但在诉讼标的旧实体法说当中，这是基于不同的请求权，有两个诉讼标的，诉讼理由的变更视为质上的变更。

---

① 参见福建省厦门市中级人民法院民事判决书，（2015）厦民终字第1536号。

5.(特定)给付之诉中诉讼理由的变更

股东知情权诉讼属于给付之诉中的特定行为给付,根据诉讼理由所涉的基础事实是否同一所导致的诉讼理由变更又可以分为以下几种情形:第一,基础事实不同一。这应当是一种典型的诉的实质性变更的情形。比如即使诉之声明均为查阅股东会决议,但若基础事实不同一,也将变成两个不同的诉。第二,基础事实同一,但因请求权基础的不同亦将有所差别。如上述金钱给付之诉中诉讼理由的变迁,可以视为仅仅是一种攻击防御方法的调整,而不涉及诉的实质性的变更。只是在旧诉讼标的理论的映射下,因为实体法上有两个请求权,便分裂成了两个不同的诉。第三,相关基础事实的变化对诉的变更的影响。比如股权转让纠纷中,原告股东诉请被告支付股权转让款,但被告抗辩股权转让协议无效,故原告变更为要求被告返还股权。在诉之声明中二者均系给付,但无法确定是否是诉的实质性变更。因此需要把具体的两个基础事实进行比对。在股权转让纠纷中,原告之前的诉求为要求被告按股权转让协议支付股权转让款,其基础事实应当为被告履行股权转让协议的自然状况,如果该基础事实变更为原被告之间签订股权转让协议的自然状况(如被告抗辩股权转让协议无效),则应理解为基础事实发生了实质性的变化,由原诉变成了另一个诉。

(三)诉讼理由变更与诉讼请求、诉讼标的变更

诉讼理由的变更和诉讼请求、诉讼标的变更是有关联但又完全不同的概念,有学者认为诉讼理由和诉讼请求分属诉的变更的两种类型[①],也有学者认为诉讼理由和诉讼标的变更可以并列为诉

① 参见柴发邦主编:《中国民事诉讼法学》,中国人民公安大学出版社1992年版,第195页。

的变更的不同种类。[①] 笔者认为，本书前述已经表明了诉的四大要素，在此框架下，诉的变更同样也仅涉及该四大要素的变更。同时，诉讼理由作为一种攻击防御方法，它的变更与诉讼标的和诉讼请求的变更也存在外延上的重合与差异。

这三者之间存在一定的关联性，诉讼理由的变更有可能导致诉讼请求或诉讼标的的变更，从而引发诉在量或质上的变更。一般来讲，在确认之诉和形成之诉中，诉讼理由变更后，仅仅是攻击防御方法的变更，不会引发诉讼请求或诉讼标的的变更。而在给付之诉中，根据前面所述，按照不同的诉讼标的学说，可能导致诉在量或质上的变更。在诉讼请求的问题上，有可能因为标的物的毁损导致特定给付无法实现，此时诉讼理由的变更将会引起诉讼请求的变更。就股东知情权诉讼来说，作为特定行为给付之诉，诉讼理由的变更比较模糊，甚至在股东知情权的强制信息公开这一子权利中，诉讼理由还囿于公司不作为，无法产生诉讼理由变更的效果。

第四节　股东知情权之诉诉讼理由的审查

对诉讼理由的审查，是针对诉的有理性的反馈，它对应的是原告想要获得胜诉判决而应当具备的条件，这里的条件指的是实体上的依据，从而保护原告的实体权利。[②] 因此，可以发现诉讼理由

---

① 参见谭兵主编：《中国民事诉讼法要论》，西南财经大学出版社 1991 年版，第 210 页。

② 参见[日]中村英郎：《新民事诉讼法讲义》，陈刚、林剑锋、郭美松译，常怡校，法律出版社 2001 年版，第 156 页。

与案件的实体密切相关。在股东知情权之诉中,诉讼理由也当然源于实体法上的依据,其成为判断股东知情权之诉是否有理的标准,但法院针对诉讼理由具体的审查方式、标准和原则等亦是需要考量的重要内容。同时,诉讼理由与诉讼要件的审理和裁判顺序也是股东知情权之诉中应当明晰的重要环节。

一、股东知情权之诉的诉讼理由之依据

要探求股东知情权之诉的诉讼理由之依据,需要落脚到诉权问题上。在实体法和程序法尚未分野时,民事诉讼的诉权理论为私法诉权说,即如果存在实体法上的权利则有诉权,可以基于实体法上规定的权利受到侵害而行使诉权。在三大诉讼类型独立之后,私法诉权说因不能妥善解释确认之诉,其影响力渐渐消弭。借着程序法和实体法的相互独立成型,公法诉权说成为主流。[①] 公法诉权说治下有抽象诉权说、具体诉权说、本案判决请求权说和司法行为请求权说。具体诉权说即权利保护请求权说为通说,以实体法上的权利为载体,目的为当事人通过法院对诉讼请求的裁判而胜诉,此即诉权实现的应有之意。民事诉讼法之父赫尔维希主张诉权要件由诉讼成立要件和权利保护要件构成,该二要素是本案判决的前提。[②] 从诉讼理由角度讲,本书主张诉讼理由仅指实体法上的权利,因为所谓的"程序上的权利保护要件"之当事人适格和

---

① 参见王锡三:《近代诉权理论的探讨》,载《现代法学》1989 年第 6 期。

② 根据该划分,诉讼成立要件囊括的是诉讼要件,权利保护要件可再细分为实体上的权利保护要件和程序上的权利保护要件,前者指的是实体法上的权利,后者指的是当事人适格和诉的利益等。参见吕太郎:《民事诉讼法之基本理论》(一),台北,元照出版有限公司 2009 年版,第 206 页;严仁群:《回到抽象的诉权说》,载《法学研究》2011 年第 1 期。

诉的利益已经被本书归于诉讼当事人和诉讼标的范畴,故不在此部分赘述。

在给付之诉中,实体法上的诉讼理由包括两个方面的内容:一是原告须主张其实体权利的存在,二是不存在权利妨碍、权利阻却和权利消灭的事实。[①] 股东知情权诉讼作为典型的行为给付之诉,股东所依据的实体权利按以下列明。

第一,行使股东知情权的前提。基于保护股东和平衡公司利益的理念,股东知情权之诉主体前提必然是具有股东资格,这当中存在某些特殊出资人如国企职工等的身份认定问题,在诉讼中股东资格丧失问题等,需要相关实体法规范进一步明确或依据法理认定。

第二,股东知情权行使及诉讼程序。股东知情权行使对象应当是公司本身,虽然公司是法人组织,但无法自主表达,故由公司法定代表人或董事会、总经理等意思机关代表公司作出。在具体行使程序中,应当按照实体法规范如公司法以及公司章程来进行,并且应当穷尽其他方式之后才提起诉讼。

第三,股东知情权之诉的权利范畴。根据《公司法》的规定,有限责任公司股东知情权的对象,即公司章程、股东会会议记录、董事会会议决议、监事会会议决议和财务会计报告,且行使方式是查阅和复制。同时,针对会计账簿的特殊性,可以查阅但不可复制,但对其背后的会计凭证则存在争议。另外,因为会计账簿等文书的专业性,《公司法解释四》赋予了股东委托代理专业人员行使的权利。

第四,股东知情权之诉的权利障碍。《公司法》规定了有限责

---

① 参见杨建华:《民事诉讼法要论》,北京大学出版社 2013 年版,第 204 页。

任公司股东要查阅会计账簿时,如果公司能够证明其具有不正当目的,可以拒绝,股东据此可向法院起诉。此举为必要的前置程序要件,如果缺失该前置程序,股东诉讼请求则有可能被驳回。

二、股东知情权之诉的诉讼理由之审查

股东知情权之诉的诉讼理由之依据的审查与判断有赖于法院进行,即原告股东的权利主张能否得到法院支持,需要进行审查。法院应当以什么方式审查、审查的标准和遵循的原则,将是股东知情权之诉诉讼理由能够支撑诉有理性的重要着力点。

程序上的权利保护要件涉及当事人适格和诉的利益,应由法院依职权审查,无须被告抗辩,而实体上的权利保护要件因牵连实体权利,则由当事人辩论之。[①] 具体到股东知情权之诉,其(实体上)诉讼理由涉及的是股东作为原告主张知情权的发生以及不存在权利妨碍、阻却和消灭的事由,应当适用辩论主义。因此在证明责任上也适用一般原则,即由原告股东就股东知情权的发生承担证明责任。反之,被告公司可以就股东知情权的妨碍、阻却或消灭(如时效消灭)等事实承担主张和证明责任。

股东知情权之诉诉讼理由的审查标准,在于法院对相关事项的判断临界点,尤其是公司法及其司法解释对质询权等内容规定上的不精细。法院在审查时也应当对股东知情权和公司利益的平衡进行适当的考量,一方面倾向于股东知情权可能影响公司正常经营管理,甚至因泄露商业秘密损害公司和股东利益;另一方面倾向于公司也可能导致股东知情权成为纸面上的权利,尤其对于没有经营管理权的小股东而言,更有可能被剥夺基本的权利。

---

① 参见杨建华:《民事诉讼法要论》,北京大学出版社 2013 年版,第 206 页。

三、股东知情权之诉的诉讼理由之审理和裁判

一般来讲,对权利保护要件的审理往往是在最后一个程序或阶段,由于在此阶段适用的是辩论主义,当事人必然会进行充分的争执,积极进行攻击防御,所以各方面的耗费明显要高于对诉讼程序事项的审理。因此,诉讼要件的目的主要在于筛选和过滤某些本就不需要进行本案审理和裁判的案件,从而减少诉讼成本,强化诉讼经济。但有时候可能会出现法院尚未对诉讼要件审查完毕,但已经发现诉讼理由不具备诉的有理性,此时是否必然遵循先程序再实体的审查模式呢?

股东知情权之诉中,比如原告是否具有股东身份尚未查明(如系隐名股东),但已经发现在诉讼理由中存在权利消灭的事由如诉讼时效已消灭,且被告公司提出了该抗辩。实际上,该诉在本案审理的实体结果上其实已经明确,而查明诉讼要件又相对复杂且需要付出更多的司法资源,如果固守原来的审理顺序,则没有实益,最终也有违前述审理顺序所指向的诉讼经济。

在诉讼要件和权利保护要件裁判顺序上,权利保护要件内部蕴含诉权,但同时为了防止原告滥用诉权。在前例的股东知情权之诉中,法院已经查明本案不具有有理性,即可直接判决驳回原告诉讼请求,不必先行作出针对诉讼要件的诉讼判决,从而避免浪费诉讼资源和滥用诉权。

四、股东知情权之诉的重复诉讼之诉讼理由相同

从《民诉法解释》第 247 条的规定可以看出,事实或诉讼理由并不是重复诉讼的识别标准,由此将会导致以下问题:只要股东针对相同的公司资料行使知情权,即便是不同的诉讼理由或事实,将

可能构成重复诉讼。这对原告股东提出了更高的要求，即就同一事项的资料提出知情权的诉讼请求时需要一次性主张所有诉讼理由或事实。这种一次性要求在法院处理执行异议的问题上亦有类似要求，[①]同样蕴含了重复诉讼的规则底蕴，由此也将导致诉讼理由或事实的泛化。此时诉讼标的将向一分肢说倾斜，即依赖于诉讼请求，而抛开事实的影响。

我国虽然没有将诉讼理由或事实作为重复诉讼的识别标准，但偶有案例相龃龉。在最高人民法院公报案例奉化步云公司与上海华源公司商标所有权转让纠纷案中[②]，法院认为前诉已经生效，后诉由前诉被告就同一事实向法院起诉，虽不符合重复起诉的构成要件，但依照"一事不再理"的要求，法院不予受理。此最高院公报案例将同一事实作为判断一事不再理的标准，但《民诉法解释》第 247 条并未将事实纳入重复诉讼的规则判断中。我国《民事诉讼法》将具体的事实、理由作为了起诉条件[③]，《民诉法解释》将新事实作为诉的识别的显著依据。[④] 所以，今后在修订重复诉讼标准时有必要将事实或诉讼理由作为其中的一个标准。

---

① 《最高人民法院关于人民法院办理执行异议和复议案件若干问题的规定》第 15 条规定："当事人、利害关系人对同一执行行为有多个异议事由，但未在异议审查过程中一并提出，撤回异议或者被裁定驳回异议后，再次就该执行行为提出异议的，人民法院不予受理。案外人撤回异议或者被裁定驳回异议后，再次就同一执行标的提出异议的，人民法院不予受理。"

② 参见最高人民法院民事裁定书，(2003)民二终字第 169 号。

③ 我国《民事诉讼法》第 122 条规定："起诉必须符合下列条件：(一)原告是与本案有直接利害关系的公民、法人和其他组织；(二)有明确的被告；(三)有具体的诉讼请求和事实、理由；(四)属于人民法院受理民事诉讼的范围和受诉人民法院管辖。"

④ 我国《民诉法解释》第 248 条规定："裁判发生法律效力后，发生新的事实，当事人再次提起诉讼的，人民法院应当依法受理。"

第五章　股东知情权之诉的诉讼请求

诉讼请求作为本书认为的诉的要素之一，在股东知情权之诉中扮演重要角色。本章节从股东知情权之诉诉讼请求基本考量入手，将诉讼请求作为诉的要素表征出来，糅合诉讼请求的提起、合并、变更和放弃等动态化运作，窥视四要素样态下诉的要素在股东知情权之诉中的运行效果，并结合法院对股东知情权之诉诉讼请求的审查进行评析。

第一节　股东知情权之诉诉讼请求的功能和范围

诉讼请求是我国民事诉讼中的高频词汇，在我国《民事诉讼法》中就出现了18次之多。[①] 诉讼请求是诉讼当事人向法院提出的想要解决的问题或实现的目标，能够具象化且能够被法院评价。在股东知情权之诉中，作为诉的要素之一的诉讼请求，得充分表明原告股东想要实现股东知情权的表现方式，并通过诉讼请求的范围固定下来。

---

① 参见任重：《论我国民事诉讼标的与诉讼请求的关系》，载《中国法学》2021年第2期。

一、诉与诉讼请求

本书认为,诉讼请求是诉的要素之一。诉则主要从原告对被告的权利主张和法院对原告的裁判两个层面考量。[①] 诉讼请求是诉的外化和表现,诉是诉讼请求的基础。诉的要素是否囊括诉讼请求学界一直存在争议,诉的要素功能在于识别和特定并区别于其他诉,而诉讼请求能否配合其他要素起到此种作用?从某种程度上来说,诉讼请求可能无法单一特定化某个诉,但结合其他诉的要素能够更加准确精细地将某个诉识别出来,因此,从完整性和规范性的角度来看,诉讼请求具有成为诉的要素的正当性。尤其在股东知情权之诉中,作为行为给付之诉,诉讼请求即可表明本诉与他诉的区别。

二、股东知情权之诉诉讼请求的功能

根据原告、被告双方的讼争法律关系,原告提出诉讼请求,双方针对诉讼请求进行攻击防御,法院亦以诉讼请求作为其裁判范围。在整个民事诉讼法律关系中,诉讼请求成为原告、被告竞技和法院裁判的平台。

(一)诉讼请求是连接实体法与程序法的纽带

诉讼请求虽然是程序法上的概念,但也必然具有实体法上的请求权基础,与实体权利密切相关。诉讼请求实则是对实体法上请求权在程序法上的观照和回应,或者说实体法上的请求权需要通过诉讼请求的渠道向法院和对方当事人提出。从诉讼请求的提起开始,当事人需要在实体法规范中逡巡;之后在诉讼过程中,可能因为种种原因需要变更或放弃诉讼请求;最后法院将对诉讼请

---

① 参见黄国昌:《民事诉讼法教室I》,台北,元照出版有限公司2010年版,第63页。

求进行评价,并确认和固定当事人讼争的法律关系。因此,诉讼请求成为实体法上请求权的程序表达,将实体法和程序法紧密连接起来。原告股东通过股东知情权具体诉讼请求的提出,串联起了公司法上股东知情权的实体法效果。

(二)诉讼请求是原告、被告攻击防御的竞技场

从诉讼目的角度来看,诉讼请求几乎就是诉讼目的的直接表达,客观上说诉讼请求的提出触发了诉讼程序并由此进入法院的审理区间,但实质上诉讼请求蕴含的是希望通过法院的审理达到当事人所期望的支撑诉讼请求的实体法上的效果。基于处分权主义的诉讼请求的提起成为原告、被告攻击防御的基础,否则双方就无法形成交锋。在辩论主义框架下,当事人围绕诉讼请求进一步提出要件事实,乃至更加广泛和细化的间接事实、辅助事实和背景事实等,均是围绕诉讼请求这一轴线,并且就此提出主张或反驳的证据加以证明。于是原告股东和被告公司将围绕诉讼请求进行争夺,以实现己方所希望的实体法上的效果。

(三)诉讼请求是法院的裁判范围

在处分原则的要求下,法院的裁判范围桎梏于当事人的诉讼请求范围,法院既不能超越该范围亦不应遗漏。法院一般通过裁判文书中的主文来评价和回应原告的诉讼请求,如果全部支持,则应全部谕知,若部分容许,则应驳回其余之诉,诉讼请求即为法院裁判对象。①

在我国,从法院审查范围来讲,当事人的诉讼请求和法院的裁判范围在二审中有较为明确的依据。② 这与之前 1982 年《民事诉

① 参见杨建华:《问题研析民事诉讼法(二)》,台北,三民书局 1997 年版,第 165 ~ 166 页。

② 参见《民事诉讼法》第 175 条:"第二审人民法院应当对上诉请求的有关事实和适用法律进行审查。"

讼法(试行)》的全面审查原则有根本性的区别。但部分特殊情形下,法院仍然可以超越当事人的诉讼请求进行全面审查。[①] 另外,如果上诉请求涉及一审判决、裁定的所有内容或整个案件事实的认定,就应当进行全面审查。因此,在股东知情权之诉的一审中,基于当事人私法自治和民事诉讼的处分原则,法院应当严格按照诉讼请求的范围裁判。但在二审中,针对上诉请求,囿于二审法院解决纠纷和审级监督的原因,应当在上诉请求的基础上有限制的进行全面审查。

三、股东知情权之诉诉讼请求的范围

在民事诉讼中,从形式上来讲,诉讼请求是起诉状中的必备内容,否则起诉状不成立。[②] 诉讼请求是民事诉讼中的一个必备条款,但什么样的诉讼请求才符合起诉时的标准呢,我国民事诉讼法对此仅描绘为"具体"。[③] 诉讼请求具体意义重大,明确了当事人通过民事诉讼想要解决的问题,厘清了诉判关系的范围和内容,并能够固定诉讼标的。[④] 诉讼请求同时也是诉权实现的具体表现方式,

---

① 参见我国《民诉法解释》第 321 条规定:"第二审人民法院应当围绕当事人的上诉请求进行审理。当事人没有提出请求的,不予审理,但一审判决违反法律禁止性规定,或者损害国家利益、社会公共利益、他人合法权益的除外。"

② 我国《民事诉讼法》对此有明确规定,国外如德国《民事诉讼法》第 253 条,法国《新民事诉讼法典》第 56、57 条,韩国《民事诉讼法》第 249 条,美国《联邦民事诉讼规则》第 8 条,等等,亦均有明确规定。

③ 参见王学棉:《"具体"的诉讼请求》,载《国家检察官学院学报》2016 年第 2 期。

④ 参见王亚新、陈晓彤:《前诉裁判对后诉的影响——〈民诉法解释〉第 93 条、第 247 条解析》,载《华东政法大学学报》2015 年第 6 期。同时,鉴于诉讼请求在我国民事诉讼中具有极其重要的地位,有学者提出应以诉讼请求为轴线展开重述我国的诉权论、诉讼标的论和既判力理论,将诉讼请求范围、法院审理范围与既判力客观范围三者统一起来。参见董少谋:《诉讼请求论:以诉讼请求为轴线重述民事诉讼基本理论》,载韩波主编:《民事程序法研究》第 15 辑,厦门大学出版社 2016 年版,第 39 页。

诉权理论得到了深入发展。① 在股东知情权诉讼中，诉讼请求的范围应当得到进一步解放，以充分保障股东权益。

(一)股东知情权之诉的诉讼请求范围梳理

股东行使知情权所提出的诉讼请求涉及股东可以查阅、复制、置备或质询的文件范围，《公司法》第33条规定了有限责任公司股东查阅或复制的公司文件资料范围，第97条规定了股份有限公司股东查阅的范围，结合第32条股东名册、第96条重要资料的置备，第165条规定的财务会计报告的公示，梳理后见表5-1。

表5-1　股东知情权查阅、复制、置备或质询的范围

范围	有限责任公司	股份有限公司
查阅范围	公司章程、股东会会议记录、董事会会议决议、监事会会议决议和财务会计报告，会计账簿	公司章程、股东名册、公司债券存根、股东大会会议记录、董事会会议决议、监事会会议决议、财务会计报告
复制范围	公司章程、股东会会议记录、董事会会议决议、监事会会议决议和财务会计报告	—
置备范围	股东名册、财务会计报告(送交)	公司章程、股东名册、公司债券存根、股东大会会议记录、董事会会议记录、监事会会议记录、财务会计报告
质询范围	—	对公司的经营提出建议或质询

除表5-1中的诉讼请求范围，股东还可以请求法院依法判令公司董事、高管人员承担因侵犯股东知情权的损害赔偿责任。②

① 参见吴英姿：《论诉权的人权属性——以历史演进为视角》，载《中国社会科学》2015年第6期。转引自王杏飞：《对我国民事诉判关系的再思考》，载《中国法学》2019年第2期。

② 我国《公司法》第152条规定："董事、高级管理人员违反法律、行政法规或者公司章程的规定，损害股东利益的，股东可以向人民法院提起诉讼。"赋予了股东因经营管理层侵害股东权益导致受损的救济权利。

（二）股东知情权之诉的诉讼请求范围的优化

由表5－1可知，有限责任公司和股份有限公司类型不同，股东知情权的范围也不尽相同。二者的分化在一定程度上有其差异化理由，但从诉讼请求与股东知情权保障的关系上来看，二者在保持各自特殊性的基础上逐渐趋同是未来发展方向。

1.增加股东查阅股份有限公司会计账簿的诉讼请求

目前，法律法规仅赋予了有限责任公司股东查阅会计账簿的权利，会计账簿是公司的重要文件资料，基于有限责任公司的人合性特征，股东有权提出该诉讼请求。股份有限公司相对规模较大，尤其是上市公司，股东众多，为了不过度干扰公司正常经营管理，法律并未赋予股东查阅会计账簿的权利，在诉讼中也无法提起此类诉讼请求。但有时候这种情况往往是一个此消彼长的权衡，股份有限公司也可能存在股东人数较少的情况，不能因股东人数多寡（尤其是小股东数量较多时）的原因因噎废食地限制股东全面的知情权，否则维护了公司利益却损害了股东利益。所以为了平衡双方关系，抑制小股东滥用权利，可以在此对股份有限公司股东拟行使会计账簿查阅权时的持股比例和时间进行限缩控制。①

---

① 我国《公司法》第151条规定："董事、高级管理人员有本法第一百四十九条规定的情形的，有限责任公司的股东、股份有限公司连续一百八十日以上单独或者合计持有公司百分之一以上股份的股东，可以书面请求监事会或者不设监事会的有限责任公司的监事向人民法院提起诉讼；监事有本法第一百四十九条规定的情形的，前述股东可以书面请求董事会或者不设董事会的有限责任公司的执行董事向人民法院提起诉讼。监事会、不设监事会的有限责任公司的监事，或者董事会、执行董事收到前款规定的股东书面请求后拒绝提起诉讼，或者自收到请求之日起三十日内未提起诉讼，或者情况紧急、不立即提起诉讼将会使公司利益受到难以弥补的损害的，前款规定的股东有权为了公司的利益以自己的名义直接向人民法院提起诉讼。他人侵犯公司合法权益，给公司造成损失的，本条第一款规定的股东可以依照前两款的规定向人民法院提起诉讼。"该条款规定了公司权益受损的股东救济，属于公司派生诉讼，但为防止股东滥用诉权，对股东的持股比例和时间进行了限制。

2. 增加股东复制股份有限公司相关资料的诉讼请求

股份有限公司中的上市公司应当按照证券法的规定进行信息披露,股东能够行使复制权。但非上市公司仅需置备相关文件资料于公司,且股东行使知情权时若想复制相关文件资料则于法无据。查阅的本义较为丰富,广义上可以理解为包括复制,但在公司法明确规定了有限责任公司股东的复制权后,按狭义概念理解,股份有限公司股东没有复制权。从股东知情权的保障和落实来看,只有匹配复制权才能够让股东真正知情,否则仅仅是走马观花、昙花一现。

3. 增加股东质询有限责任公司的诉讼请求

质询权是查阅权的配套和进一步补充。股份有限公司股东被赋予了这一权利,但有限责任公司则没有。实际上,从质询权的作用和功能来讲,与公司类型并无太多制衡,均是查阅权的有益补充。加之质询权的行使时间一般在股东会之际,所以完全没有区别对待的理由。即使考虑到有限责任公司的人合性,也许股东不必通过正式的股东会等方式也可提出经营建议和质询,但如果作为法定权利则更加能够保障权利的实现。

4. 拓展股东查阅范围

公司法明确规定了有限责任公司股东有权查阅的文件资料范围,其中最为重要的资料是会计账簿。但有时候为了全面真实地了解公司信息,往往需要进一步了解会计账簿的基础资料如会计凭证及其他有关文件如合同等。会计账簿有造假的可能性,但会计原始凭证几乎没有或者造假成本高难度大。此外,某些辅助资料比如经营管理层的个人信息、履职情况,经营管理中的重要合同、应收付账款,重大诉讼案件和行政处罚,对公司经营发展有显著影响,股东都应当有权知晓。

四、股东知情权之诉诉讼请求的相关展开

股东知情权诉讼的起诉条件较低，只要具备股东身份就可以提起，也没有持股比例、持股时间等限制。为缓和股东滥用诉权和公司经营受到影响甚至损失的紧张关系，可以通过诉讼担保、诉讼费用和保全的调控来进行平衡，这也是诉讼请求关涉的应有之义。

（一）诉讼担保

诉讼担保是为了对抗原告滥诉以维护正当诉讼，侧重保护被告方的合法权益。我国股东知情权诉讼并无诉讼担保的规定，讨论是否应当设立或者探寻其制度根源有利于股东知情权诉讼的完善。但以诉讼担保对抗滥诉是否具有正当性基础，这种技术性操作手段与民事诉讼原理是否契合，与公司的商事行为和社团属性是否匹配，颇值得寻味。

1. 提供诉讼担保的缘由

在日本，如果股东提起和公司有关的诉讼，在被告证明原告系恶意的情况下，法院可要求原告提供担保，韩国亦有类似规定。德国规定如果公司能够证明原告股东会损害或可能损害公司利益，法院可依公司申请要求原告提供担保。① 意大利则要求原告股东

---

① 日本《公司法》第 836 条对于股东提起有关公司组织的诉讼规定，法院可根据被告的申请要求非担任董事、监事、执行官或清算日的起诉股东提供担保，但被告必须证明原告提起诉讼是出于恶意。韩国《商法》第 377 条、第 380 条也对股东提起的要求确认决议无效或不存在和撤销决议之诉规定法院可根据公司的请求命令非担任董事或监事的股东提供相应的担保，对此被告必须证明原告起诉是出于恶意。德国 1937 年《股份法》第 199 条第 4 款规定，如果公司能使法院确信其享有或者会产生对原告股东的赔偿请求权，那么诉讼法院可以依公司申请要求原告股东向公司提供担保。参见丁勇：《公司决议瑕疵诉讼担保制度检讨及立法完善》，载《法学》2014 年第 5 期。

为公司可能遭受的损失提供担保。①

上述国家的立法可看出端倪,对股东起诉公司(包括但不限于知情权纠纷)施以了诉讼担保的限制,但前提是由公司证明股东存在“恶意”。② 这里的恶意应当理解为股东不是为了正当诉讼而损害或可能损害公司利益。但需要合理把握“恶意”的限度,为避免间接限制股东起诉,只有公司能够证明股东明显为刁难公司而起诉的时候,法院才能够要求股东提供担保。③

2. 对公司诉讼提供担保的检视

要求股东起诉公司提供担保的制度目的在于缓释正当诉讼和恶意滥诉的冲突,且不说对善意股东起诉的阻碍,就民事诉讼制度本身而言可能存在缺憾。这在于公司诉讼和普通民事诉讼存在理论范式上的套用。公司是商事主体,适用商事规范的效率及公司整体利益的协调,与民事诉讼讲究两造当事人的平等有明显差异。如果要求股东提供担保,实则打破了原有的平衡,反而易招致滥用。前述已提及我国股东知情权诉讼并无担保一说,但股东会和董事会决议的无效和可撤销诉讼中,规定了股东提供诉

① 意大利《民法典》第 2378 条第 2 款规定,“法院院长可以裁定要求提起诉的股东为可能造成的损失提供适当的担保”。参见孙加瑞:《公司股东权诉讼研究》,中国社会科学院研究生院 2000 年博士学位论文,第 145 页。

② 参见刘俊海:《现代公司法》,法律出版社 2008 年版,第 272 页;谢文哲:《公司法上的纠纷之特殊诉讼机制研究》,法律出版社 2009 年版,第 117 页;褚红军主编:《公司诉讼原理与实务》,人民法院出版社 2007 年版,第 445 页。转引自丁勇:《公司决议瑕疵诉讼担保制度检讨及立法完善》,载《法学》2014 年第 5 期。

③ 参见张凝:《日本股东大会制度的立法、理论与实践》,法律出版社 2009 年版,第 292 页。

讼担保的内容。[①] 虽然公司决议瑕疵诉讼和股东知情权诉讼二者在制度目的、程序设计、救济方式等方面差异较大,但作为公司诉讼都体现出了同质化的要素。因为股东知情权诉讼是基础性和工具性的诉讼,其不具有公司决议瑕疵诉讼中止决议执行的功能,股东主要目的是提起后续的损害股东利益责任纠纷或公司盈余分配纠纷诉讼等,所以不宜设置较高门槛。但正是因为我国现有法律规范没有对股东知情权诉讼的起诉条件进行任何限制(当然,股东要查阅公司会计账簿时需要履行前置程序,但前置程序和诉讼担保二者的功能目的是南辕北辙的),股东行使知情权如入无人之境,诉讼的提起相当便捷,这也给别有用心(如为刺探公司商业秘密)的股东带来了可乘之机,也给公司带来了莫大的负担。

甚至在司法实践中,股东已知晓公司资料的,并不排除股东继续行使知情权。比如,不因公司已向股东提供了财务会计报告而对股东知情权作出特别限制[②];不因股东曾经查阅过相关资料而导致之后对同样资料查阅失权[③];作为一种固有权利贯穿始终,不因某段时间行使过而消灭。[④] 由此观之,股东知情权在相当程度上得到了较好的保障。

---

① 我国《公司法》第22条规定:“公司股东会或者股东大会、董事会的决议内容违反法律、行政法规的无效。股东会或者股东大会、董事会的会议召集程序、表决方式违反法律、行政法规或者公司章程,或者决议内容违反公司章程的,股东可以自决议作出之日起六十日内,请求人民法院撤销。股东依照前款规定提起诉讼的,人民法院可以应公司的请求,要求股东提供相应担保。公司根据股东会或者股东大会、董事会决议已办理变更登记的,人民法院宣告该决议无效或者撤销该决议后,公司应当向公司登记机关申请撤销变更登记。”

② 参见北京市第二中级人民法院民事判决书,(2017)京02民终6756号;北京市第一中级人民法院民事判决书,(2013)一中民终字第9558号。

③ 参见上海市第一中级人民法院民事判决书,(2017)沪01民终7924号。

④ 参见上海市第一中级人民法院民事判决书,(2017)沪01民终13198号。

囿于商业秘密对公司的重要性，避免股东通过几乎无门槛的知情权诉讼损害公司利益，笔者认为，有必要考虑像公司决议瑕疵诉讼一样引入诉讼担保，以适当平衡股东权利和公司利益的跷跷板。

3. 担保数额的确定

笔者认为，股东知情权诉讼的保全类型应当属于财产保全[①]，但因不涉及具体的财产金额，在担保的问题上可以借鉴证据保全的担保标准，以此作为诉讼担保的标准。民事诉讼法规定证据保全的程序参照财产保全和行为保全。有学者认为，对于法律关系明确双方争议不大的案件，诉求证据保全因几乎不可能给被申请人造成损害而不必担保。[②] 但在诉讼程序中本就对原告施以了较好的保障，为了"两造"平衡，对被告只能以某些技术性的程序设计和制度安排来缓和。[③]

那么，担保数额应当根据哪些基点来确定？有学者认为，担保的数额对应于被申请人公司可能受到的损失。[④] 另外，重在弥补损失而非惩罚。[⑤] 但笔者认为，股东知情权诉讼中，公司可能遭受的损失在起诉之初是不易确定的，这导致担保金额的不确定，并且公司可能遭受的损失应当是因股东的起诉行为所致，尤其是采取了

---

① 参见下文"保全"的内容。

② 参见毕玉谦、谭秋桂、杨路等：《民事诉讼研究及立法论证》，人民法院出版社 2006 年版，第 263 页。

③ 参见王杏飞：《法院调解担保制度探析》，载《石河子大学学报（哲学社会科学版）》2006 年第 2 期。

④ 参见冀宗儒、徐辉：《论民事诉讼保全制度功能的最大化》，载《当代法学》2013 年第 1 期。

⑤ 参见李曼：《民事行为保全担保制度的完善路径》，载《当代法学》2018 年第 3 期。

保全措施的情形下因保全而受到的损失。所以最高人民法院和部分省高院在确定担保数额时进行了分类①,即根据不同的担保形式,担保数额和保全金额无须完全对应,且担保数额远小于保全金额。对此,笔者认为股东提起知情权诉讼时的担保可以借鉴保全中的担保数额。而且,从具体程序设计上来讲,由公司举证证明股东存在诉讼"恶意"可能导致公司利益受损,在此情况下由公司申请法院要求股东提供担保为宜。为了避免增加善意股东尤其是中小股东的诉讼负担,甚至造成变相禁止诉讼,可以考虑通过类似于履约保证金的方式来确定,并由法官基于股东知情权诉讼的基础地位和股东的承受能力等因素综合裁量。②

---

① 《最高人民法院关于人民法院办理财产保全案件若干问题的规定》第5条规定:"人民法院依照民事诉讼法第一百条规定责令申请保全人提供财产保全担保的,担保数额不超过请求保全数额的百分之三十;申请保全的财产系争议标的的,担保数额不超过争议标的的价值的百分之三十。利害关系人申请诉前财产保全的,应当提供相当于请求保全数额的担保;情况特殊的,人民法院可以酌情处理。财产保全期间,申请保全人提供的担保不足以赔偿可能给被保全人造成的损失的,人民法院可以责令其追加相应的担保;拒不追加的,可以裁定解除或者部分解除保全。"《四川省高级人民法院关于开展民事诉讼财产保全工作的意见》第9条规定:"人民法院审查决定申请人提供财产保全担保的具体数额,应当根据案件的具体情况,结合申请人申请保全财产的不同类型进行审查:1、申请查封、冻结不动产、需要登记的特殊动产以及股权、矿业权、知识产权等财产性权利的,担保数额一般可确定在申请保全数额的30%以内;2、申请冻结资金的,担保数额一般可确定在申请保全数额的50%以内;3、申请扣押动产和查封、扣押季节性商品、鲜活、易腐烂变质以及其他不宜长期保存的物品的,担保数额应当与申请保全数额相当。具有特殊情形的,不受前款担保数额的限制。"

② 《最高人民法院关于对诉前停止侵犯专利权行为适用法律问题的若干规定》(已失效)和《最高人民法院关于诉前停止侵犯注册商标专用权行为和保全证据适用法律问题的解释》(已失效)均系针对知识产权纠纷案件诉前行为保全的司法解释,在该领域的案件中,法院/法官可基于保全对象可能造成的损害额度通过自由裁量确定担保金额。参见刘君博:《保全程序中担保的提供与担保数额的确定——〈民事诉讼法〉司法解释第152条的意义及其解释适用》,载《法律适用》2015年第8期。

(二)诉讼费用

诉讼费用和诉讼担保实际是一个问题的两个方面,都能够在一定程度上调整防止股东滥诉和维护公司利益的紧张关系。我国目前将股东知情权纠纷诉讼视为非财产案件,按件计费,标准为每件50元至100元。[①] 参阅司法实践中的股东知情权诉讼案件受理费,也基本为这一标准。[②] 但也有法院突破了这一范围,不过总体来讲也不高。[③] 因此,诉讼费用对于善意股东尤其是中小股东来讲是比较友好的,也有利于股东积极行权维权。加之对前文诉讼担保的观照,在诉讼费用无法提供合理的调适功能时,理应存有通过诉讼担保引导股东知情权诉讼的土壤。

在诉讼费用的承担上,通过胜诉或败诉的程度来分担是较为合理的。同时,除了诉讼法,其他合理费用也可由公司承担[④],促使激活股东知情权的行使和强化公司保障股东权利的责任。美国法

---

① 国务院《诉讼费用交纳办法》(国务院令第481号)第13条第1款规定:"……(二)非财产案件按照下列标准交纳:……3.其他非财产案件每件交纳50元至100元……"

② 南京郁氏生物科技有限公司与郁某兰股东知情权纠纷上诉案二审案件受理费人民币80元,参见江苏省高级人民法院民事判决书,(2016)苏民终620号;孙某伟与嘉兴市正亮纺织有限公司股东知情权纠纷案一审案件受理费减半收取50元,参见浙江省嘉兴市南湖区人民法院民事判决书,(2018)浙0402民初7104号;姜某宇与北京嘉林投资管理有限公司股东知情权纠纷案一审案件受理费减半收取35元,参见北京市房山区人民法院民事判决书,(2018)京0111民初17658号。

③ 西安市新里程投资有限公司与张某股东知情权纠纷二审案件受理费300元,参见陕西省西安市中级人民法院民事判决书,(2018)陕01民终7551号;姜某与江西中景集团有限公司股东知情权纠纷一审案件受理费500元,参见江西省景德镇市珠山区人民法院民事判决书,(2016)赣0203民初887号。

④ 参见黄来纪、史建三主编:《中德完善公司立法研究》,上海社会科学院出版社2005年版,第266页。

上亦有律师费由公司承担的类似规定。①

(三)股东知情权之诉的保全

保全的概念因为参照系的不同而理解不同,②保全的种类也存在财产保全、行为保全和证据保全之争。③ 股东知情权诉讼的保全,是针对股东拟知悉的公司资料进行。从诉讼类型来讲应当属于给付之诉,具体来讲,比如质询权之诉即法院要求公司履行股东所提质疑的答复行为,而查阅权之诉即法院要求公司提供材料供股东查阅。

1. 股东知情权之诉的保全不属于证据保全

有学者认为,股东知情权诉讼的保全属于证据保全,即为了防止公司将股东拟查阅的特定文件材料隐匿、篡改、损毁,导致最终执行不能,反过来加强诉前证据保全能促使公司合法经营。④ 而证据保全,"是法院在受理案件后诉讼终结前位保证将来发生法律效力的裁判能得到全部执行,对当事人的财产或争议的标的物采取的强制性措施"⑤。也有学者认为应当属于财产保全,因为证据保

① 美国《标准公司法》第16条第4款规定,如果为了使公司允许合法审查,在法院不得不对公司发出指令时,法院同时应指令公司支付股东的相关费用,包括合理的律师费。参见潘晓剑:《股东知情权诉讼研究——以陈飞与湖南家乐家居发展有限公司股东知情权纠纷案为例》,中南大学2011年硕士学位论文,第17页。

② 关于争鸣观点之综述,参见李仕春:《民事保全程序基本问题研究》,载《中外法学》2005年第1期;郭小冬:《民事诉讼侵害阻断制度释义及其必要性分析》,载《法律科学(西北政法大学学报)》2009年第3期。参见周翠:《行为保全问题研究——对〈民事诉讼法〉第100-105条的解释》,载《法律科学(西北政法大学学报)》2015年第4期。

③ 参见汤维建主编:《新民事诉讼法适用疑难问题新释新解》,中国检察出版社2013年版,第92页;赵钢:《回避制度之改良与保全机制之完善——以〈民事诉讼法〉修改为背景的思考》,载《法律科学(西北政法大学学报)》2012年第6期。

④ 参见李冬:《股东知情权及其司法救济制度的构建》,载《山东社会科学》2012年第12期。

⑤ 谭兵主编:《民事诉讼法学》,法律出版社1997年版,第319页。

全的目的在于避免证据可能灭失或今后难以取得为对证据进行特定保护,而不似股东申请知悉的相关资料如股东名册、会计账簿等,是胜诉之后的执行对象。但这种执行对象并非法院要求公司交付特定物,而仅仅是在恰当的时间地点交付给股东查阅等,所有权和存放管理仍然由公司掌握。最终目的在于保障生效判决得以顺利执行而不是推动诉讼程序。①

我国其实也对证据保全进行了单独的分野,即规定了证据保全程序“参照”“保全”章节的规定。② “参照”表明二者并非同质,只是有渊源。这样的安排也与德国和荷兰相协调。③

2. 行为保全与财产保全的合理区隔

行为保全于2012年民事诉讼法修改时所增设,携手财产保全共同构成了我国的保全制度。④ 英国的强制令(injunction)作为衡

---

① 参见李建伟:《股东知情权诉讼基本程序问题探析》,载《国家检察官学院学报》2010年第1期。

② 我国《著作权法》、《商标法》和《专利法》对证据保全和诉前保全作出分立规定。此外,我国《民事诉讼法》第84条也规定:“在证据可能灭失或者以后难以取得的情况下,当事人可以在诉讼过程中向人民法院申请保全证据,人民法院也可以主动采取保全措施。因情况紧急,在证据可能灭失或者以后难以取得的情况下,利害关系人可以在提起诉讼或者申请仲裁前向证据所在地、被申请人住所地或者对案件有管辖权的人民法院申请保全证据。证据保全的其他程序,参照适用本法第九章保全的有关规定。”

③ 我国与荷兰的立法例均受到德国法的影响,“独立的证据程序”被规定在德国《民事诉讼法》第485条以下,而临时权利保护被规定在第916条以下。受德国法的影响,荷兰亦分立规定证据保全和紧急程序。不仅我国现行民事诉讼法分立规定证据保全与保全,而且1911年1月27日完成的《大清民事诉讼律草案》也与德国立法例相同,第四编第三章以“保全诉讼”作为章目,其仅包括假扣押与假处分(第650~669条),而不包含证据保全。参见周翠:《行为保全问题研究——对〈民事诉讼法〉第100－105条的解释》,载《法律科学(西北政法大学学报)》2015年第4期。

④ 2012年8月31日,第十一届全国人大常委会第二十八次会议通过了《全国人民代表大会常务委员会关于修改〈中华人民共和国民事诉讼法〉的决定》,对原《民事诉讼法》第九章“财产保全与先予执行”进行修改,增加行为保全制度。参见占善刚、刘丹:《民事诉讼保全的类型化分析》,载《江苏大学学报(社会科学版)》2013年第3期。

平法上的救济手段，即法院可向某人颁布强制令要求其为或不为某种行为。① 这与我国行为保全较为相近。德国法上的假扣押、假处分措施从保障未来判决的强制执行来讲与我国保全制度更为接近。② 至于二者的区隔，需要明确以下要素：一是功能目的，行为保全是预防性或制止性的侵害防御，财产保全终极目的在于生效判决的顺利强制执行，但有时候二者可能重合。二是实施对象，行为保全针对的是人的行为，该保全裁定不是执行名义，通过妨害民事诉讼的强制措施补救；财产保全针对的是具体的金钱或财物、权利，该保全裁定系执行名义。

3. 股东知情权之诉保全的类型

股东知情权的权利内容外延较广，本书认为包括查阅权、质询权、检查人选任权和强制信息披露权。就查阅权来讲，股东申请查阅的公司资料属于特定物，该特定物的价值不在于其载体而在于

---

① 参见［英］戴维·M. 沃克：《牛津法律大辞典》，李双元等译，法律出版社2003年版，第562页。

② 德国的假扣押、假处分制度均规定在德国《民事诉讼法》第8编“强制执行”之中。就其作为强制执行根据、中间性裁判的定位来看，假扣押、假处分措施相较于强制令制度与我国的保全制度更为相似。但德国的假扣押、假处分制度的体系更为复杂、规定更为精细。其中假扣押制度是指为了阻止债务人实施转移、隐匿财产等行为，而对债务人的财产或人身作出假扣押的中间裁判。假扣押裁判的执行，既可以针对债务人的财产，也可以针对债务人的人身（拘禁债务人）。假处分制度按其功能性质分为三种：一是一般假处分（保全假处分或确保性假处分），即为保障将来非金钱债权的强制执行，而对某项财产、权利或行为作出假处分裁判。当保全客体是财产或权利时，与假扣押功能相似；当保全标的是行为时，则只能适用假处分。二是制止性假处分（确定临时状态假处分），即为避免重大损害或者防止急迫的强暴行为或其他原因，以中间裁判的形式暂时确定某种法律关系状态。三是给付假处分，即在紧迫情况下，法院以中间裁判的形式要求债务人先行给付医疗费、生活费、抚养费等必要的保障性费用，类似于我国的先予执行制度。［德］汉斯－约阿希姆·穆泽拉克：《德国民事诉讼法基础教程》，周翠译，中国政法大学出版社2005年版，第428～432页。转引自李龙、李一鑫：《民事行为保全的功能定位与制度重塑》，载《江西社会科学》2020年第1期。

其刊载的内容,这应当理解为一种针对特定物的强制,因此也就应当属于财产保全。只不过需要声明的是,这种特定物在执行完毕前后其所有权和占有权均不发生转移。所以可以更具象为特定物是公司资料的刊载内容或信息。针对查阅权的保全可归类为财产保全。股东知情权诉讼中如果股东请求法院判令公司董事或高管人员等回应答复股东质询,胜诉后,董事或高管人员应当代表公司接受质询并作出答复。这是以行为来履行判决,并且他人几乎无法替代,适宜通过间接强制执行的方式来执行。因此,这样的行为作为保全标的无法实现,故在股东知情权中的质询权诉讼中,没有保全利益。而在检查人选任之诉中,涉及的其实并不是股东和公司直接的具体权益争议,争议的是是否选任检查人和选任何人作为检查人,尤其是股东不同意股东会代表公司所选任的检查人而提起异议时。这种情况也没有保全的标的。最后,在强制信息披露权之诉中,公司的主要义务是置备相关资料存放公司或呈递给股东,这样的行为类似于股东要求公司回复质询,由是观之,也无法进行保全。

因此,总体来讲,我国股东知情权诉讼中,股东可以依法申请法院进行保全,但这样的保全并非为保护证据推进诉讼的证据保全,而是具有紧急措施性质的保全。再从保全的目的和内容及采取的措施来看,查阅权诉讼中的保全属于财产保全,而股东知情权之诉中的其他诉讼因标的和性质所限,无法进行保全。

4. 股东知情权之诉的保全措施

将股东申请查阅的公司特定文件材料作为保全的标的,根据其特性除了采取传统的查封、扣押、冻结等措施以外,还涉及对特殊物品(如生鲜活物)的特殊处置、保管及使用保全财产等措施。① 这里的保管措施与德国法上的保管(sequestration)措施相近,即法院通过假处分的裁定要求专门人员对物(包括不动产、债权、动产和工业产权等)合理保存管理。② 再如德国法规定假扣押的物如果存在价值减少的风险,或保管该物成本过高时,法院可根据申请提存。③ 我国的保全措施可以从保全程序转入执行程序,被保全的标的物的类型是保全措施的有效考量依据,即根据特定的标的物采取对应措施。所以,针对股东申请查阅的公司特定文件材料,法院的保全措施可以查封、扣押或委托第三人妥善保管,具体措施的选用系由法院裁量。但应当遵循最低干预原则和比例原则,即在保全目的实现的情况下对公司采取最适宜的、最低必要性的、最轻柔的措施。④

第二节 股东知情权之诉诉讼请求的提起、合并、变更和放弃

诉讼请求在股东知情权之诉中可能存在提起、合并、变更和放弃的情况,诉讼请求的提起在于其确定,也就是明确具体化;诉讼请求的合并和变更在于从诉讼经济的角度出发一次性解决纠纷;

---

① 参见《民诉法解释》第 153 ~ 155 条。

② 参见周翠:《中外民事临时救济制度比较研究》,清华大学出版社 2014 年版,第 60 页。

③ 《德意志联邦共和国民事诉讼法》,谢怀栻译,中国法制出版社 2001 年版,第 257 页。

④ 参见周翠:《行为保全问题研究——对〈民事诉讼法〉第 100 - 105 条的解释》,载《法律科学(西北政法大学学报)》2015 年第 4 期。

而诉讼请求的放弃则是原告处分权的表达，有一定的适用情形并应当和撤诉相区分。

一、股东知情权之诉诉讼请求的提起

诉讼请求表明了原告的诉讼目的，引导双方当事人的诉辩方向，也是法院审理和裁判的具体对象。正是因为诉讼请求的这些功能，让原告在提起诉讼请求时必须慎重考虑，恰当提出。

诉讼请求的提起依赖于诉讼请求的确定，从形式上来讲，应当在起诉状中列明。当然原告对诉讼请求的确定享有自由处分的权利，同时作为被告也会针对诉讼请求进行反驳或承认，最终法院通过判决主文的方式来回应，即诉讼请求的确定并提起成为诉讼程序的出发点和落脚点。虽然诉讼是一个动态过程，诉讼请求在该动态过程中也可能会产生合并、变更或放弃，但必须遵循一定规则进行。在现代型诉讼中，诉讼请求或裁判对象在最初确定和提起时往往只是试探性的，并且会在动态过程中摸索前进。①

我国民事诉讼法要求诉讼请求应当明确、具体，作为两个形容词从规范意义上进行表述似乎本就存在不甚明确具体的情形，因此明确具体的标准或程度需要进行分析。诉讼请求的明确，主要在于给被告和法院所产生的效果，比如股东知情权之诉中，原告股东提出的诉讼请求为查阅某年某月的会计账簿，从该诉求来看，就可以说非常明确，不会产生歧义。被告公司便于对此进行答辩，法院亦能够就此进行裁判。从诉讼请求本身进行讨论，明确性首先

① 参见井上治典『诉讼请求及其确定』法学ヤミへ5期(1982年)。转引自朱建敏：《民事诉讼请求研究——以我国民诉立法与司法实践为中心》，武汉大学2010年博士学位论文，第37页。

要求诉讼请求的种类清晰,属于给付还是确认或者兼而有之。其次从范围上来看,也需要划定清偿,即诉讼请求中具体的项目,比如除查阅会计账簿外,还要不要查阅股东会决议,还要不要行使股东质询权等,而非以股东知情权一言以蔽之。最后,在这些范围的明确程度还应当达到某期间的会计账簿,某次或某些内容的股东会决议。

诉讼请求具体的要求,其实在于识别性,即诉讼请求所代表的权利义务应当特定化并由此可以区别于其他诉讼请求。股东知情权之诉属于行为给付之诉,这里的行为给付就必须特定化,即要求被告公司履行具体的提供查阅行为或被质询行为。

二、股东知情权之诉诉讼请求的合并

我国民事诉讼法对合并审理进行了规定,主要包括原告增加诉讼请求,被告提出反诉,以及第三人提出与本案有关的诉讼请求,这涉及诉讼请求的合并,与诉之合并有着根本区别。诉讼请求的合并主要包括在某个具体的诉中多项诉讼请求合并,比如股东知情权之诉中,查阅某次股东会决议和某次董事会决议的两个诉求合并,也包括诉的合并引起的诉讼请求合并,如股东查阅权之诉和股东质询权之诉所涉不同的诉讼请求的合并。因诉讼请求的合并属于诉之客观合并,本章节不阐释与共同诉讼相关的诉之主体的合并,也不再分析被告提出反诉和第三人参加之诉的诉讼请求合并。因此,以下从诉之客观合并的角度,对诉讼请求合并进行分类阐释,诉之客观合并分类众多,包括单纯合并、选择合并、预备合并等,每一种则对应诉讼请求的合并。

(一)诉讼请求的单纯合并

原告股东对被告公司提出多项诉讼请求,并请求法院对多个诉讼请求一并审理。实践中有争议的主要是确认之诉与给付之诉相结合的诉讼请求，比如，原告股东将确认股东身份和行使股东知情权的诉讼请求合并，此时股东身份的诉讼请求属于行使知情权的基础。因此，从法院裁判的回应来说，应当在判决主文当中进行回应，而不是仅在判决理由中分析。股东知情权只是股东权利的一种工具性、手段性权利，股东身份的确认，往往还有其他的重要目的。

（二）诉讼请求的预备合并

在同一诉讼程序中，同一原告对同一被告提起主位诉讼请求时，再提起备位的诉讼请求，待主位诉讼请求无理由时，可请求法院对备位请求进行裁判，此谓诉讼请求的预备合并。在股东知情权之诉中，原告股东提出查阅被告公司的会计原始凭证作为主位请求，同时提出查阅公司会计账簿作为备位请求，如果该前者无理由，则请求法院裁判后者。因为主位诉讼请求是备位请求的先决条件，必须是主位请求无理由，才能进行备位请求的裁判，但并不意味着必须先进行主位请求的审理再进行备位请求的审理。因为二者在事实层面具有一定的共通性，能够同时推进诉讼程序，有利于诉讼经济，否则有违诉讼请求预备合并的设计。

三、股东知情权之诉诉讼请求的变更

变更诉讼请求在我国民事诉讼法中规定的较为简单、明确，一方面有利于法官和当事人操作，另一方面也留下了模糊地带。在股东知情权之诉中，若原告股东变更诉讼请求，需要明确变更诉讼请求的条件和期限等问题，避免实践中的混乱。

（一）变更诉讼请求的类型

根据实践中的操作，变更诉讼请求主要包括以下几种类型：一是诉讼请求标的额的增减,此时仅仅是诉讼请求本身单纯的量的调整,而不是质上的变化。二是诉讼请求项目的增减,比如原告股东由原来查阅公司会计账簿、财务会计报告变更为查阅会计账簿、财务会计报告和原始会计凭证。此时仍然属于股东知情权项下的量上的变更。三是诉讼请求与诉讼标的同时变更,这是质上的变更,比如从要求查阅会计账簿变更为要求对高管人员进行质询,不仅诉讼请求变更,更是变更了诉讼标的。四是因为情势变更导致诉讼请求的变更,比如原告股东起诉时要求查阅被告公司的原始会计凭证,但审理过程中该原始会计凭证被损毁,故只能转而变更诉讼请求为查阅会计账簿。

(二)变更诉讼请求的条件

如果在法院将诉状送达被告之前,原告变更诉讼请求不会对被告造成不利防御,原告自然可以根据处分原则变更诉讼请求。但在诉状送达被告之后必须对诉讼请求的变更设置一定的条件,才能既符合纠纷一次性解决的诉讼经济原则,也便于保障被告抗辩的权利并推进诉讼程序。第一,明确诉讼经济作为变更诉讼请求的原则,诉讼请求是否准许变更,应当秉持有利于一次性解决纠纷的导向,变更诉讼请求的边界应当较为宽泛。第二,原告若要变更诉讼请求,需经被告同意。对原告变更诉讼请求的限制主要在于保障被告权利,被告已经针对原告起诉时的诉讼请求进行了答辩和举证,若允许原告自由变更诉讼请求,将会对被告的防御权产生不利益。但如果被告自愿处分该权利,则原告变更诉讼请求应予准许。第三,如果变更诉讼请求涉及的是量上的变更,通常对被告的防御没有不利影响,自应当准许。第四,情势变更造成的变更诉讼请求的类型,因为属于客观原因造成,原告理应可以在未经被告同意的情况下变更诉讼请求。第五,变更后的新诉讼请求不得违反其他法院专属管辖,专属管辖属于公权力强制性的要求,私权的处分无权进行对抗。第六,变更诉讼请求后的程序与原程序应同一,如同为一般程序(包括普通程序、简易程序等),或同为特别程序等。

(三)变更诉讼请求的期限

变更诉讼请求会影响被告的防御权,也可能浪费法院的审判资源,因此必须对变更诉讼请求的期限进行限制。根据《民诉法解释》,变更诉讼请求可以在法庭辩论结束前进行。①《证据规定》也与《民诉法解释》相契合,而原已失效的旧《证据规定》却要求在举证期限届满前变更诉讼请求,一方面造成了实践中的混乱,另一方面也让原告不必在庭审前变更,避免加重原告义务。但在法庭辩论之后则不得再行变更诉讼请求,否则之前已经进行的诉讼程序将可能失去意义,损害被告的防御权利,浪费法院的审判资源,不利于诉讼经济。股东知情权之诉中,无论是哪种子权利变更诉讼请求,都需要在法庭辩论终结前,否则丧失了准许变更的基本原则。

四、股东知情权之诉诉讼请求的放弃

放弃诉讼请求,属于原告的处分权,但我国立法对此的规定极为简单,应当设置一定的适用条件,同时放弃诉讼请求与撤诉之关系也需厘清。在股东知情权之诉中,原告股东放弃诉讼请求也需遵循相应条件并与撤诉相界分。

---

① 《民诉法解释》第232条规定:"在案件受理后,法庭辩论结束前,原告增加诉讼请求,被告提出反诉,第三人提出与本案有关的诉讼请求,可以合并审理的,人民法院应当合并审理。"

（一）放弃诉讼请求的含义

我国民事诉讼法规定了原告可以放弃诉讼请求，从放弃的范围来讲，既可以是全部诉讼请求，也可以是部分诉讼请求，但无论是全部还是部分，之后不得再行提起，否则就是重复诉讼。我国民诉法解释也将诉讼请求作为重复诉讼指征之一。

（二）放弃诉讼请求的适用情形

从放弃诉讼请求的主体来看，必然只有原告才能行使这一权能，当然，如果存在反诉，被告亦可以在反诉中作为反诉原告放弃诉讼请求。在股东知情权之诉中，被告公司无法就股东知情权诉讼本身提出反诉，故不存在公司放弃诉讼请求的可能性。在适用案件类型上看，除民事公益诉讼和人身关系诉讼中原告对诉讼请求的处分权应当受到一定限制外，其他案件可自主放弃。股东知情权之诉属于股东与公司之间的私益诉讼，原告股东可以基于处分原则放弃全部或部分诉讼请求。

（三）放弃诉讼请求与撤诉

放弃诉讼请求和撤诉都可以在一定程度上认为是对某些权利的舍弃，但仍然存在根本性的区别。第一，实体权利和程序权利的不同，放弃诉讼请求虽然是在诉讼中的处分，当然涉及程序权利，但更主要的是原告对自身实体权利的处分，而撤诉则仅仅属于程序权利。第二，是否需要法院和对方当事人允许的不同，放弃诉讼请求显然是对被告有利的，不需要被告同意，处于中立的法院也只对诉讼请求进行裁判，原告放弃全部或部分请求依其处分权当然也不需要法院同意；但撤诉属于程序上的终止，并不受一事不再理的约束，有可能加重被告诉累和浪费法院裁判资源，因此需要被告和法院同意。第三，法律效果上的不同。放弃诉讼请求消灭的是实体权利，原告不得再就该实体权利重复起诉，撤诉只是终结本次诉讼,原告可以重新再起诉。

股东知情权之诉的原告股东放弃全部诉讼请求,实践操作中可能法院会要求原告股东直接撤诉,但若原告不撤诉或被告公司不同意撤诉,在双方同意的情况下法院可以考虑出具调解书的方式结案。极端情况下,原告股东放弃全部诉讼请求且不撤诉也不愿意调解,在法院释明之后可以通过裁定的方式终结诉讼。

第三节　股东知情权之诉诉讼请求的审查

诉讼请求本是原告依据处分原则对自己诉讼行为的处置,股东知情权之诉中原告股东对诉讼请求的提起、合并、变更和放弃亦是如此。诉讼请求是法院进行裁判的范围,因此,在一定程度上法院对诉讼请求也有相应的制约和审查,以规制当事人的诉讼请求,并恰当引导“两造”当事人进行攻击防御,主要包括部分处理诉讼请求,即其余请求“另案处理”、判超所请、遗漏部分诉讼请求和法院告知变更诉讼请求等情形。

一、法院对股东知情权之诉的另案处理

“另案处理”具体表达可能稍有区别,如“另行起诉”“另行协商”等,但其实质上是法院对当事人诉讼请求的部分回避甚至强制分离。法院或法官本身应当遵循不得拒绝裁判的原则,而无论当事人的诉讼请求是否有实体法上的支撑,这也是对当事人诉讼权利和程序利益的保障。如果通过另案处理的方式,将造成法院拒绝裁判的困境。比如原告股东提出了查阅某次股东会决议和向董事提出质询的诉讼请求,但我国关于股东质询的司法保护和救济

程序缺失，说明义务人若不履行或不适当履行说明义务，则股东质询权几乎无法保证。再加之，法院可能认为股东质询权可以通过股东会决议瑕疵诉讼或董事、监事、高级管理人员等损害赔偿之诉来缓和，导致法院可能柔性处理股东质询权的诉讼请求，其实质就是在本次诉讼中部分否定当事人的诉讼请求。因此，一方面，一般情况下不允许当事人提出部分请求，否则不允许另诉；另一方面，法院也不应柔性剥离和分割当事人的诉讼请求，强化不得拒绝裁判原则，避免“另案处理”成为“另案不理”。

二、法院对股东知情权之诉超越诉讼请求范围的处理

法院裁判超越诉讼请求范围，将引发判决既判力的范围边界。“判超所请”系触动再审的事由之一，但这里的法院裁判超过诉讼请求范围的界限却值得“加粗描红”，即该“界限”应当从形式上分析确定还是通过表象探知当事人的诉讼本意，从而确定裁判是否超越诉讼请求的范围。比如股东知情权之诉中，受让股权的原告股东提出了确认其股东身份并请求查阅公司会计账簿的诉讼请求，并把转让股权的前股东列为了第三人，法院经过审理后发现原告股东的股权转让协议无效，此时法院应当在判决主文中确认该股权转让协议无效并要求第三人前股东向原告股东返还股权转让款吗？此时，需要将上述“界限”标明，当事人的诉讼本意过于主观，他人不易揣测，法院据此裁判没有依据，往往只能通过其外化的诉讼请求来考量，并且也是尊重当事人处分权的表现。因此，在上述案例中，法院经审理发现股权转让协议无效，则可以作为应当查明的案件事实，并以此驳回原告行使股东权的诉请。虽然合同无效的后果是相互返还，但基于当事人的意思自治和处分原则，法院不宜判令返还股权转让款。

三、法院对股东知情权之诉遗漏诉讼请求的处理

法院裁判遗漏诉讼请求和超越诉讼请求范围一样,都属于再审事由,但不同的是我国没有区分是法院经过审理漏判还是漏审漏判,以及遗漏的诉讼请求和已经裁判的诉讼请求之间是相互独立还是紧密联系的。从大陆法系国家的实然操作状态来看,补充判决制度应当是可以有效救济的方式。首先应当明确的原则是补充判决制度的启动应当源于当事人的自主选择。从法院的角度来讲,遗漏诉讼请求当属法院的过错,但是否启动补充判决制度却应当对当事人进行释明并由当事人确定。同时,从程序安定的要求来看,补充判决的启动应当在合理的期限内,因为自判决作出时当事人自然知道是否遗漏诉讼请求,这和诉讼时效的作用类似。如果遗漏的诉讼请求业已审理,法院可以直接出具补充判决文书,避免重复诉讼和审理;但对于没有经过审理的诉讼请求,应当由双方进行充分辩论和举证,法院据此再行查明事实,之后作出的补充判决才具有正当性基础。股东知情权之诉的诉讼请求中,查阅公司会计账簿和原始会计凭证二者存在外化和依据的关系,但可能这两个诉求会在判决理由中进行分析,即会计账簿源于原始会计凭证,如查阅原始会计凭证,会计账簿似无查阅必要,如此在判决主文中可能仅仅只列明查阅原始会计凭证。这样的已经审理的诉讼请求被遗漏,再审救济是一种方式,但为了诉讼经济,可以考虑通过法院下发补正裁定完善。

四、法院对股东知情权之诉变更诉讼请求的释明之变化

2020 年 5 月 1 日开始施行的《证据规定》取代了 2002 年 4 月 1 日施行的旧《证据规定》,在关于变更诉讼请求问题上作出了根本

性的调整[①],即取消了法院告知当事人变更诉讼请求的释明义务,改由通过焦点问题的审理,由当事人自主选择是否变更诉讼请求。在周建达与无锡市达腾机械有限公司、陈某股东知情权纠纷上诉案中[②],法院查明的事实与股东周某达主张的法律关系性质或民事行为的效力不一致,经过法院释明,股东对原审第三人陈某的诉讼请求(原告要求陈某提供其个人银行卡与达腾公司及其客户之间的所有往来流水记录供查询)与本案股东知情权并非同一法律关系,但周某达未变更且坚持诉讼请求,一审却遗漏该项,故法院裁定撤销一审判决发回重审。

《证据规定》对此项的调整变化,反映了在民事诉讼中法院对当事人处分原则的尊重和维护,避免像旧《证据规定》一样的不当干预,同时避免后续可能的二审或再审法院意见与一审法院意见相悖时一审法院的尴尬。旧《证据规定》将法院告知当事人变更诉讼请求作为法官的释明义务,但该义务应当如何行使且调和法官个体水平的差异,尚无定论,因此往往容易导致偏离法官的中立而倾向于原告。

《证据规定》由此产生了新的困惑,如法官释明虽然不再是义务,但是否释明不甚明确。考虑到后续对当事人攻击防御的引导,

---

① 旧《证据规定》第35条规定:"诉讼过程中,当事人主张的法律关系的性质或者民事行为的效力与人民法院根据案件事实作出的认定不一致的,不受本规定第34条规定的限制,人民法院应当告知当事人可以变更诉讼请求。当事人变更诉讼请求的,人民法院应当重新指定举证期限。"《证据规定》第53条规定:"诉讼过程中,当事人主张的法律关系性质或者民事行为效力与人民法院根据案件事实作出的认定不一致的,人民法院应当将法律关系性质或者民事行为效力作为焦点问题进行审理。但法律关系性质对裁判理由及结果没有影响,或者有关问题已经当事人充分辩论的除外。存在前款情形,当事人根据法庭审理情况变更诉讼请求的,人民法院应当准许并可以根据案件的具体情况重新指定举证期限。"

② 参见江苏省无锡市中级人民法院民事裁定书,(2021)苏02民终1083号。

理应作出适当的释明。同时“作为焦点问题进行审理”，是法官行使职权的统一方式，目的在于将当事人诉讼权利与法院依法裁判相融合。[①] 不过在司法实践中，部分法院仅仅只是在判决中表述了“已作为焦点问题进行审理”，并未真正落实如何对焦点问题进行审理。另外，如果当事人坚持原诉讼请求，且法院也对焦点问题进行了审理，从纠纷一次性解决的目的出发[②]，应当让未变更诉讼请求的当事人充分发表意见，以此避免裁判突袭。

五、股东知情权之诉的重复诉讼之诉讼请求相同

根据现行司法解释的观点，重复诉讼的识别标准有三：当事人、诉讼标的和诉讼请求，且必须三者皆备，才能认定为重复诉讼。诉讼请求作为一个重要的区隔条件，形式上的文义表述并不是判断重点，同时司法解释要求从正向和反向角度分别评判。比如积极确认之诉和消极确认之诉，诉讼请求表达当属不一，但其实质是相同的。由此引发的问题是，在股东知情权诉讼中，股东所提诉讼是否是诉讼请求相同的情形。

（一）对同一事项重复行使股东知情权

股东知情权是法律赋予公司股东的一种不能通过约定方式剥夺或放弃的权利，股东在具体行使这一权利后（如查阅公司相关信息），是否允许股东再次查阅同一资料，不允许的正当性基础何在，若允许则和公司正常经营秩序冲突如何平衡。在上海盈辉农业发

① 参见最高人民法院民事审判第一庭编著：《最高人民法院新民事诉讼证据规定理解与适用》，人民法院出版社 2020 年版，第 502 页。

② 参见熊跃敏：《从变更诉讼请求的释明到法律观点的释明——新〈民事证据规定〉第 53 条的法解释学分析》，载《现代法学》2021 年第 3 期。

展有限公司与朴某珠股东知情权纠纷上诉案中[①],法院认为,股东为行使知情权曾经查阅过公司相关资料,并不导致之后丧失对同一事项的知情权,多次对同一事项要求行使知情权并不必然损害公司合法利益和股东对此具有不正当目的。笔者认为,本案虽然没有产生两次诉讼,但可以揣摩法院的态度为股东对同一事项多次行使知情权较为宽松,除非公司能够证明该股东具有不正当目的或损害公司利益。从重复诉讼规则来讲,如果产生了前后两诉,其诉讼请求层面属于典型的前后诉讼请求相同。在山东觅与寻电子商务有限公司与山东兰陵美酒股份有限公司股东知情权纠纷上诉案中[②],一审法院认为前后两诉的诉讼请求存在包含关系,若本案再次审理则构成对前诉判决和执行的否认,故该部分的诉讼请求属于重复诉讼;二审法院表示,前诉中的诉讼请求为“要求被上诉人提供自 2013 年 1 月 1 日至 2016 年 12 月 31 日的财务会计报告供查阅”,本案(后诉)是“要求被上诉人提供自 2003 年 1 月 1 日至 2017 年的财务会计报告供上诉人和上诉人委托的注册会计师查阅并复制”,两案诉讼请求的时间段和内容不同,亦无后诉请求对前诉裁判的实质性否定,故纠正了一审法院重复诉讼的认定,但对两案中相同的诉讼请求则未予支持。由此窥见,对诉讼请求重合部分有法院认为属于重复诉讼,避免股东滥诉并对公司正常经营管理施加消极影响。

(二)后诉否定前诉的裁判结果

对该问题的类型化,可以总结出以下几种:一是判决主文的直接否定。比如前诉为不成立、无效或撤销股东会决议之诉,诉讼请

---

① 参见上海市第一中级人民法院民事判决书,(2017)沪 01 民终 7924 号。

② 参见山东省临沂市中级人民法院民事判决书,(2019)鲁 13 民终 2703 号。

求为要求撤销或确认2020年6月1日的公司董事会决议无效,后诉为查阅权诉讼,诉讼请求为要求查阅2020年6月1日的公司董事会决议。此时虽然前后两诉的诉讼请求并不相同,但后诉的诉讼请求实质上否定了前诉的裁判结果,即前诉的董事会决议已被撤销或确认无效,无法成为后诉的诉讼请求(查阅对象)。二是后诉之诉讼请求与前诉先决问题相矛盾。比如反过来前诉为股东知情权之诉,后诉为确认股东会决议无效之诉,此时后诉的诉讼标的直接指向前诉的先决问题,该问题即为前诉的基础(股东会决议合法有效股东才有权查阅)。在广州琳峰泉矿泉饮料有限公司与郭某球股东知情权纠纷上诉案中①,前诉中股东郭某球在与公司有竞争业务的甲公司任职并实际经营,其诉讼请求为查阅公司会计报告、会计账簿,因被认定存在不正当目的,故在前诉的股东知情权诉讼中被驳回诉讼请求。前诉判决生效后,郭某球已从甲公司离职,其行使股东知情权的不正当目的发生了实质性的变化,属于一种新的事实。后诉的诉讼请求无法否定前诉的裁判结果,故不属于重复诉讼。

---

① 参见广东省广州市中级人民法院民事判决书,(2019)粤01民终554号。

第六章　股东知情权之诉的程序规则

股东因行使知情权受阻提起诉讼,就会有相应程序规则进行观照。前文已述及股东知情权之诉的前置程序、诉讼保障机制、证明责任的分配,本章不再赘述。本章主要论述股东知情权之诉的非讼程序化设想。

事关公司的纠纷日趋多元化,而公司纠纷解决机制却仍旧单一,即传统的民事诉讼,二者的矛盾愈加突出。基于商事审判的注脚和强化对效率的追求,通过非讼程序来解决部分类型的公司纠纷将是一个积极导向。

第一节　公司法上的非讼程序

非讼程序是相对于诉讼程序而言的,在我国非讼程序只有学理上的探讨。之前经年争论的公司可诉性在修改后的公司法和民事诉讼法之间没有建立良好的衔接机制,公司纠纷的非讼程序考量也关系到公司法和民事诉讼法这一实体法和程序法的交融与衡平。

一、公司法上的非讼法理

我国民事诉讼法中没有非讼程序，但存在特别程序[①]，该程序针对的是某些非民事权益纠纷案件。而非讼程序中，当事人之间是存在民事权益争议的，尤其是公司纠纷也是属于两造当事人对立的情况，显然与特别程序不同。

1. 非讼程序与诉讼程序的界分

有学者认为，非讼程序适用非讼事件，或者说非讼事件通过非讼程序来解决，各方就不存争议的民事权益所涉的事实，请求法院通过确认来发生、变更或消灭某种法律关系。[②] 通过公权力解决纠纷的机制应当多样化，“有关私人间生活关系，而须利用行使司法权之程序者，除民事诉讼之外，尚有非讼事件程序”[③]。诉讼和非讼有时边界明晰有时又易混淆，因此必须充分考量二者的边界范围。诉讼是司法权针对私权利的存否引发的争执，非讼则是司法行政权对私人之间生活关系的调和与维护。[④] 从处分方式来讲，“诉讼的裁判是适用法规预先抽象的规定下来的内容以解决纠纷，与此相当，在非讼案件中，国家就是直接介入私人之间的生活关系而做

---

① 包括选民资格案件，宣告失踪、宣告死亡案件，认定公民无民事行为能力、限制民事行为能力案件，认定财产无主案件、确认调解协议案件，实现担保物权案件等。参见我国《民事诉讼法》第 184 ~ 204 条。

② 参见王强义：《民事诉讼特别程序研究》，中国政法大学出版社 1993 年版，第 12 页。类似的观点还有多数情况下不存在对立两造要求法院依据实体法确定权利归属的问题，多由申请人请求法院确认某一事实以预防日后对某些事项发生争执，或因为行使某一无争议权利受阻而请求法院确认某一事实，或借助司法权为权利实现提供保障。

③ 陈计男：《民事诉讼法论（上）》，台北，三民书局 2006 年版，第 12 页。

④ 参见李建伟：《公司非讼程序之适用研究——公司纠纷解决的民事行政路径分析》，载《中国法学》2010 年第 5 期。

出命令,进行处分”①。上溯到罗马法时期,诉讼与非讼其实就已经开始分野,在程式诉讼时期大法官除审理外,还可发布命令,为补充法律本身的不足而进行必要的处理。②

非讼程序和诉讼程序相比较,二者有显著区别:一是法院采职权主义③,当事人处分原则受到限制。利用非讼程序处理的案件往往和社会公益有关,法院的处理不完全是司法权的调和,私权的意思自治在此受限,而应当由法院依职权积极干预、积极推进。④ 二是非对抗性的书面、不公开审理为主。通常情况下非讼案件都没有实体方面的争议,故而没有必要像诉讼程序一样两造当事人对席审理,书面资料形式审查即可。⑤ 三是非讼程序的裁判对法院和当事人的效力在特定情况下可排除。因程序保障的不足,非讼程序的裁判结果更在意妥当性、合目的性,如果发生了情势变更等特殊情形,法院可依法撤销或变更。而通过诉讼程序产生的生效裁判强调的是程序的稳定性,对法院和当事人均有拘束力,非经法定程序不得撤销或变更。但无论如何,非讼程序和诉讼程序也有一致性,即符合程序法上正确而慎重的裁判、迅速经济裁判、合目的性妥当性裁判等基本要求。⑥

---

① 兼子一『新修民事訴訟法体系(增釘版)』(酒井书店,1965 年)40 頁。

② 参见周枏:《罗马法原论》(下册),商务印书馆 2001 年版,第 981 页。

③ 所谓职权主义一般是指承认法院在民事诉讼中拥有主导权的原则总称为“职权主义”。具体为法院对如下方面有主导权:(1)程序的机芯;(2)程序的开始、终了以及诉讼对象的决定;(3)诉讼资料的收集等。对(1)的主导又具体称为“职权进行主义”;对(2)(3)的主导称为“职权探知主义”。小林秀之『美国民事诉讼法』(弘文堂,1985 年)77 頁。

④ 参见江伟主编:《民事诉讼法学原理》,中国人民大学出版社 1999 年版,第 727 页。

⑤ 参见汤维建:《试论诉讼原理与非讼原理的交错适用》,载樊崇义主编:《诉讼法学新探》,中国法制出版社 2000 年版,第 711 页。

⑥ 邱联恭:《程序制度机能论》,台北,三民书局 1996 年版,第 64 页。

2. 公司上适用非讼法理的合理性

(1)公司纠纷的商事柔性

前述已知,商事纠纷和民事纠纷有显著差异,二者也应当在一定程度上区别程序的适用,比如对效率和公平的兼顾偏向。商事纠纷更加推崇效率,“所谓效率性的要求是审判大众化不可避免的产物。因为,诉讼一旦从有产阶级的独占中解放出来,成为向一般民众提供的一种服务时,把诉讼成本置之于度外的制度运行就变得不可能了”①。从诉讼地位上来讲,民事诉讼讲究的是“两造”当事人的平等,而涉及公司的商事纠纷则处于不同形态,往往股东尤其是中小股东与公司和董事、监事、高管人员等是严重不对等的。从适格主体上来讲,商事纠纷可能要求原告具有特定身份(如股东),而民事诉讼遵循的处分权主义和辩论主义适用到商事纠纷原告时可能会有掣肘(如股东代表诉讼)。“所有各种类型的商事法院的程序都具有迅速和非正式的特性……不仅专业法律家被排除于审理程序之外,而且专门的法律争论也引起反感。这些程序上的特征使商法截然有别于城市法院和王室法院的形式主义程序,也使它截然不同于在普通案件中教会法的成文程序……法官在这样的案件中不必要求书面的诉状;也不应要求通常类型的答辩状;他甚至在闭庭期间也可以审理;他应当删除拖沓的各种例外;应当拒绝造成延误的不必要的上诉,拒绝辩护人、控告人、当事人和不必要的证人‘喧嚷’。”②虽然公司纠纷有其商事柔性,但并非绝对排除诉讼程序,往往是诉讼和非讼的交错适用,这也是前述合目的

---

① [日]棚濑孝雄:《纠纷的解决与审判制度》,王亚新译,中国政法大学出版社1994年版,第249页。

② 参见[美]伯尔曼:《法律与革命》,中国大百科全书出版社1993年版,第423页。转引自孙永军:《论非讼法理在公司诉讼中的适用》,载《法学论坛》2014年第4期。

性、妥当性目标的追求。① 同时这还是对程序设置与纠纷类型相协调相适应的程序相称原理的观照。

(2)司法介入与公司自治的平衡

诉讼程序一般属于事后救济,通过司法的介入解决公司纠纷甚至裁判公司解散。非讼程序因涉及的主要是非民事权益争议,可以提前介入预防和引导。这种介入应当理解为事前的规范,并非对公司自治的不当干扰,其目的重在预防,是法院对公司自治提供积极的司法支持。②

(3)部分公司诉讼拔高诉讼成本

诉讼的程序保障最为全面充分,但相应地其成本和费用也必然高昂。公司纠纷的特殊性要求其在程序安排上不必像民事纠纷一样全方位保障,尤其需要考虑到中小股东的弱势地位,否则行权和救济成本过高将会导致股东不得不沉默。当然,这不是诉讼程序的缺憾,而是非讼程序的缺位。

"法律是实践的,是要解决问题的,是要解决我们的问题的,是要解决我们眼下的问题的。即使要移植法律,我们也必须了解我们需要什么。"③法律在解决实践问题时,需要通过程序这个特殊场域发挥作用,公司纠纷的特性似乎更适合具有疏减分流案源、降低

---

① 我国台湾地区学者邱联恭是这一理论的积极倡导者。他在《司法之现代化与程序法》《程序保障之机能——基于民事事件类型审理必要论及程序法理交错适用肯定论之观点》《诉讼法理与非讼法理之交错适用——从民事事件之非讼化审理及诉讼化审理论程序保障之机能》等著作中都积极主张及推行程序法理交错适用论的观点。

② 参见赵蕾:《司法介入公司自治的第二条道路——公司特别诉讼的基本程序》,载《法学论坛》2011 年第 1 期。

③ 苏力:《送法下乡:中国基层司法制度研究》,中国政法大学出版社 2000 年版,第 12 页。

诉讼成本、减轻人民讼累之功能[①]的非讼程序，快速消弭股东和公司之间的罅隙。

二、公司法上股东知情权纠纷非讼程序的比较法考察

大陆法系的德国和日本等国家和地区形成了独立于诉讼程序的非讼事件或非讼程序法典。德国1898年颁布了《非讼事件法》，其立法初衷是为了迎合其《民法典》和《商法典》的相关内容。德国《民事诉讼法》并未涉及商事审判的主要程序，仅有零星规定。[②] 而审理公司纠纷的商事法庭由法官和商人组合而成，具体适用诉讼还是非讼程序则根据所涉公司纠纷的特性决定。

日本颁布了1898年《非讼案件程序法》，2006年5月1日起施行《公司非讼案件等程序规则》。《非讼案件程序法》规定了公司纠纷的非讼程序，并配套民法和商法一并发生作用。实体法层面，2006年4月开始施行的《公司法》增设了公司非讼程序的内容[③]，作为对《非讼案件程序法》中商事纠纷非讼程序的回应。至此，程序法和实体法携手完善了公司纠纷的非讼程序，二者相得益彰。

法国没有像德国和日本等大陆法系国家一样颁布独立的非讼程序法典，而是附设在民事诉讼法和商法典中，并不集中。“法官受理的诉讼请求中没有争议，但法律要求依据案件的性质或申请

---

① 参见葛义才：《非讼事件法论》，台北，三民书局2005年版，第2～3页。

② 参见王强义：《民事诉讼特别程序研究》，中国政法大学出版社1993年版，第69页。德国《非讼事件法》第7章规定了商业登记簿以及合作社登记簿管理的机构和程序，以及初级法院根据《商法典》《合作社法》《股份法》《有限责任公司法》等进行的其他工作。参见李大雪：《德国〈非讼事件法〉的现状和前景》，载《河南社会科学》2006年第4期。

③ 参见《日本公司法典》，崔延花译，中国政法大学出版社2006年版，第4页。

人的资格,此种诉讼请求应受法官监督时,以非讼案件裁判之。"[①]在法国的法院体系中,商事(业)法院的设置别出心裁。[②] 其构成为普通商人担任的非职业法官,但法官职务仅是名誉性的,即商事法院内没有以公共秩序名义表示意见的、从属于司法部的法官。[③] 这样看似无法律专业性的特殊构造,反而得到了极高的评价,许多国家受到影响先后设立了类似的商业法院。[④]

我国澳门特区规定了股东申请法院对公司进行司法检查也属于非讼程序。[⑤] 英美法系虽然没有形式上的非讼程序法,但因为沿袭了判例法传统,存在实质上的非讼程序制度。[⑥]

第二节 股东知情权之诉与非讼程序化的契合度

如前所述,大陆法系中的日本在股东知情权上适用非讼程序,

---

① 罗结珍译:《法国新民事诉讼法典》,中国法制出版社1999年版,第8页。

② 参见陈锦川、郑爱青:《改革中的法国商业法院》,载赵海峰、卢建平主编:《欧洲法通讯》第2辑,法律出版社2001年版,第178~179页。转引自蒋大兴:《审判何须对抗——商事审判"柔性"的一面》,载《中国法学》2007年第4期。

③ 沈达明:《法国商法引论》,对外经贸大学出版社2001年版,第29页。

④ 参见[比]皮朗:《中世纪欧洲经济社会史》,乐文译,上海人民出版社1964年版,第47~48页。有趣的是,在英国,这种法院/法庭还有一个生动的名字"灰脚法院/法庭",因为这些担任非职业法官的商人到达法院时脚上还沾染着旅途的灰尘。

⑤ 根据我国澳门特区《民事诉讼法》第5卷第15编第23章第1节"对公司或合伙之检查"的有关规定,股东申请法院对公司进行司法检查,属于非讼程序。曹如波:《公司非讼程序研究》,吉林大学2011年博士学位论文,第77页。

⑥ 如美国特拉华州《普通公司法》第220条第3款规定,股东或其代理人提出查阅要求后未获满足的,可向衡平法院提出发布强制执行该查阅的诉请,对股东查阅权案件有专属管辖权的衡平法院依照简易程序办理。美国《示范公司法》第16.04节与我国香港地区《公司条例》第98条第4款都作了类似规定。参见李建伟:《公司非讼程序之适用研究——公司纠纷解决的民事行政路径分析》,载《中国法学》2010年第5期。

如赋予了股东检查人选任的申请权，对董事会会议记录等资料的查阅申请权等。[①] 股东知情权适用非讼程序的契合度指的是知情权的行使与非讼程序的内核匹配和相容，足以利用非讼程序充分保障当事人程序利益[②]，让股东知情权通过非讼程序保证合目的性和妥当性的裁判。

一、契合度的起点：实质权利争议不大

股东知情权是我国法律明确赋予股东的权利，相关司法解释也对此进行了辅助和细化设计。知情权本身的享有并无争议，只须具备股东身份。所以，在司法实践中，股东知情权是一种明晰的实质权利，权利主体和义务主体均系标准的、固定的，纠纷的争议并不大，往往最大的争执在于股东身份的获得和失去。基于股东知情权的性质明确，不必耗费像其他纠纷一样的程序成本来保障当事人利益，因为非讼程序已经能够充分切实发挥作用。这是适用非讼程序的第一步。

需要说明的是，股东知情权涉及几个重要的实质和程序问题：一是股东资格的确认，这是实质问题，但根据商事外观主义的要求，立案登记形式审查时往往借助股东名册、工商登记等硬性依据

① 日本《公司法》将关于股权转让的案件、申请许可召集股东大会案件、相关文件的阅览许可申请案件、申领新股或自己股份处分的无效判决以及发行新股预约权的无效判决确定伴随的申请增减取回额的案件、有关公司清算、解散等十大类的案件作为非讼案件进行审理。王保树主编：《最新日本公司法》，于敏、杨东译，法律出版社 2006 年版，第 465 ~ 479 页。

② 我国台湾地区学者倡导“程序利益保护说”，程序利益甚至比系争的实体法上的地位或利益更重要，更要予以优先、平衡追求。某些程序利益的保护不必然小于或亚于系争实体利益，因某些情形下之所以赋予当事人有机会追求此项程序利益时为了保护系争外的其他实体权利。

来筛查过滤。如果起诉时不具备股东身份的因主体不适格法院会驳回起诉,司法解释也顺应了这一操作,除非存在股东有初步证据证明其持股期间合法利益受损的情形。所以,股东资格的确认虽然是一个实质问题,但却是股东知情权纠纷的门槛,甚至股东可能通过另诉先行解决股东资格后再提起知情权诉讼。如果没有了实质问题,那么诉讼程序将不再必要。二是前置程序是否履行,这是程序问题。本文前述已经阐明,前置程序存在瑕疵不能够在诉讼程序中得到救济。因此,一旦前置程序存有瑕疵,法院就可以直接驳回,不必续行诉讼,而非讼程序对程序问题的审查完全足矣。三是股东在申请查阅公司会计账簿的时候,应当怀有正当目的。而对正当目的的判断是个实质问题,但也主要涉及事实上的判断,并且由于没有具体明晰的标准,更多时候仰仗法官的自由裁量。这样不高的裁量程度可以由非讼程序完成。四是查阅范围和行权方式,和正当目的类似,也主要是事实判断的问题,也主要依靠法官的自由裁量。查阅范围指的是股东是否被允许查阅法律法规没有明确规定的资料,如会计账簿甚至原始凭证等;而行权方式主要指某些法律没有明确可以复制的资料是否能够复制的问题。对这些争执的评估和判断,也不必达到和诉讼程序一样的审慎正确的地步,非讼程序的程序保障刚好满足。针对上述这些问题,有的国家通过行政机关或司法机关选任检查人的方式对公司展开调查程序,实际上这是司法或行政介入与公司治理之间的博弈,具有民事行政的属性,而不是传统意义上的诉讼性质。

二、契合度的粘点:固有权利禁止剥夺

所谓固有权利,即不能由股东和公司通过公司章程或协议等方式处分知情权或实质性地剥夺知情权。股东知情权是股东行使

其他权利的基石和前提，没有知情权的行使即使得以行使其他股东权利如表决权、公司盈余分配请求权等都可能损害股东利益。因为股东可能因不知晓公司信息而作出不当表决或请求盈余分配时被公司蒙蔽而不分或少分。在司法实践中，股东已知晓部分资料甚至曾经已经查阅过某些资料的，都不影响继续或再次行使股东权。在北京三幸美洁物业管理有限公司与亚洲清洁服务公司股东知情权纠纷上诉案中①，法院认为法律赋予的股东知情权并未受到特殊限制，也未豁免公司曾经提供了相关材料而有权不再提供。在上海盈辉农业发展有限公司诉朴某珠股东知情权纠纷上诉案中②，法院认为股东曾经查阅过的资料和当前拟查阅的相同资料间隔时间较长，曾经查阅并不能阻却当前查阅。在内蒙古山路能源集团有限责任公司与中航光合（上海）新能源有限公司股东知情权纠纷上诉案中③，法院认为作为固有权利的股东知情权，与股东资格紧密相连，即使曾经已被行使过，仍然可以反复再次行使。在北京睿勤医院建设顾问有限责任公司与郭某股东知情权纠纷上诉案中④，法院认为关于公司应当主动置备或送交的财务会计报告，股东收到财务报告后依旧可以再次要求公司提供其他或全部的财务会计报告，股东知情权是固有的，不因某些材料已经提供而受限。因此，法院从固有权利或身份性权利的角度对股东知情权进行保障。所以，对这样一种法定的固有的权利，股东和公司之间不会发生争执，而只是如何行使权利，包括行权的方式、范围等。由此，讲究简便迅捷的非讼程序完全符合股东

---

① 参见北京市第二中级人民法院民事判决书，(2017)京02民终6756号。

② 参见上海市第一中级人民法院民事判决书，(2017)沪01民终7924号。

③ 参见上海市第一中级人民法院民事判决书，(2017)沪01民终13198号。

④ 参见北京市第一中级人民法院民事判决书，(2013)一中民终字第9558号。

知情权的既定特质,当事人的程序和实体利益不会受损。

三、契合度的基点:工具权利延伸扩张

股东知情权也是一种工具性或手段性的权利。一般来讲,股东行使知情权并非最终目的,而在于以知悉真实信息为基础,拟后续再行提起和公司有关的其他纠纷,以维护股东自身利益。工具性的权利并不在于本身,股东想要实现知情权其实相对是比较容易的,但知悉公司相关信息后进一步提起其他公司诉讼才是最终目的,股东和公司之间的种种争议和焦点会在后续诉讼中暴露明晰。所以一般没有较大的实质争议的情况下适用非讼程序,已然能够正常解决当事人纠纷。如若存有后诉,在诉讼程序中股东和公司两造当事人再行争执,并对其给予充分完善的程序保障。当然,也不排除有股东单纯为了行使知情权而提起诉讼,即使公司保障了股东的其他权利,也并不禁止股东的知情权。此时,虽然权利没有扩张,但其工具性的属性未曾改变。

四、契合度的正点:时效权利追求效率

笔者在前文中已经认为股东知情权诉讼应当适用诉讼时效的规定,所以股东作为权利人不能恣意“躺”在权利簿上“睡大觉”。相对来讲,非讼程序的提起较之诉讼程序更为简便快速,更能够积极主动保护股东时效权利。更为重要的是,公司纠纷作为商事纠纷,完全套用民事诉讼可能会产生龃龉,应当适时适当选择适合商事纠纷性质的方式化解矛盾。很多时候股东知情权时效性很强,此时无法满足知情权,尔后知情权和股东其他权利就已经受损,即使最终胜诉也于事无补了。诉讼程序基于程序保障的原因较之非讼程序更为冗长、拖沓,追求的是程序正义和实质正义的融合。但

动辄三个月、半年，甚至一审、二审，迟来的正义并非正义，以诉讼程序来保障权利反而成为损害权利的刽子手。故以讲究效率的非讼程序来审查股东知情权案件，便于及时快速地推动案件进程，避免法律赋予的股东权利成为侵害股东其他权利的帮凶。

第三节　股东知情权之诉的非讼程序化规则设计

通过对股东知情权之诉与非讼程序化的契合点与匹配度的把握和调整，具体的程序规则设计应当以此为标准构建。程序规则的设计，不应当仅仅是僵硬呆板的制度，而需要融入深刻的法理精髓和优良的立法技术，并凸显股东知情权纠纷非讼处理的优势。

一、我国非讼程序的立法模式选择

1. 模式概览

立法模式和一个国家或地区的法治传统、法律文化、法律土壤等因素密切相关。各种模式之间没有绝对的优劣好坏，只有本土化的适宜度。就公司的非讼程序来讲，一般可以分为三种模式：一是专门的单行立法，二是纳入民事诉讼法中由专门章节规定，三是散见于公司法等实体法中。第一种模式为专门立法模式，在这个模式中，除公司的非讼事件外也包含其他领域的非讼事件。比如德国、日本就采用此模式。第二种模式系由法国、俄罗斯采用，其中俄罗斯在民事诉讼法中专编或专章规定了非讼程序，又进一步划分为涉及公司的非讼程序和其他，在立法体例上较为系统。在第三种模式中，较为特别的是，虽然日本采用专门立法规定了非讼程序，甚至较为全面地涉及了公司领域，但日本公司法也专门划出章节规定非讼的内容。[①] 因此，日本从实体法和程序法两个方面建立了比较完善健全的公司非讼程序体系。由此我们也可以发现，这三种模式并非排斥适用，日本就可以较好地让两种模式并行不悖。英美法系出于判例法的传统没有非讼程序的形式但存在非讼程序的实质，即适用何种程序依据法官的自由裁量权，这与大陆法系的传统是无法咬合的。

2. 我国模式选择

回归到我国的情况，上述三种模式各有可采之处，也可能各有不够完善的地方，甚至可能要借鉴日本双模式立法的经验。我国现在并无非讼程序之概念，但存在类似的编排，即特别程序。不过民事诉讼法中的特别程序并不包括公司非讼程序。如果按专门立法的方式规定非讼程序现阶段可能不太适宜，立法体例和立法技术可以借鉴移植，但立法经验和制度内涵无法快速沉淀。因此有必要以变更较小的方式在特别程序中增设公司非讼程序。[②] 同时，借鉴日本双模式的经验，在公司法等实体法中对民事诉讼法中的公司非讼程序进行必要补充。

3. 股东知情权之诉可率先试水

前面本已就股东知情权之诉和非讼程序化的契合度进行了阐释，有足够理由成为以非讼程序来处理的公司纠纷。从具体措施

---

① 2005年日本修订了其《公司法》，其中第7编专门规定了“非讼”一章，内容涉及公司非讼案件的管辖、当事人的确定、法院听取陈述程序、非讼案件程序法的排除适用规则、公司非讼案件的时效、诉讼费用的负担、公司特别清算程序的特例等具体内容。参见《日本公司法典》第7编“杂则”共5章，其中第3章为“非讼”。

② 我国《民事诉讼法》在2012年修改时将“确认调解协议案件”和“实现担保物权案件”纳入特别程序中，丰富了特别程序的涵盖范围。

上来讲,甚至还可以引入我国现阶段没有的选任检查人制度,这种选任方式即是一种非讼的方式。另外,从操作便利性上来说,通过司法解释直接规定股东知情权案件作为非讼案件,适用非讼程序审理,在这一点上,我国公司强制清算就是采用的这样一种路径。①

二、我国股东知情权之诉非讼程序化规则设计原则

基于股东知情权诉讼所贯彻的商事柔性,与非讼程序的运行逻辑,二者的适用匹配需要有明确的原则指引。这是规则运行的内生动力,也是二者应当坚守的契合点。

第一,法官自由裁量权的适度扩张。英美法系中,法官对诉讼或非讼程序的适用具有裁量权,原因是源于判例法。虽然我国不具有判例法的土壤,法官对于适用何种程序(诉讼或非讼)没有裁量权,但就具体程序如何运行可以适度扩张裁量权。一方面,包括实体上的裁量权,比如有别于民事审判注重公平,商事审判更应严控效率,关注营利性的特点,并将商事惯例和习惯纳入综合考量范畴;另一方面,对程序性事项的裁量也可适度扩张,比如缩短审限等。具体到股东知情权诉讼,非讼程序可考虑不超过 1 个月,相比动辄 3 个月、6 个月,甚至一审、二审漫长的诉讼程序,能够极大地

---

① 我国《公司法解释二》第 7 条规定:“公司应当依照民法典第七十条、公司法第一百八十三条的规定,在解散事由出现之日起十五日内成立清算组,开始自行清算。有下列情形之一,债权人、公司股东、董事或其他利害关系人申请人民法院指定清算组进行清算的,人民法院应予受理:(一)公司解散逾期不成立清算组进行清算的;(二)虽然成立清算组但故意拖延清算的;(三)违法清算可能严重损害债权人或者股东利益的。”第 8 条规定:“人民法院受理公司清算案件,应当及时指定有关人员组成清算组。清算组成员可以从下列人员或者机构中产生:(一)公司股东、董事、监事、高级管理人员;(二)依法设立的律师事务所、会计师事务所、破产清算事务所等社会中介机构;(三)依法设立的律师事务所、会计师事务所、破产清算事务所等社会中介机构中具备相关专业知识并取得执业资格的人员。”

提升效率,避免股东利益受损。

第二,当事人程序选择权的适度扩张。这里的程序选择不是诉讼程序和非讼程序的选择,而是在非讼程序的框架下,允许当事人对相关制度的处分。比如在是否公开审理和是否书面审理的问题上,非讼程序虽然不是典型的两造当事人对立,但不排除可能会采用类似对审的如听证等方式。股东知情权之诉本就是股东和公司之间关于公司资料知悉和获取的问题,恐有涉公司商业秘密,宜在现行民事诉讼法关于申请不公开的基础上强化当事人的选择权。① 书面审理适用于二审程序,因一审关于事实部分已经查清。由于民事争议和商事争议的特性区别,商事争议专业化程度高,法律关系复杂,言辞辩论方式在商事争议中发挥的作用没有民事争议大。书面材料往往更加条理清晰、层次分明,便于法院查明案情,当然不排除法官可依法询问当事人。股东知情权之诉其实在商事争议或公司纠纷中属于相对简单的案件,以书面审理的方式更加高效,减轻讼累。

第三,法院调查取证职权的适度扩张。② 普通民事诉讼中,基于双方当事人攻击防御武器平等和法官中立的要求,法院并不参与双方当事人收集证据(特殊情况当事人申请法院调取证据除外),否则有违当事人平等和中立裁判原则。但在股东知情权之诉中,通常原告方是中小股东,其与公司或实际控制人大股东和经营管理层相比,诉讼能力明显处于弱势地位。法院具有依职权介入打破不平衡的必要。不过,为保证程序正当性,由原告股东向法院申请调查取证为宜,但法院审查时应适当放宽准许标准。

---

① 如日本《非讼事件程序法》第 13 条规定:"审问不公开之。但法院认为相当者,得许旁听。"

② 如日本《非讼事件程序法》第 11 条规定:"法院依职权探知事实及调查认为必要之证据。"

三、我国股东知情权之诉非讼程序化具体规则

基于上述非讼程序的原则，笔者认为可通过以下具体规则来和股东知情权的行使相得益彰。

1. 审判组织

此处包含两方面的内容，一方面是法官独任审理还是组成合议庭审理。前面提及，股东知情权案件作为基础性、工具性的权利，一般并不是救济终点而是维权起点，相对比较简单，且存在时效性的要求，独任审理较为恰当。另一方面，从专门法庭即商事法庭的设置来讲，有利于股东知情权等案件的统一非讼处理，更为规范化、程序化。美国通过特别法设置了商事法庭，德国则通过法院组织法设立位于地方法院的商事法庭，英国通过民事诉讼法来设立商事法庭，另外，还有法国以商人作为非职业法官设立的“灰脚法庭”。我国有些地方法院虽然也存在商事审判庭的设置，但只是所受理案件或纠纷的区别，适用程序与普通民事诉讼没有差异。所以如果将股东知情权等公司纠纷以非讼程序救济，由专门的商事审判庭处理为宜。

2. 审限

股东知情权案件作为公司纠纷，非常讲究效率性，在具体审限设计上应大幅度缩短现行审限，比如一个月甚至更短。加之与其他非讼原则方式相配合，即使在当下法院案多人少的窘境之下，仍然可以妥善解决。

3. 前置程序

前置程序作为诉讼启动的前提，自有其存在价值和功能，有利于股东依法行权，分流案件压力。前文已述，诉讼程序应当阻却前置程序在其中适用，即未履行前置程序径行起诉的，法院应当驳回。目前我国仅规定了股东查阅公司会计账簿需要满足前置程序，下一步对

会计账簿的依据如会计凭证甚至原始凭证的查阅也可明确设置。

4. 非讼程序与诉讼程序的衔接移转

督促程序在我国民事诉讼法中已经运行约 30 年,但效果一直被虚化,原因之一就是其与诉讼程序的衔接被阻断。2012 年《民事诉讼法》修改时将支付令失效后自动转入诉讼程序,但也保留了当事人的处分自由。[①] 具体运行时,股东行使知情权被公司拒绝后,有权向法院申请启动类似督促程序的非讼程序,法院形式审查后依法向公司发出类似支付令的命令,公司若没有在指定期限内提出书面异议则可获得强制执行的效力,若公司提出异议,法院审查成立的话就自动转入诉讼程序。当然,为保障当事人的处分权,股东不同意起诉的除外。

5. 我国股东知情权之诉非讼程序化纠错救济机制

非讼程序相较于诉讼程序,程序保障确实有所欠缺,同时考虑到公平和效率的融合,相应地,对非讼程序就纠错或救济则具有了正当性。具体纠错救济方式可参考复议制度,即日本的抗告制度[②],并就申请复议主体(股东或公司甚至利害关系人)、复议适用范围(查阅权、质询权等)、管辖法院、申请复议形式、复议审查处理和对原审裁判的效力等内容明确规定。

---

① 我国《民事诉讼法》第 224 条第 2 款规定:"支付令失效的,转入诉讼程序,但申请支付令的一方当事人不同意提起诉讼的除外。"

② 日本的抗告,可以分为一般抗告和特别抗告,一般抗告又可以分为普通抗告和即时抗告,即时抗告的提起为不变的一周期间;抗告的提起虽然可以产生移审的效力,但一般并不具有停止执行原裁判的效力,特别规定除外。参见廖永安、雷勇:《论我国民事诉讼复议制度的改革与完善》,载《法律科学(西北政法大学学报)》2008 年第 3 期。黄松有主编:《〈中华人民共和国民事诉讼法〉修改的理解与适用》,人民法院出版社 2007 年版,第 126 页。[日]中村英郎:《新民事诉讼法讲义》,陈刚、林剑锋、郭美松译,常怡校,法律出版社 2001 年版,第 279 ~ 280 页。转引自曹如波:《公司非讼程序研究》,吉林大学 2011 年博士学位论文,第 168 页。

结　语

研究诉的要素，意义在于理论研究和审判实践的分野。根据不同学者的意见，总结如下：一是诉的要素表明诉能否成立，其成立的目的表现在能否被法院受理；二是诉的要素表明能否区别此诉与彼诉，从而便于对诉的识别和特定，目的表现在重复诉讼的识别以及明晰诉的合并与变更；三是诉的要素牵引着当事人攻击防御的方向，并圈定了法院审理和裁判的边界。① 而股东知情权之诉通过本书认定的四要素能够支撑诉的成立，从而才有了进入诉讼程序的前提，之后各要素之间可能进行相应合并与变更并避免重复诉讼，最后法院围绕当事人之间的争议，通过对诉讼标的和诉讼理由的审理，最终就诉讼请求作出相应评价和判断。

在股东知情权之诉的四要素当中，各要素之间亦有不同的关系配比，诉讼当事人作为诉讼主体，以其为依托结合诉的客观要素构成诉的要素，尤其是诉讼标的、诉讼理由和诉讼请求等诉的客观要素之间，相互关系更为紧密和复杂。

股东知情权之诉中诉讼请求与诉讼标的关系。诉讼请求由当事人自主提出，诉讼标的根据不同的学说可以设定为不同的含义，

① 参见崔玲玲：《诉的要素新论》，载《新疆教育学院学报》2017 年第 4 期。

当事人无法自行确定。但当事人可以就诉讼标的提炼表达出自身的诉讼请求,简言之,诉讼请求是动态化的表象,诉讼标的是诉讼请求的内核。例如,原告股东提出查阅公司会计账簿的诉讼请求,其诉讼标的则是给付之诉中就特定物(此处的特定物也可以理解为特定物上的特定信息)而言,直接通过诉的声明即可识别,所以股东的诉讼请求将会是查阅权之诉中的重点。

诉讼请求与诉讼理由密切相关,诉讼理由是诉讼请求的前提和基础,诉讼请求是诉讼理由的外化和表现,诉讼请求能否实现在于诉讼理由是否成立,诉讼理由成立后还要看诉讼请求是否具体明确才可能被法院支持。

诉讼标的和诉讼理由从诉的要素出发,需要相互支撑方可进一步识别。诉讼标的的识别需要诉讼理由的支持,其和诉讼理由这一诉的要素应当是相互独立但也有一定联系的两个要素。股东知情权之诉中,诉讼理由对诉讼标的的识别起着划定明晰的作用,尤其在股东知情权之诉的各项子权利的诉讼标的识别中。比如前诉为股东要求查阅公司会计账簿,后诉为要求查阅公司真实的会计账簿,前后两诉诉讼当事人相同,诉讼标的也相同,要进一步识别诉就必须鉴别诉讼理由这个要素。前诉的诉讼理由为公司从未向股东披露过信息,后诉是虽然披露过但属于虚假信息,这两者诉讼理由不同,因此两诉不同。

从诉的要素来研究股东知情权之诉,是一个新的角度,尤其是结合传统民事诉讼理论来进行讨论。将诉的要素结合实践中有一定特殊性的股东知情权之诉,希望能够抛砖引玉,充分运用诉的要素这个平台和载体,拓展研究更多的特色之诉。

参 考 文 献

一、中文类参考文献

(一)著作类

1. 常怡主编:《比较民事诉讼法》,中国政法大学出版社 2002 年版。

2. 谭兵主编:《中国民事诉讼法要论》,西南财经大学出版社 1991 年版。

3. 陈荣宗、林庆苗:《民事诉讼法》,台北,三民书局 2008 年版。

4. 李龙:《民事诉讼标的理论研究》,法律出版社 2003 年版。

5. 李木贵:《民事诉讼法》,台北,元照出版有限公司 2007 年版。

6. 江平:《民法学》(第 2 版),中国政法大学出版社 2011 年版。

7. 张广兴:《债法总论》,法律出版社 1997 年版。

8. 史尚宽:《债法总论》,中国政法大学出版社 2000 年版。

9. 王利明主编:《判解研究》2010 年第 1 辑(总第 51 辑),人民法院出版社 2010 年版。

10. 费安玲主编:《学说汇纂》第 1 卷,知识产权出版社 2007 年版。

11. 郑玉波:《民法债编总论》,中国政法大学出版社 2004

年版。

12. 曾隆兴:《民法债编总论》,台北,三民书局股份有限公司2000年版。

13. 孙森焱:《民法债编总论》(下册),台北,文太印刷企业有限公司1979年版。

14. 邱聪智:《新订民法债编通则》(下),中国人民大学出版社2004年版。

15. 吕太郎:《民事诉讼之基本理论(一)》,中国政法大学出版社2003年版。

16. 民事诉讼法研究会编:《民事诉讼法之研讨(一)》,台北,三民书局1986年版。

17. 民事诉讼法研究会编:《民事诉讼法之研讨(二)》,台北,三民书局1987年版。

18. 民事诉讼法研究会编:《民事诉讼法之研讨(十一)》,台北,三民书局2003年版。

19. 邱联恭:《口述民事诉讼法讲义(二)》,许士宦整理,台北,元照出版有限公司2012年版。

20.《最高人民法院民事诉讼法司法解释理解与适用》,人民法院出版社2015年版。

21. 谭兵主编:《民事诉讼法学》,法律出版社1997年版。

22. 王泽鉴:《侵权行为》(第3版),北京大学出版社2016年版。

23. 王亚新、陈杭平、刘君博:《中国民事诉讼法重点讲义》,高等教育出版社2017年版。

24. 许士宦:《民事诉讼法》,台北,新学林出版股份有限公司2016年版。

25. 肖建华:《民事诉讼当事人研究》,中国政法大学出版社

2002 年版。

26. 杨建华:《民事诉讼法问题研析(一)》,台北,三民书局 1999 年版。

27. 杨建华:《民事诉讼法要论》,北京大学出版社 2013 年版。

28. 杨立新:《侵权责任法》,北京大学出版社 2014 年版。

29. 姚瑞光:《民诉讼法论》,台北,弘扬图书有限公司 2012 年版。

30. 刘俊海:《现代公司法》,法律出版社 2011 年版。

31. 蒋建湘:《公司诉讼研究》,法律出版社 2008 年版。

32. 刘桂清:《公司治理视角中的股东诉讼研究》,中国方正出版社 2005 年版。

33. 乔欣等:《公司纠纷的司法救济》,法律出版社 2007 年版。

34. 王保树主编:《实践中的公司法》,社会科学文献出版社 2008 年版。

35. 李建伟:《公司诉讼专题研究》,中国政法大学出版社 2008 年版。

36. 赵旭东主编:《新公司法实务精答》,人民法院出版社 2005 年版。

37. 褚红军主编:《公司诉讼原理与实务》,人民法院出版社 2007 年版。

38. 刘俊海:《股份有限公司股东权的保护》(修订本),法律出版社 2004 年版。

39. 周友苏:《新公司法论》,法律出版社 2006 年版。

40. 沈四宝编译:《最新美国标准公司法》,法律出版社 2006 年版。

41. 钱卫清:《公司诉讼:公司司法救济方式新论》,人民法院出版社 2004 年版。

42. 刘俊海:《股份有限公司股东权的法律保护》,法律出版社 1997 年版。

43.《民法学》,中国政法大学出版社 2000 年版。

44. 张卫平:《民事诉讼法》(第 4 版),法律出版社 2016 年版。

45. 张卫平:《程序公正实现中的冲突与衡平——外国民事诉讼研究引论》,成都出版社 1993 年版。

46. 王泽鉴:《侵权行为法》,中国政法大学出版社 2002 年版。

47. 柴发邦主编:《民事诉讼法学新编》,法律出版社 1992 年版。

48. 张永泉:《民事之诉合并研究》,北京大学出版社 2009 年版。

49. 田平安主编:《民事诉讼法学》,中国检察出版社 2002 年版。

50. 田平安主编:《民事诉讼法学》,中国政法大学出版社 1999 年版。

51. 常怡主编:《民事诉讼法学》,中国政法大学出版社 2005 年版。

52. 江伟主编:《民事诉讼法专论》,中国人民大学出版社 2005 年版。

53. 肖建华主编:《民事诉讼法学》,厦门大学出版社 2011 年版。

54. 田平安主编:《民事诉讼法原理》(第 6 版),厦门大学出版社 2015 年。

55. 唐青林、李舒主编:《公司法 25 个案由裁判综述及办案指南》,中国法制出版社 2018 年版。

56. 刘俊海:《新公司法的制度创新:立法争点与解释难点》,法律出版社2006年版。

57. 陈荣宗:《举证责任分配与民事程序法(二)》,台北,三民书局1984年版。

58. 蓝寿荣:《上市公司股东知情权研究》,中国检察出版社2006年版。

59. 甘华鸣、罗锐韧编著:《世界主要国家和地区公司法——按公司法体系比较》,中国经济出版社1989年版。

60. 王文宇:《公司法论》,台北,元照出版有限公司2003年版。

61. 陈荣宗:《民事程序法与诉讼标的理论》,台北,台湾大学丛书出版社1977年版。

62. 陈荣宗、林庆苗:《民事诉讼法》,台北,三民书局1996年版。

63. 王甲乙、杨建华、郑健才:《民事诉讼法新论》,台北,三民书局1998年版。

64. 段厚省:《民事诉讼标的论》,中国人民公安大学出版社2004年版。

65. 叶自强:《民事诉讼制度的变革》,法律出版社2001年版。

66. 王亚新:《对抗与判定:日本民事诉讼法的基本结构》,清华大学出版社2002年版。

67.《〈中华人民共和国民法总则〉条文理解与适用》(下),人民法院出版社2017年版。

68. 杜万华主编:《最高人民法院公司法司法解释(四)理解与适用》,人民法院出版社2017年版。

69. 杨立新:《债法》,中国人民大学出版社2018年版,第25页。

70. 丁宝同:《民事判决既判力研究》,法律出版社2012年版。

71. 黄国昌:《民事诉讼理论之新开展》,北京大学出版社 2008 年版。

72. 罗灿:《司法改革背景下裁判文书说理繁简分流研究》,法律出版社 2018 年版。

73. 王合静:《民事判决理由研究》,法律出版社 2016 年版。

74. 刘荣军:《民事诉讼法律关系理论的再构筑》,载梁慧星主编:《民商法论丛》第 9 卷,法律出版社 1998 年版。

75. 董少谋:《诉讼请求论:以诉讼请求为轴线重述民事诉讼基本理论》,载韩波主编:《民事程序法研究》第 15 辑,厦门大学出版社 2016 年版。

76. 沈冠伶:《诉讼权保障与裁判外纷争处理》,台北,元照出版有限公司 2006 年版。

77. 胡军辉:《民事裁判既判力问题新探索》,法律出版社 2018 年版。

78. 陈自强:《契约之成立与生效》,台北,元照出版有限公司 2018 年版。

79. 姜世明:《民事诉讼法》(上册),台北,新学林出版股份有限公司 2018 年版。

80. 杨建华:《大陆民事诉讼法比较与评析》,台北,三民书局 1994 年版。

81. 庄柏林:《民事诉讼法概要》,台北,三民书局 1973 年版。

82. 刘俊林、林家祺:《民事诉讼法》,台北,书泉出版社 1995 年版。

83. 王利民:《民法总则研究》(第 3 版),中国人民大学出版社 2018 年版。

84. 梁慧星:《民法总论》(第 5 版),法律出版社 2017 年版。

85. 朱庆育:《民法总论》(第 2 版),北京大学出版社 2016 年版。

86. 张凝:《日本股东大会制度的立法、理论与实践》,法律出版社 2009 年版。

87. 陈计男:《强制执行法释论》,台北,元照出版有限公司 2012 年版。

88. 卞耀武主编:《当代外国公司法》,法律出版社 1995 年版。

89. 周枏:《罗马法原论》(下册),商务印书馆 2001 年版。

90. 邱联恭:《程序制度机能论》,台北,三民书局 1996 年。

91. 苏力:《送法下乡》,中国政法大学出版社 2011 年版。

92. 葛义才:《非讼事件法论》,台北,三民书局 2005 年版。

93. [德]奥特马·尧厄尼希:《民事诉讼法》(第 27 版),周翠译,法律出版社 2003 年版。

94. [德]汉斯 - 约阿希姆·穆泽拉克:《德国民事诉讼法基础教程》,周翠译,中国政法大学出版社 2005 年版。

95. [德]卡尔·拉伦茨:《法学方法论》,陈爱娥译,商务印书馆 2003 年版。

96. [德]卡尔·拉伦茨:《德国民法通论》(上册),王晓晔等译,法律出版社 2003 年版。

97. [德]罗森贝克、施瓦布、戈特瓦尔德:《德国民事诉讼法》(上),李大雪译,中国法制出版社 2007 年版。

98. [德]莱奥·罗森贝克:《证明责任论:以德国民法典和民事诉讼法典为基础撰写》,庄敬华译,中国法制出版社 2002 年版。

99. [德]埃尔温·多伊奇、汉斯 - 于尔根·阿伦斯:《德国侵权法——侵权行为、损害赔偿及痛苦抚慰金》(第 5 版),叶名怡、温大军译,刘志阳校,中国人民大学出版社 2016 年版。

100. [德]哈里·韦斯特曼:《德国民法基本概念》,张定军、葛平亮、唐晓琳译,中国人民大学出版社 2014 年版。

101. [德]托马斯·莱塞尔、吕迪格·法伊尔:《德国资合公司法》(第 3 版),高旭军等译,法律出版社 2005 年版。

102. [德]迪特尔·梅迪库斯:《德国民法总论》,邵建东译,法律出版社 2000 年版。

103. [日]三月章:《日本民事诉讼法》,汪一凡译,台北,五南图书出版股份有限公司 1997 年版。

104. [日]中村英郎:《新民事诉讼法讲义》,陈刚、林剑锋、郭美松译,法律出版社 2001 年版。

105. [日]小岛武司:《诉讼制度改革引导法理与实证》,陈刚等译,法律出版社 2001 年版。

106. [日]棚濑孝雄:《纠纷的解决与审判制度》,王亚新译,中国政法大学出版社 1994 年版。

107. [日]谷口安平:《程序的正义与诉讼》,王亚新、刘荣军译,中国政法大学出版社 1996 年版。

108. [日]高桥宏志:《民事诉讼法:制度与理论的深层分析》,林剑锋译,法律出版社 2003 年版。

109. [日]高桥宏志:《重点讲义民事诉讼法》,张卫平、许可译,法律出版社 2007 年版。

110. [日]新堂幸司:《新民事诉讼法》,林剑锋译,法律出版社 2008 年版。

111. [日]中村宗雄、中村英郎:《诉讼法学方法论》,陈刚国、段文波译,中国法制出版社 2009 年版。

112. [日]兼子一、竹下守夫:《民事诉讼法》(新版),白绿铉译,法律出版社 1995 年版。

113.［日］加藤一郎:《民法的解释与利益衡量》,梁慧星译,载梁慧星主编:《民商法论丛》第 2 卷,法律出版社 1994 年版。

114.［日］松岗义正:《民事证据法》,熊元襄、李凤鸣译,上海人民出版社 2013 年版。

115.［法］洛伊克·卡迪耶:《法国民事司法法》,杨艺宁译,中国政法大学出版社 2010 年版。

116.［美］杰弗里·C. 哈泽德、米歇尔·塔鲁伊:《美国民事诉讼法导论》,张茂译,中国政法大学出版社 1998 年版。

117.［美］伯尔曼:《法律与革命》,中国大百科全书出版社 1993 年版。

118.［美］杰克·H. 弗兰德泰尔、玛丽·凯·凯恩、阿瑟·R. 米勒:《民事诉讼法》(第 3 版),夏登峻等译,中国政法大学出版社 2003 年版。

119.［美］弗兰克·伊斯特布鲁克、丹尼尔·费希尔:《公司法的经济结构》,张建伟、罗培新译,北京大学出版社 2005 年版。

120.［美］罗伯特·W. 汉密尔顿:《美国公司法》(第 5 版),齐东祥等译,法律出版社 2008 年版。

121.［美］迈克尔·D. 贝勒斯:《法律的原则——一个规范的分析》,张文显等译,中国大百科全书出版社 1996 年版。

122.［美］史蒂文·L. 伊曼纽尔:《公司法》,中信出版社 2003 年版。

123.［韩］李哲松:《韩国公司法》,吴日焕译,中国政法大学出版社 2000 年版。

124.［加］布莱恩·R. 柴芬斯:《公司法:理论、结构与运作》,林华伟、魏旻译,法律出版社 2001 年版。

125.［苏］阿·阿·多勃罗沃夫斯基等:《苏维埃民事诉讼》,李衍译,常怡校,法律出版社 1985 年版。

126. [意]彭梵得:《罗马法教科书》,黄风译,中国政法大学出版社 1992 年版。

127. [英]戴维·M. 沃克:《牛津法律大辞典》,李双元等译,法律出版社 2003 年版。

128. [比]皮朗:《中世纪欧洲经济社会史》,乐文译,上海人民出版社 1964 年版。

(二)论文类

1. 张卫平:《论诉讼标的及识别标准》,载《法学研究》1997 年第 4 期。

2. 张卫平:《重复诉讼规制研究:兼论"一事不再理"》,载《中国法学》2015 年第 2 期。

3. 张卫平:《判决效力理论研究与制度建构》,载《国家检察官学院学报》2016 年第 4 期。

4. 任重:《论中国民事诉讼的理论共识》,载《当代法学》2016 年第 3 期。

5. 陈杭平:《诉讼标的理论的新范式——"相对化"与我国民事审判实务》,载《法学研究》2016 年第 4 期。

6. 段文波:《我国民事管辖审查程序的反思与修正》,载《中国法学》2019 年第 4 期。

7. 施天涛:《〈公司法〉第 5 条的理想与现实:公司社会责任何以实施?》,载《清华法学》2019 年第 5 期。

8. 丁勇:《公司决议瑕疵诉讼担保制度检讨及立法完善》,载《法学》2014 年第 5 期。

9. 蒋大兴:《超越股东知情权诉讼的司法困境》,载《法学》2005 年第 2 期。

10. 李龙、李一鑫:《民事行为保全的功能定位与制度重塑》,载《江西社会科学》2020 年第 1 期。

11. 杨靖、裴悦君:《论公司资本多数决原则的规制——以合理划分与行使股东权利为视角》,载《法律适用》2011 年第 11 期。

12. 冀宗儒、徐辉:《论民事诉讼保全制度功能的最大化》,载《当代法学》2013 年第 1 期。

13. 李曼:《民事行为保全担保制度的完善路径》,载《当代法学》2018 年第 3 期。

14. 刘君博:《保全程序中担保的提供与担保数额的确定——〈民事诉讼法〉司法解释第 152 条的意义及其解释适用》,载《法律适用》2015 年第 8 期。

15. 钱玉林:《论股东的质询权》,载《比较法研究》2005 年第 1 期。

16. 周翠:《行为保全问题研究——对〈民事诉讼法〉第 100 - 105 条的解释》,载《法律科学(西北政法大学学报)》2015 年第 4 期。

17. 周永坤:《诉权法理研究论纲》,载《中国法学》2004 年第 5 期。

18. 黄忠顺:《诉讼实施权配置的模式构建》,载《比较法研究》2016 年第 4 期。

19. 黄忠顺:《法定诉讼担当的基本范畴研究》,载《法治研究》2012 年第 2 期。

20. 王甲乙:《当事人适格之扩张与界限》,载《法学丛刊》1995 年第 1 期。

21. 易军:《法律行为生效要件体系的重构》,载《中国法学》2012 年第 3 期。

22. 崔玲玲:《诉的要素新论》,载《新疆教育学院学报》2017 年第 4 期。

23. 黄冠猛:《股东知情权前置程序存在的瑕疵不能通过诉讼程序救济》,载《人民司法》2011 年第 6 期。

24. 孙永军:《论非讼法理在公司诉讼中的适用》,载《法学论坛》2014 年第 4 期。

25. 赵蕾:《司法介入公司自治的第二条道路——公司特别诉讼的基本程序》,载《法学论坛》2011 年第 1 期。

26. 袁达松、王喜平:《股东查阅权穿越:母公司股东权益保护的利器——相关美国法理论、实践及我国制度的构建》,载《东方法学》2010 年第 4 期。

27. 梁慧星:《民法总则立法的若干理论问题》,载《暨南学报(哲学社会科学版)》2016 年第 1 期。

28. 雷鑫、吴明明:《论股东查阅会计账簿的正当性——以裁判思维为视角》,载《法律适用》2014 年第 5 期。

29. 陈洪磊:《有限责任公司股东知情权行使中的利益衡量——基于〈公司法解释四〉实施后的 291 份裁判文书的整理分析》,载《法律适用》2019 年第 16 期。

30. 侯军、张禾:《关于股东知情权纠纷审判实务问题的调研》,载《法律适用》2018 年第 18 期。

31. 邵明:《论民事之诉》,载《北京科技大学学报(社会科学版)》2003 年第 2 期。

32. 苏力:《判决书的背后》,载《法学研究》2001 年第 3 期。

33. 廖中洪、相庆梅:《当事人变更诉讼请求的法理思考》,载《西南政法大学学报》2000 年第 5 期。

34. 王学棉:《"具体"的诉讼请求》,载《国家检察官学院学报》

2016 年第 2 期。

35. 王亚新、陈晓彤:《前诉裁判对后诉的影响——〈民诉法解释〉第 93 条和第 247 条解析》,载《华东政法大学学报》2015 年第 6 期。

36. 黄积虹、王喆:《论母子公司架构下母公司股东查阅权扩张》,载《新疆大学学报(人文社会科学版)》2015 年第 5 期。

37. 王淼、王国平:《母公司股东知情权穿越行使的正当性基础及制度设计》,载《东南学术》2014 年第 6 期。

38. 张晋红:《诉的合并之程序规则研究》,载《暨南学报(哲学社会科学版)》2012 年第 8 期。

39. 吴英姿:《诉讼标的理论"内卷化"批判》,载《中国法学》2011 年第 2 期。

40. 吴英姿:《论诉权的人权属性——以历史演进为视角》,载《中国社会科学》2015 年第 6 期。

41. 王杏飞:《对我国民事诉判关系的再思考》,载《中国法学》2019 年第 2 期。

42. 曹志勋:《民事立案程序中诉讼标的审查反思》,载《中国法学》2020 年第 1 期。

43. 王黛娜:《有限责任公司股东知情权若干争议问题研究:基于〈最高人民法院关于适用《中华人民共和国公司法》若干问题的规定(四)〉(征求意见稿)的理解与思考》,载《时代法学》2017 年第 2 期。

44. 魏佳敏:《股东知情权的若干争议与探讨——以〈公司法司法解释(四)〉为背景的考察》,载《厦门广播电视大学学报》2018 年第 4 期。

45. 房绍坤:《论诉讼时效期间的起算》,载《法学论坛》2017 年第 4 期。

46. 李建伟、茅院生:《制度建构:两大法系公司检查人选任制度及其借鉴》,载《法商研究》2009 年第 4 期。

47. 李建伟:《股东知情权的层级结构及其展开——以八个国家、地区的立法比较研究为背景》,载《暨南学报(哲学社会科学版)》2012 年第 8 期。

48. 李大雪:《德国〈非讼事件法〉的现状和前景》,载《河南社会科学》2006 年第 4 期。

49. 蒋大兴:《审判何须对抗——商事审判"柔性"的一面》,载《中国法学》2007 年第 4 期。

50. 张永泉:《必要共同诉讼类型化及其理论基础》,载《中国法学》2014 年第 1 期。

51. 李建伟:《股东知情权诉讼研究》,载《中国法学》2013 年第 2 期。

52. 李建伟:《股东知情权诉讼基本程序问题探析》,载《国家检察官学院学报》2010 年第 1 期。

53. 李建伟:《股东查阅权行使机制的司法政策选择》,载《法律科学(西北政法大学学报)》2009 年第 3 期。

54. 李建伟:《公司非讼程序之适用研究——公司纠纷解决的民事行政路径分析》,载《中国法学》2010 年第 5 期。

55. 于定勇:《论我国股东知情权法律制度之完善》,载《北方经贸》2006 年第 3 期。

56. 丁勇:《组织法的诉讼构造:公司决议纠纷诉讼规则重构》,载《中国法学》2019 年第 5 期。

57. 蒋学跃:《股东质询权刍议》,载《河北法学》2009 年第 2 期。

58. 罗泽胜:《新〈公司法〉对股东与公司自治的扩张与限制》,载《法学家》2006 年第 4 期。

59. 王飞:《论股东账簿查阅权的司法保护》,载《人民司法》2006 年第 10 期。

60. 马强:《股东知情权基本问题研究》,载《公司法评论》2006 年第 1 期。

61. 宋从文:《股东知情权的行使与限制之维》,载《法学论坛》2009 年第 7 期。

62. 石少侠:《论股东诉讼与股权保护》,载《法制与社会发展》2002 年第 2 期。

63. 孙加瑞:《公司股东权诉讼研究》,中国社会科学院研究生院 2000 年博士学位论文。

64. 卢政峰:《股东诉讼制度研究》,吉林大学 2010 年博士学位论文。

65. 曹如波:《公司非讼程序研究》,吉林大学 2011 年博士学位论文。

66. 易夕寒:《诉的要素之理论观照与功能解读》,西南政法大学 2014 年硕士学位论文。

67. 林思微:《股东知情权诉讼时效适用性问题研究》,浙江大学 2019 年硕士学位论文。

68. 苏保国:《论股东质询权》,西南政法大学 2006 年硕士学位论文。

69. 韩蕊:《论股东知情权诉讼之举证责任分配问题》,西南政法大学 2018 年硕士学位论文。

(三)其他类

1. 上海市第一中级人民法院民事判决书,(2017)沪 01 民终

7924 号。

2. 江苏省扬州市中级人民法院民事判决书，(2013)扬商终字第 0017 号。

3. 浙江省嘉兴市中级人民法院民事判决书，(2012)浙嘉商终字第 317 号。

4. 中华人民共和国最高人民法院民事判决书，(2013)民四终字第 20 号。

5. 河南省洛阳市中级人民法院民事判决书，(2010)洛民终字第 82 号。

6. 最高人民法院民事判决书，(2010)民二终字第 113 号。

7. 北京市高级人民法院民事判决书，(2009)高民终字第 516 号。

8. 张建中诉杨照春股权确认纠纷案，载《最高人民法院公报》2011 年第 5 期。

9. 浙江省湖州市中级人民法院民事判决书，(2016)浙 05 民终 443 号。

10. 中华人民共和国最高人民法院民事判决书，(2015)民二终字第 96 号。

11. 中华人民共和国最高人民法院民事判决书，(2014)民二终字第 21 号。

12. 北京市第一中级人民法院民事判决书，(2018)京 01 民终 1366 号。

13. 江苏省徐州市中级人民法院民事判决书，(2011)徐商终字第 0206 号。

14. 浙江省高级人民法院民事判决书，(2003)甬民二初字第 74 号。

15. 上海市青浦区人民法院民事判决书,(2016)沪 0118 民初 5674 号。

16. 四川省攀枝花市中级人民法院民事判决书,(2008)攀民终字第 30 号。

17. 河北省衡水市中级人民法院民事裁定书,(2018)冀 11 民申 84 号。

18. 浙江省舟山市中级人民法院民事判决书,(2014)浙舟商终字第 213 号。

19. 福建省厦门市中级人民法院民事判决书,(2015)厦民终字第 1536 号。

20. 上海市第一中级人民法院民事判决书,(2017)沪 01 民终 7924 号。

21. 山东省临沂市中级人民法院民事判决书,(2019)鲁 13 民终 2703 号。

22. 广东省广州市中级人民法院民事判决书,(2019)粤 01 民终 554 号。

23. 最高人民法院民事裁定书,(2003)民二终字第 169 号。

24. 重庆市高级人民法院民事裁定书,(2016)渝民申 1722 号。

25. 上海市第二中级人民法院民事判决书,(2018)沪 02 民终 1249 号。

26. 上海市第一中级人民法院民事判决书,(2017)沪 01 民终 10001 号。

27. 杭州市中级人民法院民事判决书,(2017)浙 01 民终 464 号。

28. 上海市第二中级人民法院民事判决书,(2013)沪二中民四(商)终字第 596 号。

29. 上海市第二中级人民法院民事判决书，(2013) 沪二中民四(商)终字第 406 号。

30. 重庆市第一中级人民法院民事判决书，(2012) 渝一中法民终字第 01442 号。

31. 昆明市中级人民法院民事判决书，(2009) 昆民五终字第 50 号。

32. 天津市第一中级人民法院民事判决书，(2007) 一中民二终字第 81 号。

33. 北京市第二中级人民法院民事判决书，(2018) 京 02 民终 1869 号。

34. 浙江省高级人民法院民事判决书，(2012) 浙商外终字第 49 号。

35. 北京市第二中级人民法院民事判决书，(2018) 京 02 民终 1864 号。

36. 上海市第二中级人民法院民事判决书，(2017) 沪 02 民终 9808 号。

37. 江苏省高级人民法院民事裁定书，(2015) 苏审三商申字第 00359 号。

38. 宁夏回族自治区高级人民法院民事裁定书，(2018) 宁民申 54 号。

39. 上海市第一中级人民法院民事判决书，(2017) 沪 01 民终 9268 号。

40. 江苏省高级人民法院民事判决书，(2007) 苏民再终字第 0017 号。

41. 广东省东莞市中级人民法院民事判决书，(2012) 东中法民二终字第 738 号。

42. 北京市第一中级人民法院民事判决书,(2006)一中民初字第12369号。

43. 上海市高级人民法院民事判决书,(2010)沪高民二(商)终字第86号。

44. 云南省昆明市中级人民法院民事判决书,(2018)云01民终8866号。

45. 陕西省西安市中级人民法院民事判决书,(2019)陕01民终45号。

46. 浙江省宁波市中级人民法院民事判决书,(2012)浙甬商终字第1026号。

47. 江苏省常州市钟楼区人民法院民事判决书,(2012)钟商初字第555号。

48. 浙江省嘉兴市中级人民法院民事裁定书,(2017)浙04民辖终107号。

49. 内蒙古自治区呼和浩特市中级人民法院民事裁定书,(2018)内01民辖终172号。

50. 陕西省安康市中级人民法院民事裁定书,(2019)陕09民辖终23号。

51. 北京市第三中级人民法院民事裁定书,(2017)京03民辖终18号。

52. 山东省潍坊市中级人民法院民事裁定书,(2018)鲁07民辖终550号。

53. 安徽省黄山市中级人民法院民事裁定书,(2017)皖10民辖终6号。

54. 北京市第二中级人民法院民事判决书,(2017)京02民终6756号。

55. 北京市第一中级人民法院民事判决书,(2013)一中民终字第 9558 号。

56. 上海市第一中级人民法院民事判决书,(2017)沪 01 民终 7924 号。

57. 上海市第一中级人民法院民事判决书,(2017)沪 01 民终 13198 号。

58. 江苏省高级人民法院民事判决书,(2016)苏民终 620 号。

59. 浙江省嘉兴市南湖区人民法院民事判决书,(2018)浙 0402 民初 7104 号。

60. 北京市房山区人民法院民事判决书,(2018)京 0111 民初 17658 号。

61. 陕西省西安市中级人民法院民事判决书,(2018)陕 01 民终 7551 号。

62. 江西省景德镇市珠山区人民法院民事判决书,(2016)赣 0203 民初 887 号。

63. 江苏省高级人民法院民事裁定书,(2016)苏民申 4763 号。

64. 山东省高级人民法院民事判决书,(2015)鲁民提字第 437 号。

65. 江苏省高级人民法院民事判决书,(2012)苏商外终字第 0041 号。

66. 北京市第二中级人民法院民事判决书,(2017)京 02 民终 6756 号。

67. 上海市第一中级人民法院民事判决书,(2017)沪 01 民终 13198 号。

68. 北京市第一中级人民法院民事判决书,(2013)一中民终字第 9558 号。

69. 湖南省高级人民法院民事判决书,(2016)湘民再2号。

70. 浙江省高级人民法院民事判决书,(2012)浙商外终字第49号。

71. 湖南省高级人民法院民事判决书,(2017)湘民终542号。

72. 江苏省高级人民法院民事判决书,(2011)苏商外终字第0064号。

73. 上海市高级人民法院民事判决书,(2010)沪高民二(商)终字第86号。

74. 北京市第二中级人民法院民事判决书,(2018)京02民终532号。

75. 北京市第三中级人民法院民事判决书,(2018)京03民终1465号。

76. 上海市第二中级人民法院民事判决书,(2017)沪02民终2979号。

77. 广东省高级人民法院民事裁定书,(2016)粤民申6596号。

78. 上海市第二中级人民法院民事判决书,(2013)沪二中民四(商)终字第596号。

79. 浙江省高级人民法院民事裁定书,(2015)浙民申字第2091号。

80. 北京市高级人民法院民事裁定书,(2015)高民(商)申字第03595号。

81. 上海市第一中级人民法院民事判决书,(2017)沪01民终2549号。

82. 济南市中级人民法院民事判决书,(2017)鲁01民终8501号。

83. 河南省高级人民法院民事判决书,(2011)豫法民一终字第

26 号。

84. 江苏省高级人民法院民事判决书,(2015)苏商外终字第00035 号。

85. 北京市第一中级人民法院民事判决书,(2006)一中民初字第12369 号。

86. 北京市第三中级人民法院民事判决书,(2017)京 03 民终12720 号。

87. 柳州市中级人民法院民事判决书,(2012)柳市民二终字第295 号。

88. 江苏省南京市中级人民法院民事判决书,(2013)宁商终字第732 号。

89. 广东省高级人民法院民事裁定书,(2013)粤高法民二申字第998 号。

90. 江苏省高级人民法院民事判决书,(2003)苏民三终字第029 号。

91. 广东省高级人民法院民事裁定书,(2015)粤高法民二申字第202 号。

92. 杭州市中级人民法院民事判决书,(2016)浙 01 民终7207 号。

93. 江苏省泰州市中级人民法院民事判决书,(2013)泰中商终字第0310 号。

94. 江苏省常州市中级人民法院民事判决书,(2012)常商终字第229 号。

95. 广西壮族自治区高级人民法院民事裁定书,(2016)桂民申1516 号。

96. 江西省高级人民法院民事裁定书,(2016)赣民申 208 号。

97. 辽宁省沈阳市中级人民法院民事判决书，（2011）沈中民四终字第3号。

98. 福州市中级人民法院民事判决书，（2008）榕民初字第669号。

99. 上海市第一中级人民法院民事判决书，（2013）沪一中民四（商）终字第1007号。

100. 辽宁省高级人民法院民事调解书，（2009）辽民三终字第199号。

101. 上海市高级人民法院民事调解书，（2007）沪高民四（商）终字第15号。

二、外文类参考文献

（一）著作类

1. 新堂幸司『訴訟物と争点効（上）』（有斐閣，1988年）。

2. 新堂幸司等『民事紛争の解決と手続；佐々木吉男先生追悼論集』（信山社，2000年）。

3. 高桥宏志等『民事訴訟法判例百選』（第五版）（有斐閣，2015年）。

4. 大村雅彦＝三木浩一『アメリカ民事訴訟法理論』（商事法务，2006年）。

5. 伊藤真＝加藤新太郎＝山本和彦『民事訴訟の論争』（有斐閣，2007年）。

6. Albrecht Zeuner『既判力と判決理由』，松本博之译（信山社，2009年）。

（二）论文类

1. Christopher M. Bruner, *Power and Purpose in the Anglo-*

American Corporation, Va. J. Int'l L., Vol. 50:3(2010).

2. Fred S. McChesney, *Proper Purpose, Fiduciary Duties and Shareholder-Raider Access to Corporate Information*, U. Cin. L. Rev., Vol. 68:4(2000).

3. Browning Jeffries, *Shareholder Access to Corporate Books and Records: The Abrogation Debate*, Drake L. Rev., Vol. 59:4(2011).